가둘 수 없는 영혼

한 티베트 라마승의 30년간의 투옥과 수행 이야기

가둘 수 없는 영혼

팔덴 갸초 자서전

정희재 옮김

르네상스

차 례

세상에서 가장 특별한 이야기

팔덴 갸초의 증언은 고통과 인내에 관한 매우 특별한 이야기이다. 중국이 티베트를 점령한 직후 그는 스물여덟 살 승려 신분으로 체포당했다. 그리고 1992년 예순이 돼서야 풀려났다.

감옥에 갇혀 있던 31년 동안 팔덴 갸초는 고문과 극심한 굶주림, 그리고 끝없는 사상교육을 견뎌냈다. 그러나 결코 압제자들에게 굴복하지 않았다. 불굴의 용기를 잃지 않고, 고문을 자행한 이들까지 용서할 수 있었던 것은, 그가 단지 티베트인 특유의 쾌활한 성품을 지녔기 때문만은 아니다. 나는 그것이 사랑과 자비, 인내, 그리고 세상 만물은 서로 연결되어 있다는 불교의 가르침에서 비롯된 것이라 믿는다. 그런 가르침이 마음의 평화와 희망을 가져다준 것이다.

이 책에는 1949년 침략을 당한 이래 최근까지 티베트 역사가 생생하게 담겨 있다. 팔덴 갸초는 함께 고통받았던 이들에 대한 깊은 연민을 품고 혹독했던 문화대혁명 시절을 환기시킨다. 그는 사형에 처하겠다는 위협을 두려워하지 않았다. 다만 두 눈으로 직접 보고 몸소 겪어야 했던 비인간적 만행과 잔인함 때문에 전율했다.

　그의 증언을 접하다보면 유서 깊은 불교 문명의 조직과 전통이 어떻게 파괴되었는지 너무나 잘 이해하게 된다. 경전을 비롯해 고귀한 불교 유산을 품고 있던 사원이 파괴당한 것은 티베트만의 비극이 아니라 인류 문화유산 차원의 엄청난 손실이다. 더 심각한 것은 파괴된 종교 시설을 재건한 뒤에도 제재 조치가 사라지지 않았다는 점이다. 승려들은 이제 티베트 땅에서 예전처럼 자유롭게 공부하거나 수행할 수 없다.

　그럼에도 불구하고 팔덴 갸초와 같은 이들은 자비와 인내를 실천할 줄 아는 인간의 가치를 여실히 보여준다. 그리고 어떠한 경우라도 영적 수행의 핵심에서 벗어나지 않는 범위에서 행동해야 한다는 책임감을 일깨워준다. 그의 삶은 우리 모두에게 시사하는 바가 참으로 크다.

　팔덴 갸초뿐만 아니라 수천 명에 이르는 티베트인들이 조국에서 탈출했다. 팔덴 갸초는 이제 안전한 망명자 신분이 됐지만 쉽게 안주하거나 포기하지 않았다. 티베트인들의 주장이 정당하다는 믿음과 수많은 티베트인이 겪은 고난을 떠올리면 그는 한시도 쉴 틈이 없는 것이다. 오랫동안 티베트에 관한 진실을 숨기고 왜곡해온 중국 공산당에 맞서는 한편, 세상을 향해 티베트의 진실을 말할 수 있는 기회를 얻었기 때문이다.

　이 책에 묘사해놓은 팔덴 갸초의 삶과 불굴의 의지, 그리고 헌신을 접하고 마음이 움직이지 않을 독자는 없을 것이다. 팔덴 갸초처럼 나도 희망을 버리지 않는다. 나는 티베트가 평화 지대로 설정되어 그곳에서 모두가 조화롭게 살아갈 수 있는 그날을 기다리고 있다.

　하지만 팔덴 갸초가 아무것도 증언하지 않았다면 우리는 자칫 이것한 가지만은 간과하고 지나쳤을지도 모르겠다. 우리가 무력하지만은 않다는 사실, 그리고 개개인도 얼마든지 영향력을 발휘할 수 있다는 사실이 바로 그것이다. 따라서 나는 이 책의 독자 한 사람 한 사람이 팔덴 갸초의 사례에 깊이 공감하여 티베트의 대의에 지지를 보내주기를 바라마지 않는다.

다람살라에서
제14대 달라이 라마

티베트의 신비에 가려진 비극의 현대사

20세기까지만 해도 티베트는 세상 사람들의 상상 속에 이상향으로 살아 있었다. 히말라야 산맥의 태산준령 뒤에 숨어 있는 이 티베트 땅에, 탐험가들과 식민지 시대의 모험가들, 작가들, 산악인들은 열정을 바쳤다. 시처럼 낭만적인 제목이 붙은 티베트 관련 서적들이 세계 각국에서 팔려나갔고, 학자들은 눈의 나라 티베트의 숨은 신비를 설명하는 데 어마어마한 종이를 소비했다. 이런 우레와 같은 칭송 소리에 묻혀 정작 티베트 사람들의 참된 목소리는 들릴 듯 말 듯한 메아리에 불과했다.

이제부터 이어지는 팔덴의 이야기는 역사 강의도 아니고, 얼음으로 뒤덮인 동굴 속에 앉아 수행하는 요가 수행자의 신비로운 계시도 아니다. 진보와 이념이라는 미명하에 체제가 저지른 비인간적인 행위와 맞닥뜨리게 된 한 사람의 이야기이다. 그러한 공포가 존재하는 곳이 티베트 한 곳만은 아니다. 인류 역사의 특징이라고도 할 수 있는 '잔혹함'을 보여주는 또 하나의 예일 뿐이다. 그리고 21세기에 접어드는 지금까지도

9

그러한 고통은 지구상에서 사라지지 않고 있다.

1950년 10월, 전쟁으로 단련된 중국 공산주의 병력 4만 명이 양쯔강을 건너 티베트 군대를 짓뭉개버렸다. 당시 티베트 군대가 얼마나 딱한 상태였던지 어느 논평가는 '폐허와 같은 군대'라고 표현했다. 중국인들은 티베트가 제국주의와 봉건 농노제의 손아귀에서 해방되어 마침내 모국과 통합된 것이라고 주장했다. '해방'이라든가 '모국'이라는 용어는 사실상의 군사침략을 위장하기 위한 정치적인 완곡 어법이다. 중국이 티베트를 통치하는 데 기반이 되는 두 가지 개념이 있다. 우선, 중국 국수주의는 티베트가 중국과 분리시켜 생각할 수 없는 일부임을 강조한다. 그리고 한편으로는 마르크스주의에 입각하여 물질적인 진보의 개념을 강조한다. 티베트인들의 생각은 전혀 개의치 않거나, 티베트인들의 견해가 개입할 여지는 애초부터 없었다. 어쨌거나 그 두 가지 개념은 중국의 침략을 정당화하는 원동력이 되었다. 흔히 식민지를 통치하는 나라는 신의 이름으로, 혹은 자유라는 숭고한 이상의 명목으로, 아니면 원래 그곳에 살던 사람들을 문명화시킨다는 미명하에 자신들의 행위를 정당화하기 마련이다.

교수나 변호사쯤 되면 티베트는 언제나 독립 국가였다거나, 아니면 언제나 중국의 일부분이었다는 주장을 설득력 있게 펼칠 수도 있을 것이다. 하지만 팔덴과 같은 사람들에게, 그리고 평범한 티베트인들에게 국제 외교의 미묘한 국면이라든가 국제법의 규범이란 별로 논의할 만한 가치가 없는 얘기이다. 팔덴은 티베트의 자주성과 독립성을 확고하게 믿고 있다. 왜냐하면 그것이 나고 자라면서 몸소 경험한 상식이기 때문이다. 두 나라는 전통과 문화, 언어, 역사가 다른 별개의 나라이다. 팔덴에게는 이것이 우유와 물이 다르다는 것만큼이나 분명한 사실이다.

어린 시절에 팔덴은 삼촌에게서 티베트의 시초에 대한 이야기를 들었다. 태초에 공허가 있었고, 바람이 불어 어두운 빈 공간에 커다란 산봉우리가 솟구쳐 바다가 만들어졌다는 이야기를. 이는 천지만물이 어떻게 시작되었는지를 말해주는 이야기이다. 바다와 땅과 산들이 모두 생겨났을 때, 지금의 라싸 남쪽 지역인 체탕에 최초의 남자가 나타났다. 눈의 나라 티베트를 그린 이 신비로운 이야기는 티베트 사람들의 가슴속에 고이 간직되어 있다. 그리고 티베트는 그 아름다운 신화를 간직할 자격이 있는 엄연한 독립 국가다. 따라서 젊은 항쟁자들에게 티베트는 천지만물이 생겨날 때부터 존재하는 나라가 아닐 수 없었다.

메마른 티베트의 토양, 볶은 보리, 첸레(천수 관음보살)에게 바치는 만트라의 읊조림, 자비로운 부처, 야크, 버터, 사람들의 웃음소리, 그리고 엄마가 아이들에게 들려주는 이야기…… . 티베트가 중국과 다른 점은 바로 이런 것들이다. 팔덴에게는 티베트 같은 나라의 운명을 결정짓는 국제법이나 국가 간의 세력 다툼보다 이런 것들이 훨씬 설득력 있는 요소였다. 평범한 사람들은 무엇이 옳고 무엇이 진실인지 본능적으로 안다.

티베트와 중국 간의 역사적인 관계는 여전히 복잡하다. 근대 중국인 통치자들은 하나같이 티베트는 중국의 일부라고 주장해왔지만, 티베트인들은 한결같이 그런 주장에 맞서 저항해왔다. 팔덴 같은 사람들은 고유한 정체성을 들어 티베트가 중국과는 전혀 별개의 국가라는 사실을 당당하게 선언한다. 티베트에서 외교는 언제나 지배층만의 특권 영역이었다. 일반 국민들은 자신들의 일상생활에 영향을 미치지 않는 한은 그 상태로도 만족했다.

대다수 티베트인들은 인민해방군이 도착했을 때 중국을 처음으로 접했다. 비록 요란한 북소리와 심벌즈 소리를 앞세우고 들어왔지만 티베트인들은 그 뒤에 총구가 숨겨져 있다는 걸 알고 있었다. 그 무렵 정황을 담은 중국의 선전용 그림에는 인민해방군 병사들이 티베트인 소작인들과 즐겁게 어울리는 모습이라든가, 병사가 밭에서 늙은 '농노'를 위해 추수를 도와준 뒤 이마 위로 흘러내리는 땀을 닦는 모습이 들어 있다. 현실은 아주 딴판이었다. 인민해방군 병사들은 산속에 숨어 살던 가난한 소작농들을 감언이설로 꼬여내어 밭에서 일하게 만들었다. 즐거운 만남은 아니었다.

1950년 티베트 침공 이후로 중국은 티베트인들의 삶을 송두리째 바꾸어 놓았다. 공산당은 하늘과 땅이 위치를 바꾼 것이라는 말을 했는데, 티베트 사람들에게는 정말로 그랬다. 새로운 개념과 새로운 생활방식이 강요되면서, 티베트의 확실성은 하루아침에 처절한 불안정으로 바뀌었다. 그 무렵은 특정 이념이나 가치가 본질적으로 더 우세하다고 믿는 시기였다. 기독교나 물질적 진보에 대한 서구적인 가치와 이념이 '뒤떨어진' 사람들, 즉 진보의 물결에 몸을 맡기길 고집스럽게 거부하는 사람들에게 강제로 주입되었던 것이다. 이들은 슬프게도 근대화에 따른 희생양이었다.

중국인들은 이러한 근대화 사상과 사회주의 낙원을 추구하려는 생각에 사로잡혀서, 자신들의 행동을 진보를 향한 행군의 장이라고 생각했다. 그 대가로 수많은 이들이 목숨을 잃고 가족은 뿔뿔이 흩어졌다. 수많은 사원이 폐허가 되고 승려는 비구, 비구니를 막론하고 노동수용소로 끌려가 쓸모 있는 '생산 인구'의 역할을 맡아야 했다. 인간적인 삶이나 문화유산이라는 측면에서 보면, 문화대혁명 시기 그리고 그 이전의 치명적인 시기에 걸쳐 티베트가 입은 손실은 계산이 안 될 만큼 막대하다. 생동감 넘치고 유서 깊은 티베트의 2천 년 전통에 중국이 저지른 행동은 사람을 산 채로 땅에 묻어버리는 것만큼이나 잔인한 짓이었다.

오늘날 중국 지도자들은 문화대혁명을 일종의 탈선으로 봐주기를 바라고 있다. 문화대혁명은 마오쩌둥의 추종자였던 4인방이 저지른 실수로, 이제는 그 실수를 바로잡아 수감자들은 석방되었고 무너진 터전도 복구되었다고 말이다. 하지만 팔덴은 그 이후의 시대라고 해서 마오쩌둥 때보다 별달리 나을 것도 없다는 사실을 증명하고 있다. 감시용 망루의 보초병이 감시 카메라로 교체되고, 티베트인들을 구타하던 막대기가 전기봉으로 바뀌었을 뿐이다. 탄압의 방법이 바뀐 것뿐이지, 탄압 자체가 없어진 것은 아니라는 말이다. 악명 높은 답치 교도소 간수들이 더 많이 배우고, 고도의 훈련을 받은 건 틀림없지만, 높은 교도소 담장 안에서 벌어지는 일들은 그때나 지금이나 똑같다.

구세대 반체제자들이 불살랐던 티베트 독립투쟁에 대한 열정은 이제 당의 감시 속에서도 반항적인 몸짓을 보이고 당당하게 감옥으로 향하는 젊은이들에게 옮겨가고 있다. 티베트인들이 세대를 이어가며 독립운동을 지속한다는 사실에 중국은 매우 당황하고 있다. 공산당은 응석을 받아주었더니 배은망덕으로 되돌려주는 족속이라고 여기고 있다. 발전소나 새 경기장, 불빛이 번쩍거리는 디스코 클럽이나 별 다섯 개짜리 호텔 같은 것들로는 국민들의 존엄성을 회복시켜주지 못하고, 이들의 전통을 되돌리지도 못한다는 사실을 식민지 통치자들은 이해하려 하지 않는다. 젊은 항쟁자들은 부모 세대가 겪은 고통이나 박탈당한 유산을 잊지 않고 있다.

티베트 사람들은 바람이 몰아치는 히말라야 고원에서 활짝 꽃피웠던 문명에 자부심을 느끼며 한없는 애착을 가지고 있다. 따라서 그런 문명이 파괴당한 것을 비통해하는 것이다. 이전의 문명이 지상낙원이었다거나 완벽하다고 믿어서가 아니다. 티베트인 편에서 지지를 보내는 대다수 사람들은 그런 이유에서 슬픔을 느낀다고도 하지만 말이다. 티베트는 이상향이 아니었다. 나름대로 불완전한 모습도 있었고 도덕적으로 완전했다고 볼 수도 없다. 티베트의 역사도 다른 나라의 역사와 크게 다르지 않다. 영광스러운 시대도 있었고, 독창성이 발휘되는 찬란한 시기도 있었다. 그런가 하면 어리석은 통치를 일삼은 지도자도 있었고, 부패한 지배계층도 있었으며, 이 때문에 일반 국민들이 굶주린 시기도 있었다.

한 국가를 힘으로 굴복시키는 것만큼 파괴적인 폭력은 없다. 2천 년 티베트 역사는 티베트 국민 스스로 모든 것을 결정할 능력이 있고, 스스로 가꿔가고 싶은 세상에 대한 통찰력을 충분히 지니고 있다는 사실을 말해준다. 팔덴의 삶은 바로 그 점을 여실히 웅변하고 있다.

팔덴을 처음 만난 것은 1995년 런던에서였다. 나는 그분의 런던 강연에 통역을 맡아달라는 부탁을 받았다. 그분이 런던에 온 목적은 국제사회를 향해 고국을 도와줄 것을 요청하기 위해서였다. 팔덴은 이미 누렇게 바랜 공책에 이 책의 바탕이 될 내용을 빽빽하게 적어놓고 있었다. 이런 종류의 티베트 책이 흔히 그렇듯이 팔덴의 원고에도 죽은 사람들의 이름과 날짜가 들어 있었다. 팔덴은 살아서 자신의 이야기를 직접 들려주지 못하게 된 사람들의 증언과 기록을 대신하는 심정으로 글을 쓴 것이다. 그가 영국 방문을 마치고 돌아간 다음, 나는 인도 북부의 다람살라로 갔다. 티베트 망명사회가 자리잡은 그곳에서 우리는 본격적으로 이 책을 쓰기 시작했다.

나는 다람살라에 방 한 칸을 얻었고, 팔덴은 3개월 동안 매일같이 그 방으로 나를 찾아왔다. 그분이 방에 들어서면 나는 곧바로 녹음기를 작동시켜 우리가 나눈 이야기를 빼놓지 않고 녹음했다. 그렇게 탄생한 녹음 테이프만 120개를 넘어섰으니, 우리는 약 300시간 남짓 옛 이야기를 나눈 셈이다. 나는 녹음 내용을 하나하나 티베트어로 풀어냈고, 그것이 곧 이 책의 토대가 되었다.

나는 팔덴에게 살아온 이야기를 차근차근 들려달라고 했다. 시간 순서대로 무슨 일이 있었는지, 그리고 그 배경은 무엇인지 설명해달라고 했다. 그런 뒤 각각의 사건에 얽힌 이야기를 좀 더 자세하게 물어보았고, 그때 든 생각이나 느낌도 말해달라고 했다. 팔덴은 솔직하게 터놓고 이야기해 주었다. 하지만 주목받는 처지가 못내 불편하고 쑥스러운 듯했다. 그 심정은 짐작하고도 남았지만 내 역할은 팔덴이 견해나 느낌을 솔직하게 털어놓도록 격려하는 것이었다. 그분은 천성적으로 겸손해서 자신에 대해 얘기하는 것에 끝내 익숙해지지는 않았다.

책을 완성하는 과정에서 우리는 이름을 몇 개 바꾸고, 자세한 정황 묘사를 일부러 생략하기도 했다. 복잡한 사건에 연계된 이들과 팔덴의 탈출을 도와준 용감한 이들을 보호하기 위한 배려라는 것을 밝혀두는 바이다.

1997년 런던에서
체링 샤카(브리티시컬럼비아대학 교수, 티베트 전문가)

눈 속에서 타오르는 불꽃

나는 일생 동안 이 만남을 준비해왔던 것 같다. 나는 바람에 떨며 문 밖에 서 있었다. 쑥색 군복을 입고 낡은 소총을 멘 인도 병사가 내 곁을 지키고 있었다. 뒤이어 푸른색 양복을 입은 티베트인 젊은이가 내 몸을 수색했다. 그런 다음에야 나는 달라이 라마를 친견할 수 있었다.

기쁘고도 슬픈 상반된 감정이 스치고 지나갔다. 내 조국에 비극이 일 어나지 않았다면 티베트 민족 모두가 의지하는 그분을 만날 엄두를 꿈 에도 내지 못했을 것이다. 초라한 경비원과 자욱한 안개 속에 자리한 소 박한 단층집이 달라이 라마의 궁전이라는 사실에 나는 비애를 느꼈다. 내 마음속에 살아 있는 웅장한 포탈라궁과는 너무나 대조되는 거처였다.

라싸를 떠난 이래 나는 달라이 라마에게 무슨 말부터 꺼낼지 고민에 고민을 거듭했다. 체포당하던 순간부터 시작할까? 굶어 죽은 동포들에 대해서 먼저 말할까? 끝내 스스로 삶을 포기할 수밖에 없었던 동포들 얘 기를 먼저 할까? 아니면 편안한 삶을 도모하기 위해 중국인들 편에 서서 그들의 지시를 충실히 따른 동포들을 이야기할까?

이 이야기도 꺼내야 하리라. 지금도 감옥에서 굴하지 않고 저항하고 있는 티베트 젊은이들, 그리고 전기봉과 구타로 그들을 잔인하게 학대하는 동포 고문관들에 대한 이야기. 그 고문관들 또한 티베트인이며 눈의 나라에서 똑같이 자라난 이들이라는 사실.

그러나 막상 그분 앞에 나아갔을 때 내 마음은 텅 비어버렸다. 승복 입은 그분의 모습과 인자한 웃음 앞에서 그저 머리를 조아렸을 뿐이다. 그리고 간신히 그분이 질문할 때만 고개를 들었다.

"어떻게 탈출했습니까? 언제 체포됐나요? 어느 감옥에 있었습니까?"

나는 나보다 앞서 그분 앞에 섰던 수감자가 매우 많았다는 사실을 깨달았다. 지난 35년 동안 티베트인들의 끊임없는 탈출 행렬은 히말라야를 넘어 마침내 달라이 라마에게 도착하는 것으로 장정이 끝난 것이다. 모두 그분을 볼 수 있다는 희망으로, 또 헤아릴 수 없이 마음속으로 연습했던 말을 직접 들려줄 수 있다는 희망으로 히말라야를 넘었을 것이다. 산을 넘어 탈출한 티베트인들은 하나같이 좁은 길을 걸어 달라이 라마의 접견실에 들어서는 것으로 기나긴 여행에 마침표를 찍었다. 그리고 다람살라의 그분 방에 이르러 마음속에 새겨두었던 말들을 풀어놓았던 것이다.

이십여 분 동안 가만히 듣고 있던 달라이 라마가 입을 열었다.

"이 이야기는 글로 남기도록 하세요."

그 순간에는 그분의 충고가 무엇을 의미하는지 알지 못했다. 그러나 나는 곧 내 사명을 깨닫기 시작했다. 나는 감옥에서 죽어간 사람들의 이름과 내가 겪었던 고통에 대해 남김없이 쓰기로 결심했다. 기록은 달라이 라마에게도 전해질 것이며, 그래서 그 죽음들은 헛되지 않게 될 터였다. 그때만 해도 내가 책을 쓰게 되리라는 생각은 하지 못했다.

티베트에는 위대한 스승들과 고매한 신앙을 가진 사람들의 전기를 쓰는 오랜 전통이 있다. 그런 책을 '남탈'이라고 부른다. 단순히 좋은 이야기를 기록한 책은 아니다. 남탈은 영혼의 가르침을 전하는 인생의 안내서로 읽힌다. 남탈의 힘은 티베트인이라면 모두 알고 있다. 이런 티베트 속담도 있다.

"위대한 전사 게사르왕에 대한 남탈을 읽으면 거지도 칼을 집어들 만큼 감동한다."

"훌륭한 은자 밀라레파 남탈을 읽으면 왕자도 왕좌를 포기한다."

내 이야기를 쓴다는 뜻을 비쳤을 때, 사람들이 보인 관심에 나는 당황했다. 내 이야기를 쓰고 싶은 마음이 없었던 건 아니다. 세상을 향해 말할 수 있는 기회를 얻기 위해 티베트에서 탈출을 감행한 터였다. 나는 30여 년을 감옥에서 보내면서 상상할 수도 없는 공포를 보고 겪었다. 수감자들은 세상이 그 고통을 알기만 하면 지옥 구덩이에 떨어진 그들을 도우러 올 거라는 희망을 갖고 살아간다.

감옥에서 우리는 노래를 부르곤 했다.

"언젠가는 어두운 구름을 뚫고 해가 비칠 것이다."

어두운 구름을 몰아내는 해를 상상하고, 우리의 신앙을 굳건히 지키는 것만이 우리를 살아 있게 하는 힘이었다. 수감자들 뿐만 아니라 중국 공산당의 그늘 아래 하루하루를 살아가는 일반인들도 그런 희망을 품었다. 봉건시대의 티베트를 전혀 체험하지 못하고 공산당의 아들딸이라 불리는 어린 소년소녀들도 지금은 '자유 티베트'를 부르짖고 있다. 부당한 침략에 저항하는 우리 모두의 의지는 꺼지지 않는 불과 같다.

달라이 라마를 친견한 며칠 뒤, 나는 그분의 거처 맞은편에 새로 지은 사원 뜰에 서 있었다. 티베트인들은 라싸에서 가장 신성한 사원이었던 조캉의 이름을 따서 그 사원을 조캉 사원이라 부르고 있었다. 사원은 나즈막한 언덕 위에 서 있었다. 사원 안에는 귀중한 불교 유산이 소장되어 있었다. 독실한 신자들이 히말라야를 넘어 몰래 가지고 들어온 유산이었다. 라싸의 조캉 사원에는 7세기 무렵 위대한 티베트 왕 송첸감뽀와 결혼한 중국 공주 웬쳉이 가지고 온 청동 부처상이 있었다. 이 역사적인 사건을 중국인들은 아주 중요하게 여겼다. 나는 감옥에서 그 이야기를 귀에 못이 박히도록 들었다. 그들은 웬쳉 공주가 티베트에 문화를 전수했으며, 중국과 티베트를 하나로 통일했다고 누누이 강조했다. 우리는 이렇게 물어보곤 했다.

"송첸감뽀는 네팔인 공주와도 결혼했는데, 그럼 티베트가 네팔에도 속한다는 말인가요?"

이런 질문은 곧 반혁명적이라고 간주되어 형량이 늘어나는 계기로 작용하곤 했다.

다람살라의 사원은 사람들로 붐볐다. 노인들이 무리를 지어 사원을 돌며 기도바퀴를 돌렸다. 어린 시절부터 귀에 익은 음악이 나이 든 순례자들이 읊조리는 6음절 진언과 웅얼웅얼 뒤섞이며 재연되고 있었다.

"옴 마니 팟메 훔."

사원을 감싸고 있던 안개가 걷히자 구름 사이로 인도의 들판이 보였다. 이 낯선 이국 땅과는 좀처럼 어울리지 않는 동포들의 모습을 보면서 나는 내 이야기를 글로 남기리라 결심했다. 내가 겪은 고통을 알리기 위해서가 아니라 내 조국의 고통을 증언하기 위해서였다. 나는 자유를 얻었지만 내 조국은 아직도 점령당해 있는 것이다.

나는 인도의 메마른 들판을 바라보며 슬픔에 사로잡혔다. 감옥의 일상생활, 규칙적인 학습 시간, 자아비판과 그에 따르는 보상, 그리고 인민재판. 지난 30여 년 동안 겪어온 일들이 생생하게 떠올랐다. 투옥 생활의 상처는 내 마음에 선명하게 남아 있었다.

티베트와 달리 숲이 무성하게 우거지고 비가 잦은 다람살라는 우리 망명객들에게 새로운 휴식처가 되었다. 나는 날마다 히말라야를 넘어 고된 여행을 감내한 동료 수감자들을 만났다. 지나간 시절의 고통을 떠올리면 자유의 몸이 된 기쁨은 더 컸다. 우리는 서로서로 살아남은 행운을 축하했다.

나는 여기, 이국땅에서 자유롭다. 그러나 아직도 끔찍한 잔영이 나를 엄습하곤 한다. 나는 지금 양철과 나무로 지은 작은 오두막에서 살고 있다. 방이래야 감옥 독방만 한 크기이다. 사람들은 우기가 끝나면 나아질 거라고 하지만, 양철 지붕을 때리는 빗소리에 밤새 잠을 못 이루기 일쑤다. 벽이며 방바닥에서는 늘 축축한 곰팡이 냄새가 풍긴다. 이웃 오두막에는 험준한 산을 넘어 탈출해 온 젊은이들이 살고 있는데, 라싸 라디오 방송에서 흘러나오는 최신 대중가요를 즐겁게 따라 부르곤 한다. 이상하게도 사람들은 도망 나온 곳의 소식을 궁금해하고, 귀에 익숙한 소리들을 그리워한다. 그래야 스스로 살아 있다는 것을 확인할 수 있다는 듯이.

다람살라는 특별하다. 우리 망명자들에게 제2의 고향으로 자리 잡아서가 아니라, 자비로운 부처의 현신인 달라이 라마가 거주하는 곳이기 때문이다. 감옥에 있을 때 나는 동료들과 함께 존경과 경외를 담아 '다람살라'라는 이름을 나직하게 부르곤 했다.

나는 다람살라에 온 직후부터 새로운 망명자들의 증언을 기록하는 일을 맡았다. 그렇게 많은 사람들이 똑같은 이야기를 한다는 게 믿어지지 않았다. 모두들 공포와 잔혹함에 대해 얘기했다. 하나같이 몸이 멍들고, 삶이 부서지고, 가족들과 뿔뿔이 헤어진 경험을 공유하고 있었다.

눈 덮인 산을 넘어 탈출한 망명자는 주로 어린 아이들이었다. 겨우 예닐곱 살 나이에 이국땅으로 넘어가면 미래를 가질 수 있다는 희망을 품고 부모 품을 떠나온 아이들이었다. 그렇다고 부유한 지주나 상인의 자녀들인 것도 아니다. 대개 공산당이 예속에서 해방시켜 주겠노라고 큰소리 친 가난한 농민의 아이들이었다.

다람살라는 작은 지구촌 마을이었다. 일본, 미국, 이스라엘, 유럽에서 온 사람들이 좁고 질척한 맥레오드 간지 골목길을 오갔다. 나는 전에는 전혀 알지도 못했던 나라 사람들과 친구가 되었다. 그 친구들 가운데는 에밀리라는 젊은 영국 여성과 프란시스카라는 독일 여성도 있는데, 이들은 나와 얘기를 나누고 싶어서 정기적으로 우리 집에 들른다. 얘기를 나누노라면 내 인생의 사연이 술술 풀려 나오기 마련이다. 운 좋게 살아남았으니 다른 이들이 겪은 고통에 대해서도 알려야 한다는 의무감으로 나는 찾아오는 이들에게 티베트의 현실을 말해주곤 한다.

내 인생 이야기를 통해 조국과 모든 티베트인들이 겪은 고통이 널리 알려지기를 바란다.

1997년 다람살라에서
팔덴 갸초

1
무지개 아래에서 태어난 아이

나는 무지개 아래에서 태어났다.

할머니에게 내 출생에 관한 얘기를 어찌나 여러 번 들었던지! 할머니는 굽은 손가락을 들어 무지개가 온 마을을 둥그렇게 감싸며 강에서 벌판까지 걸쳐 있던 모습을 그려 보이곤 했다. 그리고는 내가 태어날 때 상서로운 징조가 많았노라고 말했다.

"노둡, 넌 리워체 툴쿠가 됐을지도 몰라!"

할머니는 들어줄 사람만 있으면 이 얘기를 꺼내곤 했다. 툴쿠란 전생이 확인된 사람을 일컫는 말로 태어나는 방식을 스스로 선택할 수 있는 존재다.

"우리 손자 노둡이 태어났을 때 말인데……."

할머니의 이야기는 이렇게 시작되었다.

내가 태어나고 며칠 뒤, 고위 승려들로 구성된 수색대가 딱 리워체 사원에 도착했다. 사원은 우리 마을에서 걸어서 이틀 거리에 있었다. 수색대는 내가 일 년 전에 죽은 어느 고승의 환생자일지도 모른다고 알려주었다. 나의 출생이 뭔가 특별한 것일지도 모른다는 징후는 많이 있었다. 승려들이 도착했을 때, 늘 사원 지붕에 앉아 있던 갈가마귀들이 전부 우리 집 지붕 위에 앉아 있었다.

"가만 있자……. 이 집이 그때 리워체 라마께서 들렀던 바로 그 집 아닌가?"

그 고승의 집사장은, 그분이 돌아가시기 전 우리 집을 방문해 종교 의식을 거행했던 것을 기억해냈다. 고승은 우리 집이 자기 집처럼 편안하다고 했으며, 떠날 때 어머니의 머리에 손을 얹고 이렇게 말했다고 한다.

"이 집에 다시 오리다."

할머니 얘기로는 내가 태어나기 며칠 전에 어머니가 꿈을 꾸었다고 한다. 꿈속에서 어머니는 도르제라고 부르는 금강저를 왼손에 쥐고 앉아 깊은 명상에 잠겨 있었다. 도르제는 부처님의 가르침이 영원 불멸함을 상징하는 도구였다. 이 모든 징조는 지위 높은 승려가 환생할 때 일어나는 것이어서 길조로 여겨졌다.

할머니는 고승의 집사장인 창조가 내 눈앞에 대고 염주 두 개를 대롱대롱 흔들어 보였던 얘기도 빠뜨리지 않았다. 내가 조그만 손을 번개같이 뻗어 염주 하나를 와락 잡았던 부분에서 할머니는 고개를 이리저리 흔들고 손뼉을 쳤다. 함께 왔던 승려가 웃으며 다음과 같이 이야기한 대목에 이르면 할머니는 몹시 흥분했다.

"이 아이가 잡은 염주가 바로 스승님의 것이랍니다!"

할머니는 즐겨 그 이야기를 들려주었다.

할머니는 얼굴도 체구도 자그마한 분이었는데, 버터 조각으로 머리카락을 문질러서 반들반들 윤을 내곤 했다. 꼼꼼하게 빗질한 머리카락 아래로 조그만 얼굴이 돋보였다. 나는 할머니의 얘기를 듣는 것이 좋았다.

그러나 결국 내가 선택되지 못했다는 얘기를 꺼낼 때는 안타까워하며 이렇게 우겼다.

"환생자 후보 명단이 라싸로 넘어갔지. 물론 네 이름도 들어 있었단다. 하지만 아주 아깝게 떨어지고 말았어. 정부 쪽에 뒷문으로 부탁할 연줄이 없었기 때문이야."

당시 나는 아주 어렸는데도 얘기가 이 절정 부분에 이르면 할머니의 목소리에서 커다란 실망의 흔적을 감지해낼 수 있었다.

결국 나는 갑자기 나타난 상서로운 징조들과 커다란 기대 속에 이 세상에 나오게 되었다. 마을의 점성술사가 내 별자리 운세를 뽑아주면서 아버지에게 말했다.

"이 아이는 앞으로 가족과 다른 사람들을 위해 아주 훌륭한 일을 하게 될 겁니다."

하지만 점성술사는 어떻게 해서 좋은 일을 할 것인지에 대해서는 말하지 않았다. 어쩌면 비천한 동네 점성술사가 부유한 지주의 점을 봐주면서 듣기 좋으라고 한 말이었을 수도 있었다. 하지만 훗날 나에게 이 말을 일깨웠던 것을 보면 아버지는 점성술사의 예언을 기쁘게 받아들였던 것 같다.

내 이름은 노둡이 되었다. 티베트에서는 부모가 자식의 이름을 고르지 않고, 대개 지위 높은 승려에게 부탁하여 받는다. 어느 승려가 내 이름을 지어주었는지는 모른다. 아마 인근 사원의 강원장이 아니었을까 짐작할 뿐이다.

나는 1933년 원숭이의 해에 티베트에서 두 번째로 큰 도시인 시가체에서 동쪽으로 72킬로 남짓 떨어진 빠남이라는 마을에서 태어났다. 빠남은 창 평원에 위치한 보잘것없는 작은 마을이었다. 냥추강이 이분지 위를 굽이쳐 흘렀고, 강의 양편으로 산이 우뚝 솟아 있었다. 너른 평원 위로 보리와 콩, 겨자가 자라는 푸르른 밭이 점점이 흩어져 있었다. 그 강은 언뜻 봐서는 깊이를 짐작할 수 없었다. 때로는 강물이 얕아서 시가체 쪽으로 부드럽게 나아가는 여울만 보일 때도 있었다. 그러나 냥추강은 시가체 쪽으로 흘러가 티베트에서 가장 큰 강인 얄룽 창포와 합쳐졌다. 강 수위가 낮아지면 마을 사람들은 걸어서 건너가 동물들에게 풀을 먹였다. 하지만 제때 동물을 다시 강 이편으로 몰고 오지 못하면 강물이 불어나 큰 낭패를 보기도 했다. 건너편으로 가려면 멀리 돌아가야 했기 때문이다. 그나마 걸어서 건널 만한 얕은 여울을 찾기까지 이삼 일은 족히 걸리고도 남았다. 봄이 되어 눈이 녹고 물살이 급류로 바뀌면 마을 사람들은 걱정스런 눈으로 위험한 강을 지켜보곤 했다.

"강둑에서 놀지 말거라."

어른들은 아이들에게 주의를 주곤 했다. 야크(티베트산 들소)처럼 힘센 짐승도 급류에 떠내려간다는 것이었다. 아주 어릴 때 강둑에서 어른들이 물가로 떠내려온 야크 시체를 끌어올리는 모습을 본 기억이 난다. 나는 아이들과 함께 둘러서서 어른들이 물에 퉁퉁 불은 야크의 몸통을 잘라 천 위에 나누어 놓는 것을 바라보았다. 그때부터 나는 강을 두려워하게 되었다. 하지만 마을 사람들은 냥추강에 의지하여 살아야 했다. 강이 있기에 밭은 촉촉하게 생명을 품을 수 있었다. 반대로 강물이 미치지 않는 지역은 척박하고 메마른 땅으로 남아 있었다. 쩍쩍 갈라진 불모지는 우리에게 강이 얼마나 소중한지 끊임없이 일깨워주었다. 빠남에 비가 내렸는지 잘 기억나지 않는다. 강물이 미치는 지역은 식물이 무성한 녹지로 생계를 유지할 터전이 되어 주었다. 우리는 강물을 떠다가 식수로 사용했고, 밭에 물을 대기 위해 좁은 수로를 팠다. 어른들이 밭에서 밭으로 다니면서 물길을 열고 닫는 모습을 하루 종일 볼 수 있었다.

히말라야 산맥을 이루는 산은 분지 양편에서 청명한 푸른 하늘을 향해 가파르게 솟아 있었다. 하늘로 솟아오른 산기슭에는 초원이 있어서 짐승을 기르기에 적당했다. 마치 빠남 마을을 양쪽에서 보호해주듯 높다란 산이 든든하게 마주 서 있었다. 봄에 얼음이 녹기 시작하고 얼어붙었던 땅 밑에서 초록빛 싹이 얼굴을 내밀 즈음이면, 마을 사람들은 동물들을 이 고산 목초지로 데려가 풀을 먹였다.

우리 마을의 집들은 흙벽돌로 만든 2층 구조였다. 주춧돌은 폭이 약 90센티미터로, 흙벽돌을 쌓아 두꺼운 벽을 만들 수 있도록 넉넉한 토대를 형성하고 있었다. 이 단순한 흙벽돌 벽 덕분에 겨울에는 따뜻했고, 여름에는 시원했다.

2층에는 사람들이 살았다. 겨울 몇 달 동안 1층에는 양과 염소, 소, 어떤 때는 야크까지 들어와 매서운 추위를 피했다. 집이 겨울용 축사였던 셈인데, 사람과 동물이 자연스럽게 어우러져 한 식구처럼 겨울을 나곤 했다. 어린 시절, 가축을 집 밖으로 몰고 나갔던 기억이 난다. 가축은 두려움에 떨면서 머뭇머뭇 밖으로 나갔다. 한 마리씩 한 마리씩 비척비척 비틀거리며 밖으로 나온 녀석들은 햇빛에 부신 눈을 연신 깜박거렸다.

"술지게미를 먹고 취했구만!"

사람들은 웃고 떠들며 짐승을 놀렸다. 겨울에는 새해를 맞이하느라 집집마다 창(막걸리)을 양껏 담갔고, 술을 담고 남은 걸쭉한 보리 찌꺼기를 소에게 주었던 것이다. 얼마 지나지 않아 가축은 빛 속에서 눈을 뜨는 데 적응했다. 그러고 나면 나이 많은 아이들은 녀석들을 목초지로 향한 샛길로 몰아갔다. 가축과 양치기는 여름 한 철을 그곳에서 보냈다. 가끔씩 양치기는 당나귀 등에 치즈와 버터, 그리고 땔감으로 쓸 동물의 똥을 싣고 마을에 들렀다.

빠남 사람들은 주로 농사를 짓고 살았다. 가축은 고기, 버터, 치즈 같은 고급스런 물품을 제공해주는 중요한 재산이었다. 우리 집은 양과 염소를 600마리 넘게 길렀다. 티베트 기준으로는 상당히 부유한 편에 속하는 규모였다. 아버지는 정부의 넓은 땅을 빌려서 다른 농부들에게 번갈아가며 빌려주었다. 사람들은 우리를 '겔빠'라고 불렀는데 '정부 납세자'라는 뜻이었다. 우리가 라싸 정부에 직접 세금을 납부했기 때문이다. 아버지한테서 땅을 빌린 소작인들을 비롯해 다른 농부들은 세금을 지주나 사원에 내고 있었다.

아버지의 납세 의무는 복잡한 것이어서, 나는 아버지가 무엇을 냈는지, 아버지의 의무가 무엇이었는지, 한 번도 완벽하게 이해한 적이 없었다. 분명하게 기억나는 것은 아버지가 티베트 군대에 다섯 명을 조달해야 했다는 것뿐이다. 그 다섯 명이 꼭 우리 가족에서 나와야 하는 것은 아니었다. 내 기억으로 아버지는 이 의무를 소작인들에게 떠넘겼다. 우리 집이 소작농들과 어떤 계약을 맺느냐 하는 것은 전적으로 우리에게 달려 있었기에 가능한 일이었다. 누가 되었든 계속 다섯 명을 채워주기만 하면 그만이었다.

아버지는 마을의 우두머리 역할도 해서, 마을 사람들 사이의 분쟁을 해결해 달라는 요청을 받는 일이 자주 있었다. 소작인들과 마을 사람들은 아버지를 공정한 사람이라고 평가해 '바리 조 라'라고 불렀는데, 이 말에는 애정과 존경이 담겨 있었다. 아버지는 시가체와 라싸에 살면서 불공정한 세금을 거둬들이는 부재 지주들에 맞서 마을 사람들을 보호했다. 우리 가문의 성은 '바리 로빠'인데, 이것은 '남쪽의 바리'라는 뜻이다. 분지 위쪽에는 '바리 장', 즉 '북쪽의 바리'라는 성을 가진 가문이 있었다. 우리는 한때 친족 관계였을 테지만, 어떻게 해서 북쪽과 남쪽으로 나뉘게 되었는지는 다들 잊어버렸다.

18세기에 빠남은 7대 판첸 라마의 탄생지라는 명성을 얻었다. 판첸 라마는 티베트에서 두 번째로 중요한 종교계 인물이다. 6대 판첸 라마가 타계했을 때, 예언자는 아이가 '행복 속에서 태양의 무릎에 앉아있는 모습으로' 발견될 것이라고 예언했다. 새로 환생한 아이를 찾아서 티베트 전역으로 승려들이 파견되었다. 그런 수색대 가운데 하나가 예언자의 말을 생생하게 기억하며 빠남에 도착했다.

수색대는 첫 번째 집에서 어떤 여자가 갓 태어난 아이를 팔에 안고 앉아있는 것을 발견했다. 수색대가 여자의 이름을 묻자, 여자는 '니마'라고 대답했는데, 이것은 티베트말로 '태양'이라는 뜻이었다. 수색대는 다른 아기를 찾아볼 필요가 없었다. 니마의 팔에 안겨있는 아이가 바로 7대 판첸 라마였던 것이다.

판첸 라마는 우리 옆집에서 태어났다. 덕분에 그 집은 마을에서 가장 부유한 집이 되었다. 마을 사람들은 이를 가리켜 '퉁지'라고 불렀는데, 탄생 신분이라는 뜻이다. 퉁지는 근방의 모든 가문에게서 대단히 존경받았다. 내가 태어날 때쯤 다시 한 번 마을 전체가 흥분의 도가니에 빠졌다. 사람들은 빠남에서 또다시 유명한 승려가 환생하게 되었으니 축복받은 마을이라고들 했다. 하지만 그 흥분은 오래가지 못했다.

우리 가족은 티베트 사람들 대다수가 그렇듯이 신앙심이 돈독했고, 종교적인 약속을 진지하게 받아들였다. 우리 집에는 '칸귤 라캉'이라고 부르는 기도실이 있었고, 그곳에는 부처님의 가르침을 담은 101권의 장서가 있었다. 온 마을을 통틀어 우리 집에만 있는 자랑거리였다. 몇 백 년씩 묵은 책들이었는데, 우리 집이 어떻게 그런 귀중한 보물을 손에 넣었는지는 모르겠다. 라캉은 집의 위층에 있었고, 그 안에는 부처님과 보살들을 아름답게 묘사한 탕카(불교 탱화)가 걸려 있었다. 이 중에도 몇 백 년씩 된 작품들이 있었다. 우리 집 지붕 꼭대기에는 겔첸, 즉 승리의 깃발이라고 하는 커다란 놋쇠 양산이 세워져 있었다. 그것은 칸귤 전권을 소장하고 있는 집만 가질 수 있는 굉장한 특권이었다. 마을 사람들은 종교의식이 있을 때마다 책 한 권씩을 빌리러 왔다.

해마다 마을에서는 중요한 종교의식을 거행했다. 7월에 농작물이 익기 시작하고 농한기가 시작되면, 다들 한숨 돌리며 풍작을 기원하는 마음을 모아 행사를 여는 것이다. 이 지역의 정령들을 달래면서 농작물을 사악한 힘으로부터 지켜달라고 부탁하는 의식이기도 했다. 마을에서는 '최꼴' 의식을 치렀는데, 부처님의 가르침을 둘러싸는 것을 말한다.

지역 사원의 승려들은 우리 집의 칸귤 책을 가지고 나가 노란 천으로 싸서 머리 위로 높이 치켜들었다(티베트어로 번역된 티베트 대장경은 크게 칸귤과 텐귤로 나뉜다. 칸귤은 부처님이 직접 설한 경전을 모은 불설부이고, 텐귤은 학승들과 성취자들의 가르침을 담은 논소부이다. - 역자주). 집 밖에서 마을 사람들과 우리 가족은 책을 서로 등에 지고 가겠다고 다퉜다. 101권의 책을 열과 성을 다해 지고 갈 사람이 정해지면 승려들이 행렬 맨 앞줄에

서고, 그 뒤를 마을 사람들이 칸귤 한 권씩을 짊어지고 따라갔다. 행렬은 마을 바깥쪽 가장자리를 따라 길게 이어졌다.

행렬은 마을의 정령이 머무르는 '율라' 앞에서 멈췄다. 사람들은 외따로 떨어진 그곳에 사악한 정령들이 머문다고 믿었다. 이 정령들에게 정기적으로 제물을 바치고 달래야 마을이 평안하다고 여겼다. 그렇지 않고 소홀히 대했다가는 마을에 재앙이 닥친다고 철썩같이 믿었다. 설사 농작물이 탈 없이 잘 자란다 해도 정령의 힘을 얻어야 더 튼튼하게 가꿀 수 있을 터였다. 예기치 못한 우박이 떨어져 농사를 몽땅 망칠 수도 있으니 말이다. 티베트 농부들은 다른 나라 농부들이 가뭄을 걱정하듯 우박을 두려워했다. 신통력으로 '우박을 잠재우는 사람'이 상주하는 마을도 있을 정도였다. 가족이 병에 걸려도 정령에게 제물을 바쳤다.

마을마다 정령이 머무는 곳에는 돌을 높이 쌓아올리고, 기원을 담은 깃발 아래 동물 뼈를 반쯤 묻어두었다. 깃발은 다섯 가지 요소, 다시 말해 지구를 상징하는 노란색과 불을 상징하는 빨간색, 하늘을 상징하는 파란색, 구름을 상징하는 흰색, 물을 상징하는 녹색을 나타내고 있었다. 해가 바뀌면 집집마다 새 깃발을 걸어두었다. 나는 혼자서 그 근처에 가는 모험은 하지 않았다. 곰팡내와 썩어가는 깃발더미가 금방 유령이라도 튀어나올 듯한 분위기를 자아냈기 때문이다. 그곳에 가면 등골이 오싹했다. 다들 그곳을 무서워했다. 최꼴 의식은 정령에 대한 마을 사람들의 믿음을 나타내고 마을의 경계를 구분 짓는 것을 의미했다. 제를 지내고 나면 마을 사람들은 안전하게 보호받고 있다는 안도감을 느꼈다.

마을 전체를 한 바퀴 돌고 나서 행렬은 강가의 탁 트인 초원에서 쉬었다. 집집마다 이 강가에 천막을 쳤다. 그 뒤로 며칠 동안은 춤을 추고 노래를 불러야 하니까. 나이 든 남자들은 노름을 하고, 젊은이들은 활 쏘기 대회를 열었다. 바야흐로 휴식을 취하고 여름 날씨를 즐기기에 그만인 시기가 온 것이다. 두세 달 뒤, 추수할 때가 되면 소작인들은 전부 아버지의 밭으로 장정을 보내야 했다. 눈코 뜰 새 없는 농번기에 허드렛일을 돕기 위해서였다.

빈둥빈둥 앉아있는 사람은 아무도 없었다. 추수가 끝나면 타작이 시작됐다. 타작이 끝나 곡식이 높이 쌓이면 여자들은 키질을 하여 껍질을 추려냈다. 마을 사람들이 키질을 하느라 바쁜 때에 아버지는 승려 열 명을 집으로 초대해서 칸귤의 각 권을 소리 내어 읽게 했다. 승려들이 책을 처음부터 끝까지 다 읽는 데는 닷새에서 열흘이 걸렸다.

"우리 집안이 몇 백 년 동안 정성들여 이 공양을 바쳐왔기에 그동안 복을 받은 거란다. 덕분에 선조들의 공적을 우리가 축복 속에 누릴 수 있게 된 것이지."

아버지가 그렇게 말했던 기억이 난다. 하지만 그 복이 나한테는 이르지 못한 것 같다. 어머니가 나를 낳은 뒤 얼마 지나지 않아 세상을 떠났기 때문이다. 홀로 남은 아버지는 딸 셋과 아들 둘을 도맡아 키워야 했다. 언젠가 할머니는 갑작스런 어머니의 죽음을 두고 이렇게 말했다.

"널 낳고는 아주 건강하고 행복해했지. 헌데 어느 날 저녁나절 앓아눕더니 다시 일어나지 못했단다."

티베트 사람들은 어느 가정에 아주 좋은 일이 생기면, 뒤이어 불행도 겪게 된다고 믿는다. 아마도 불행해진 이유를 어디선가 찾아야 했던 것이리라. 사람들은 고귀한 신분의 승려나 지도자가 태어나면 집안에 좋지 않은 일이 일어난다고 생각했다. 우리 집의 경우, 내가 고승의 환생자로 태어난 걸로 여겼기에 어머니에게 불행이 닥친 것인지도 모른다.

어머니의 이름이 정확하게 무엇이었는지 기억하지 못한다. 나는 다만 티베트말로 어머니를 뜻하는 '아말라'라고만 불렀다. 어머니가 돌아가신 나이는 겨우 마흔 살. 나는 어머니에 대한 기억이 전혀 없다. 사진도 없다. 옛날 티베트에서는 살아있는 사람의 사진을 찍거나 초상화를 그리지 않았다. 내가 본 사진이라고는 우리 집 제단에 붙어있는 13대 달라이 라마의 사진뿐이었다. 한번은 숙모가 그 사진을 내려 내 머리 위에 갖다 댄 적이 있었다. 티베트에서 그것은 존경의 표시였다. 나는 사진의 질감이 어떤지 만져보고 사진에 담긴 모습을 찬찬히 살펴보고 싶었지만 워낙 값비싼 것이어선지 숙모는 얼른 제단에 되돌려 놓았다. 그 사진은 네팔 상인한테서 산 것이었다. 그 무렵 사진을 살 만한 여유가 있는 집은 우리 마을에서 두 집밖에 없었다. 형편이 그 정도이니 어머니의 사진이 있었던 것 같지는 않다. 친척들에게 어머니가 어떤 분이었는지 물어본 적이 있었다.

"좋은 분이셨지."

짤막한 대답만 들을 수 있었다. 아버지는 되도록 어머니 얘기를 하지 않았고, 나도 아버지 앞에서 어머니 얘기를 꺼내지 않았다. 이제 와 생각하니 아버지는 굉장한 상실감과 허전함을 느꼈던 것 같다. 아버지는 한 살 어린 어머니와 열네 살에 결혼했다. 그즈음 여느 티베트 사람들처럼 우리 부모님도 집안에서 정해주는 대로 결혼했다.

어머니가 돌아가시자 당장 나를 돌볼 사람이 없었다. 누나들도 너무 어려서 아버지는 나를 친가쪽 친척 아주머니 손에 맡겼다. 아주머니의 이름은 상모였는데, 빠남에서 걸어서 여섯 시간 거리에 있는 '갸쵸 샤'라는 마을에 여러 해 전에 시집와서 살고 있었다. 아주머니의 집안은 남링이라는 가문이었다. 그곳에서 나는 스무 명도 넘는 새 가족들에게 둘러싸였다.

나를 맡았을 때 아주머니의 나이는 30대 후반이었다. 나는 아주머니의 두 아들을 형이라고 부르며 따랐다. 형들은 이미 어른이었다. 한 명은 열여섯 살이었고 곧 결혼할 예정이었다. 아주머니는 아주 수완이 있는 여성이어서 사실상 그 집안을 이끌어가고 있었다. 아주머니는 창고란 창고는 모두 열 수 있는 묵직한 열쇠 꾸러미를 '암바'에 넣고 다녔다. 암바는 티베트 전통의상에서 주머니 역할을 하는 소맷단을 일컫는 말이다. 하인들은 식량을 꺼내기 전에 반드시 아주머니에게 먼저 물었다. 아주머니는 얼굴이 둥글고 큼직했으며, 주홍색 산호 귀걸이를 하고 있었다. 긴 머리는 땋아서 머리에 빙빙 둘러 동여매고 다녔다. 내가 아주머니와 함께 살게 된 것은, 몇 달 전에 아주머니도 아이를 낳았기 때문이었다. 딸아이였는데, 이름은 왕모였다. 왕모 덕분에 나는 아주머니의 젖을 나눠 먹고 자랄 수 있었다.

갸초 샤는 빠남과 별반 다를 게 없었다. 집들도 똑같이 생겼고, 냥추강 유역에서 대개 그렇듯이 갸초 샤 사람들도 농부였다. 생활은 농사일 위주로 돌아갔다. 다들 밭에 나가 일을 했다. 몇 세기 동안 농사일에 종사하면서 사람들의 기술은 숙련되었다. 기계도 없이 모든 일을 손으로 했다. 지금에 와서 떠올려보면, 수레바퀴를 쓰지 않았다는 사실이 이상하게 생각된다. 하지만 눈의 나라 티베트에서 그 위대한 발명품은 쓸모가 없었다.

아주머니네도 세금을 정부에 내는 정부 납세자였다. 그 집의 소유지에서 거둬들이는 곡식을 모으면 티베트에서 가장 물살이 센 얄룽 창포 강에 댐을 만들어 막을 수 있을 정도였다. 나는 아주머니를 어머니라 여기며 자랐다. 아주머니의 집이 나의 집이었다. 나중에 감옥에서 심문을 받을 때마다 시작하기 전에 이름과 나이, 부모의 이름을 물었는데, 나는 바로 대답하지 못하고 생각을 거듭해야 했다. 진정한 나의 부모님을 생각하자니 자연 생각이 길어질 수밖에 없었던 것이다. 아주머니는 내게 신경을 많이 써주었다.

"불쌍한 내 새끼……."

아주머니는 가끔씩 나를 두 팔로 감싸 안으며 이렇게 속삭였다.

아주머니네 가족들은 하나같이 너그러운 성품이었고, 나는 사랑을 듬뿍 받으며 자랐다. 그래서 내가 최초로 아주머니네 아이가 아니라는 사실을 알게 된 때가 생생하게 기억난다.

어느 날 누군가 '그 애 아버지……'라고 말하는 것을 들었다. 내가 '빨라'라고 부르는 아주머니의 남편 얘기를 하는 것이려니 생각했다. 나는 항상 그분을 아버지라고 생각했기 때문이다.

"그 애 아버지가 이리 올 거야."

나는 벽 너머에서 들리는 얘기를 듣고 속으로 당황했다. 뒤이어 사람들이 '그 애 집'이라고 말하는 소리도 들렸다. 그때까지 나에게 집은 단한 곳, 바로 아주머니네 집이었다. 나는 혼란스러웠고, 머지않아 뜻밖의 사실과 마주칠 거라는 예감에 사로잡혔다.

그러나 나는 갸쵸 샤에서 행복했다. 어린 시절은 단순했다. 여자아이들이 어머니를 따라다니며 함께 일을 하고, 어머니가 할머니에게서 전수받은 기술을 눈여겨보면서 배우는 반면, 남자아이들은 간섭이란 걸 받지 않았다. 부모가 밭에서 일을 하고 있으면 부모 뒤를 쫓아가면서 흉내를 내는 것으로 일을 배웠다. 그게 교육받는 것이었다. 나는 심부름을 하고 잡초 뽑는 것을 도왔다. 밭을 돌아다니면서 물길을 열고 닫기도 했다.

하지만 내가 제일 좋아하는 놀이는 얘기를 듣는 것이었다. 타쉴훈포는 근방에서 가장 큰 사원이었는데 친척 아저씨가 그곳의 승려였다. 그분은 아주머니 집에서 겨울을 지내는 동안 아이들을 불러 이야기를 들려주며 잘 놀아주었다. 아저씨는 세상이 어떻게 해서 물로 뒤덮이게 되었는지, 그리고 어떻게 해서 그 물이 서서히 증발하여 땅과 산이 만들어졌는지 엄숙한 목소리로 말했다.

"그리고 나서 부처님의 연민이 원숭이 형태로 육신을 입어 나타났단다. 그 원숭이의 반려자인 돌마는 도깨비 형태로 나타났지. 그 원숭이와 도깨비가 바로 최초의 인류란다."

그 사이에서 태어난 여섯 자녀는 이 세상에 살고 있는 피조물의 여섯 가지 유형 즉 신, 반신반인, 인간, 귀신, 동물과 악마를 각각 대표했다. 다시 자손이 늘어났고, 이렇게 해서 티베트인의 시조가 생겨났다는 것이었다. 어떤 이야기는 끔찍했다. 아저씨는 다른 세상 이야기도 해주고, 사람들이 산 채로 끓고 있거나, 영원히 계속되는 굶주림 속에서 산다는 지옥 얘기도 해주었다. 그리고 죽으면 우리가 한 착한 행동과 나쁜 행동을 검은 조약돌과 흰 조약돌로 바꿔 저울에 잰다고 가르쳤다. 흰 조약돌은 착한 행동이고, 검은 조약돌은 나쁜 행동이었다. 저울이 검은 조약돌 쪽으로 기울면 지옥으로 가지만, 흰 조약돌 쪽으로 기울면 극락세계에 간다는 것이다. 아저씨는 몸을 앞으로 숙여 아이들의 얼굴에 뺨을 바싹 대고 이렇게 말했다.

"지옥에 가기 싫으면 검은 조약돌을 쌓지 말거라."

마을 사람들은 하나같이 아저씨를 존경해서 시시콜콜한 일까지 조언을 구했다. 한번은 아저씨가 나를 시가체의 타쉴훈포 사원으로 데리고 갔다. 종교적인 경험을 위해 사원 생활을 친절하게 소개해주는 차원의 방문은 아니었다. 어쨌거나 그때 나는 처음으로 산 너머 바깥 세상에 대해 알게 되었다. 아저씨와 한방을 쓰던 라다크 출신 스님이 나에게 물고기 모양의 사탕 하나를 주었다. 인도에서 만든 사탕이라고 했다. 그날 저녁 난생 처음으로 햇불도 봤고, 그 햇불도 인도에서 왔다는 사실을 알았다. 인도라는 나라는 틀림없이 굉장히 멋진 곳이어서 마술 같은 일들이 가득하리라는 생각이 들었다.

티베트 사람들에게 인도는 기독교인들이 예루살렘에 대해 느끼는 것만큼이나 크나큰 경외심을 일으키는 곳이다. 하지만 나는 '팍파의 나라'라고 부르는 인도에서 부처님이 탄생하고 깨달음을 얻었다는 이야기를 듣고는 어리둥절했다. 팍파는 티베트어로 돼지와 발음이 같기 때문이다. 왜 인도를 '돼지의 나라'라고 부르는지 궁금했다. 나는 돼지 수천 마리가 인도의 밀림을 어슬렁거리는 모습을 상상해보았다.

"인도를 왜 돼지의 나라라고 불러요?"

아저씨와 아저씨 친구 분은 박장대소를 했다.

"우리 노둡이 글을 배울 때가 됐구나."

아저씨가 웃으며 말했다.

나는 아저씨의 얘기를 통해 더 넓은 세상에 대한 것들을 알아갔다. 인도는 세상에서 가장 성스러운 곳이었다. 다른 곳은 모두 두려웠다. 아저씨가 들려주는 무시무시한 얘기들 속에서 바깥세상은 문화란 것도 모르

고 동정심도 없는 사람들이 사는 것으로 보여, 내 호기심을 사그라지게
했다.

"우리가 눈의 나라 티베트에서 태어난 건 엄청난 행운이란다."

아저씨의 말씀에는 자부심이 배어 있었고, 나는 의심의 여지없이 그
사실을 믿었다. 이제 와 생각해보니, 내가 맨 처음 티베트 사람들과 중
국 사람들 사이에 근본적인 차이가 있다고 생각하게 된 것도 바로 아저
씨가 나에게 들려준 티베트와 티베트 사람들의 기원에 대한 이야기 때
문이었다. 그런 까닭에 중국인들이 티베트는 오래 전부터 중국의 일부였
다고 말했을 때 도무지 이해할 수 없었던 것이다. 우리는 역사에 대한 의
식이 그들과는 달랐다. 물론 공산주의자들은 이런 이야기를 유치한 옛날
이야기로 치부해 버리려고 했지만, 우리들에게 이 이야기는 강력한 힘을
지녔으며, 티베트 사람으로 살아간다는 정신의 밑바탕이 돼주었다.

다시 마을 이야기로 돌아가보자면, 사촌 여동생 왕모는 가장 가까운
내 친구였다. 아주머니는 우리를 단짝이라고 불렀다. 특별한 장난감은
없었지만 우리는 손닿는 것은 무엇이나 즉석에서 장난감으로 탈바꿈시
켰다. 막대기는 창이 되고, 먼지가 풀풀 날리는 대지는 가상의 전쟁을 수
행하는 전쟁터가 되었다. 다른 곳에서도 그렇지만 남자아이들은 남자아
이들끼리 놀고 싶어 하는데, 나는 항상 뭘 하든 왕모를 끼워주려고 했다.
그 애는 아주 거칠어서 마을의 싸움 대장 누구라도 혼자서 막아낼 수 있
었다.

우리가 대여섯 살쯤 되었을 때, 왕모가 병이 났다. 아주머니는 할 수
있는 건 다 했고, 승려들이 와서 병이 나게 만드는 나쁜 정령들을 몰아내
는 의식을 거행했다. 그러나 어느 날 아침, 나는 부엌에서 훌쩍훌쩍 우는

아주머니를 보고 무슨 일이 일어났는지 알아차렸다. 아주머니는 며칠 동안 몸져누웠고, 나는 어떤 위로도 할 수가 없었다.

어른들은 마치 아무 일도 없었던 것처럼 행동했다. 어른들은 혹시 내가 왕모 얘길 들으면 슬퍼할까봐 왕모의 추억을 되새기는 이야기는 꺼내지 않았다. 가끔 티베트 사람들은 마음의 고통이 저절로 사라지기를 바라느라 불편한 화제는 피해버리는 성향이 있는 게 아닐까 싶은 생각이 들 때도 있다. 하지만 지금까지도 나는 아주머니와 왕모를 떠올리면 눈물이 난다. 그때가 내 인생에서 가장 행복한 시기였다. 왕모와 나는 근심 걱정 하나 없이 함께 어울려 놀았다. 웅덩이에서 장난치고 진흙을 조물락거리면서 놀다가 흙강아지가 되어 집으로 돌아오곤 했다.

"아이고, 저 꼴 좀 봐!"

아주머니는 우리에게 소리를 질렀고, 하인을 불러 씻기라고 했다.

왕모가 죽고 나서 오래지 않아 나는 진짜 가족들을 만나게 됐다. 할머니와 누나들, 그리고 형이 문상하러 온 것이다. 다들 도착하자마자 울음을 터뜨렸다. 아버지는 인도에서 만든 새 옷과 가죽 부츠를 가져왔다. 아주머니가 내 옷의 먼지를 털어준 다음 집안 기도실로 들여보내고 나서야 나는 아버지를 만날 수 있었다. 어떤 남자가 양각 세공을 한 의자에 앉아 차를 마시고 있었다. 아버지는 눈매가 날카롭고 컸는데 어깨까지 내려오는 긴 터키석 귀걸이를 하고 있었다.

"인사드리렴. 네 아버지시다."

아주머니가 나를 앞으로 밀면서 말했다. 나는 세상 모든 아이들이 낯선 사람을 만날 때 으레 그렇듯이 행동했다. 부끄럽고 떨리지만 동시에 선물을 받을지도 모른다는 기대감에 취해 있었던 것이다. 나는 아버지 앞으로 나아갔다. 아버지는 주머니에서 하얀 수정처럼 보이는 물건을 꺼냈다. 나는 두 손을 모아 아버지 앞으로 내밀었다. 아버지가 내 손바닥에 수정을 올려놓았다.

아버지가 뭔가 말하기 시작했지만, 나는 내 손바닥 위의 선물에서 눈을 뗄 수가 없었다. 그것은 '아름다운 유리'라고 부르는 것이었다. 나는 수정을 며칠 동안 주머니 속에 넣고 다니면서 가끔씩 꺼내서 핥아보았다.

떨어져 지냈는데도 우리는 핏줄이 당기는 본능을 느꼈다. 그런데 어느 날 아주머니네 형이 우리 아버지 얘기를 하면서 이렇게 말하는 게 아닌가.

"노둡네 아버지가 입었던 추빠 있잖아? 황토색이라서 꼭 똥처럼 보이더라고."

추빠란 티베트 전통 두루마기를 이른다. 나는 순간 불끈하여 아버지 편을 들었다. 울타리 밖으로 꽁무니를 빼는 그 형을 쫓아가서 등에 냅다 주먹질을 해댄 것이다.

아버지가 아주머니를 찾아올 때마다 나는 불려가서 아버지를 만났다. 부자간의 대화는 간단명료했다.

"잘 지내니?"

아버지의 물음에 나는 그저 고개만 끄덕였다.

"아주머니 말씀 잘 듣고 착하게 굴어야 한다."

그렇게 말하고 나서 아버지는 내 주머니에 사탕이나 육포를 찔러 넣어 주었다. 나는 아주머니네 집안 아이들이 시샘할 줄 뻔히 알면서 아버지의 선물을 자랑스레 내보였다. 아이들은 아버지에 대한 신비감 때문에 나를 부러워했다. 아버지는 올 때마다 융숭한 대접을 받았고, 집 안에서 가장 좋은 방에서 잠을 잤던 것이다.

당연한 일이겠지만, 아주머니는 왕모의 죽음을 쉽게 잊지 못했다. 아주머니는 일에 온 마음과 힘을 쏟았다. 여름에는 밭에 나가 살다시피 했고, 겨울에는 언제나 뜨개질을 하고 양털을 자았다. 거기에다 집안의 자질구레한 일들을 도맡았다. 그리고 나에게 훨씬 더 잘해줬다.

어느 날 아버지가 나를 집에 데려가는 문제를 의논하려고 왔다. 나는 아주머니가 우는 것을 보았다. 그때 내 나이 아홉 살이었는데, 아버지는 내가 빠남으로 아예 돌아갈 때가 되었다고 판단을 내렸다.

어느 여름날 아침, 아주머니가 나를 깨우더니 차를 마시고, 쌀과 고구마에 설탕을 넣어 버무린 델실을 먹으라고 했다. 아주머니는 용 두 마리가 테두리를 감싼 오래된 중국 그릇에 음식을 내왔다. 평소에는 집안 제단에 두던 그릇이었다. 델실은 그날이 상서로운 날이라는 것을 표시하기 위해 마련하는 음식이었다.

"침대 깔개 위에 깔거라."

아주머니는 카닥이라고 부르는 하얀 스카프를 주었다. 두말할 것도 없이 이별이 다가온다는 표시였다. 차를 컵 가장자리까지 가득 따라 왔는데, 이것도 내가 곧 집에 돌아갈 것이라는 사실을 의미했다. 아주머니는 새 옷을 가리키면서 입으라고 했다. 이 옷도 특별한 행사용이었다. 아주머니는 내가 옷을 입는 동안 안절부절못했다.

이제 아주머니네를 영영 떠날 때가 되었다. 나도 아주머니도 슬프기는 매한가지였다. 죽은 딸과 똑같이 젖을 나눠 먹고 컸기에 아주머니는 나를 아들처럼 여기고 있었다. 아주머니는 약한 모습을 보이지 않으려 최선을 다했다. 새 옷을 입었으니 주의하라고 나를 쿡쿡 찌르기도 하고,

가끔 옷매무새를 고쳐주기도 했다.

　가족 전부가 준비를 끝내고 안마당으로 나왔다. 조랑말 대여섯 마리에 안장을 지우고 나무 상자들을 실었다. 아버지는 거기서 이것저것 지시를 내리고 있었다. 나는 그 모습을 넋 놓고 바라보았다. 이윽고 가족들이 한 사람씩 카닥을 내 목에 걸어주었다. 카닥 행렬이 끝도 없이 이어지자 나는 스카프 더미에 묻혀버리지나 않을까 걱정됐다. 마지막 차례는 아주머니였다. 아주머니는 최고급 실크 카닥을 양 팔 가득 펼쳐 들고 내 앞으로 다가왔다. 그 품에 안기는 순간, 아주머니 뺨에 흐른 눈물이 내 뺨을 적셨다. 나는 스카프 더미에 묻힌 채 팔을 뻗어 아주머니를 붙잡고 엉엉 울어버렸다. 이웃집 사람들도 내 울음소리를 듣고 나와 이 행사에 참가했다. 내 목에 카닥을 더 감아준 사람도 있었다.

　"아이고, 시집이라도 가는 것 같네!"

　누군가 이렇게 말하는 소리를 들었다.

　나는 마음을 가다듬고 눈물을 닦았다. 내가 조랑말에 오르자 마을 아이들이 "새색시, 새색시!"라며 놀리는 노래를 부르기 시작했다. 나는 조랑말이 멀리 멀리 나를 데려가 주었으면 좋겠다고 생각했다. 노랫소리는 금세 멀어졌고 따라오던 아이들도 보이지 않았다. 아버지와 할머니가 앞장서서 행렬을 이끌었다. 내 목에 걸린 카닥들이 뒤편을 향해 깃발처럼 펄럭였다. 아주머니는 마을 너머까지 한동안 우리와 함께 가다가, 노새 모는 사람에게 멈추라고 했다. 그러고는 노새를 탄 채 내게로 다가와서 내 목을 감싼 카닥을 모두 걷어내 주었다. 아버지는 이따금 고개를 돌려 내 쪽을 흘깃 바라보았다. 나는 아버지와 눈을 마주치지 않으려고 했다. 집에 도착하자 가족들과 이웃들이 기다리고 있었다. 누군가 나를 말에서 내려주었다. 어떤 남자가 나에게 다가와 또 카닥을 둘러주었다. 아주머니는 나와 함께 몇 주 머무르다가 갸초 샤로 돌아갔다. 돌아갈 때도 아주머니는 눈물을 흘렸다.

빠남에서 나는 성인기를 맞았다. 그 무렵 티베트 아이들은 이른 나이에 어른이 되었다. 아버지와 형 모두 열네 살에 한 가정을 책임져야 했다. 하지만 내 경우에는 누나들과 형이 집안일을 모두 나누어 했기에 별로 할 일이 없었다. 나는 지루했다. 나는 나이가 들수록 더욱 위엄 있고 근엄해지는 아버지에게 다가가지 못했다. 기도문을 암송하는 소리, 낮게 중얼거리는 소리를 들으면 아버지는 더욱 멀고 근접하기 어려운 사람으로 느껴졌다.

지금 생각해보면 나에 대한 아버지의 사랑은 엄마 없는 아이에 대해 본능적으로 느끼는 애처로움 같은 것이었다. 아버지는 어머니를 떠올리게 만드는 나를 가까이 두지 않으려 했다. 아버지는 스스로 나를 보살필 자신이 없다는 사실에 어쩔 줄 몰라 한 듯하다. 아버지는 어머니에 대해서는 한 마디도 얘기하지 않았고, 이름조차 입에 올리지 않았다. 어머니를 잊었다기보다는 어머니의 부재를 정면으로 받아들일 수가 없었기 때문이다.

아버지는 어머니가 돌아가신 지 일 년 만에 재혼했다. 내가 빠남으로 돌아왔을 때 새어머니에게는 자식이 둘 있었고, 그중 한 명은 이미 가동 사원의 승려가 돼 있었다. 새어머니는 아버지처럼 냉담하지 않았다. 새어머니는 친절하고 상냥했으며 언제라도 나를 따뜻하게 안아줄 준비가 되어 있는 분으로, 세간에서 입방아 찧는 전형적인 새어머니는 되지 않으려고 노력했다.

아버지가 돌아가시고 형이 집안의 가장이 되자, 형은 새어머니와 합쳤다. 새어머니가 아직 젊은 데다 집안에 새 신부가 들어오면 분란만 생길 뿐이라고 여겼기 때문이다. 당시 티베트에서는 집안의 재산을 온전하게 지키기 위해서 여러 형제들이 한 명의 아내와 사는 경우가 흔했다. 그런데 우리 집은 형과 새어머니가 합친 것이었다. 새어머니는 젊었고 아직 자식을 낳을 수 있었다. 그러나 지금 그런 풍속은 옛말이 되었다.

빠남으로 돌아와서 최고로 좋았던 것은 가동 사원이 있다는 사실이었다. 사원은 집에서 걸어서 한 시간도 채 걸리지 않았다. 삼촌 두 분이 그곳에 승려로 있었다. 이따금 그분들이 나를 부르기도 했고 내가 찾아가기도 했다.

할머니는 내가 그곳에 자주 들락거리는 것을 눈치챘다. 할머니는 내 출생에 관한 이야기를 다시 들려준 다음 물었다.

"스님이 되는 게 어떠냐?"

나도 마음이 끌렸다. 마을에서는 쓸쓸한 처지였지만 사원은 달랐다. 어울릴 만한 또래 친구들도 사귀었고, 심지어 어른들도 나와 함께 보낼 수 있는 시간이 더 많은 듯했다.

2
격동기에 승려의 길로 들어서다

오래지 않아 할머니는 내 장래를 걱정하기 시작했다. 아버지는 나를 아직 어린애로만 여겨서인지 내가 장차 무엇을 할 것인가에 대해서 생각하는 눈치가 아니었다.

"노둡한테 무슨 일이 적당할지 슬슬 생각할 때가 되지 않았니?"

할머니는 아버지를 닦달했다.

그 당시 티베트 시골 마을의 남자아이는 설령 부유한 집 자식이라 하더라도 선택권이 별로 없었다. 집안 소유의 땅에서 일하거나 사원에 들어가거나 둘 중 하나였다. 대개는 장남이 농장과 함께 온 가족의 의무를 상속받았다. 형도 열네 살의 나이에 소유지 경영이라는 굉장한 책임을 떠맡아야 했다. 형은 준수한 용모와 자신감 넘치는 태도로 성큼성큼 걸어다니며 모든 일이 순조롭게 돌아가고 있다는 확신을 주었고, 고용인들에게 일을 적절히 분배했으며, 소작인들의 불만사항을 신속하게 처리했다. 언젠가 나는 형과 함께 다니면서 마을 사람들이 이 모범적인 젊은이를 얼마나 존경하는지 알게 되었다.

할머니는 신실한 분답게 나에게 승려가 되라고 제안했다. 할머니는 티베트 달력으로 매달 8일, 15일, 30일에는 사원을 찾았고, 갈 때마다 온종일 머물렀다. 할머니는 일찍 일어나 깨끗한 옷으로 갈아입은 다음, 큼직한 버터 덩어리와 인도산 해바라기씨 기름통을 가져갔다. 기름은 최상급으로 진귀한 사치품이었다. 나도 할머니를 따라 사원에 가기 시작했다. 할머니는 일흔이 넘은 나이에도 정정해서 가파른 언덕길을 거뜬히 걸었다. 할머니는 사당 안을 천천히 순회하며 램프에 기름이나 버터조각을 채웠다. 부처님이나 보살들이 담긴 신성한 그림 앞에 서면 할머니는 두 손을 꼭 쥐고 서서 기도문을 중얼거리고, 몸을 숙여 그림 밑 부분에 이마를 갖다 댔다.

정오가 되면 할머니는 사원 행차를 잠깐 멈추고 두 아들을 만나러 갔다. 삼촌들은 볶은 보릿가루와 말린 고기를 점심으로 준비했다. 할머니가 낮잠이라도 잘라치면 나는 이리저리 돌아다니거나 사미승들과 어울려 놀았다. 어린 스님들은 읽기와 쓰기를 배우고 있었는데, 나는 내심 그게 부러웠다. 할머니는 쉬고 나서 대법당에 마지막으로 준비한 공양을 올렸다. 할머니는 대법당을 바라보면서 새의 발처럼 작고 주름진 손을 얼굴 앞에 모으고, 천천히 움직이면서 기도문을 외웠다.

"뭐라고 기도하는 거예요?"

하루는 내가 궁금함을 이기지 못하고 여쭤보았다.

"마음이 있는 존재들이 모두 평안하기를, 그리고 아픈 사람이 없기를 기도한단다."

할머니가 조용히 말했다.

"돈으로도 살 수 없는 게 건강이야. 가난한 사람이나 부자나 아프면 똑같이 불쌍해진단다. 그러니 건강이 제일 중요하지."

지금 돌이켜보면 할머니의 염려는 티베트의 현실을 반영하고 있었던 것 같다. 그 무렵 티베트에는 전통 의사인 '암치'가 곳곳에 개업하고 있었지만 빠남은 예외였다. 의사를 찾아가려면 시가체나 간체까지 걸어가야 했다. 누가 아프기라도 하면 가족들은 속수무책이었다. 병을 고치는 일은 전적으로 종교적인 방법에 의존했고, 더러 기적적으로 회복하는 사람들도 있었다.

마을과 사원 사이로 넓디넓은 푸른 밭이 가로지르고 있었다. 밭 끝자락에는 산맥 발치가 가파르게 솟아 있었다. 사원은 흙무더기 위에 자리 잡고 서서 분지의 장엄한 경치를 내려다보고 있었다. 냥추강이 시가체를 향해 굽이쳐 흐르는 풍경도 볼 수 있었다. 가끔씩 집에서 밝은 햇살을 받아 반들반들 빛나는 사원의 회벽이 보였다.

사원은 세워진 지 9백 년이 넘었다. 사원을 세운 사람은 카체 사꺄쉬리라는 학식 높은 인도인 성자로, 11세기에 티베트로 불교를 전하러 온 사람이었다. 가동이라는 사원의 이름은 여러 논쟁에서 주제가 되었다. 가동은 마을 아래쪽 산을 부르던 이름에서 비롯되었다는 설이 가장 일반적이었다. 하지만 학자들은 이 사원이 실은 '행복의 나무'라는 이름이었다고 주장했다. 이 이론에 따르면, 사원을 짓고 얼마 되지 않아 티베트에서 불교가 내리막길을 걷기 시작하면서 토착 종교인 뵌교가 다시 일어섰다고 한다. 여러 해가 지난 뒤, 남아있는 사원들은 불교 교리를 지키는 데 실패했다. 오로지 빠남의 승려들만이 수행에 따르는 엄격한 규칙을 계속 지켜나갔다고 한다. 훗날 이 사원의 승려들은 티베트 각지를 여행하며 오래 전부터 내려온 수행 생활의 규칙을 가르치고 부흥시켰다. 그래서 이 사원이 '행복의 나무'라는 이름으로 불렸다는 것이다.

한때 사원에 머문 승려만 해도 2백 명 가까운 시절이 있었다. 사람들이 기억하는 바로는 우리 집 식구들 가운데 한 명은 반드시 가동 사원의 승려가 되었다. 티베트에는 아들 가운데 한 명을 사원으로 보내 부처님의 가르침을 공부하게 하는 전통이 있었다. 그래서 마을 사람들은 사원을 부를 때 너나없이 '우리 사원'이라고 했다.

"애, 노둡아! 나 좀 보자."

하루는 아버지가 나를 불렀다. 나는 아버지가 성스러운 책을 읽는 데 대부분의 시간을 보내는 맨 위층 작은방으로 올라갔다. 난로 위에서 찻주전자가 끓고 있었다. 승려인 삼촌도 함께 있었다. 할머니도 올라왔다. 아버지는 찻잔을 들었다. 입으로 바람을 불어 차를 식혀 한 모금 마시고는 입을 열었다.

"삼촌하고 나는 네가 사원에 들어가면 어떨까 싶다."

아버지는 할머니가 대신해서 대화를 끝내주기를 바라는 것처럼 할머니 쪽으로 고개를 돌렸다. 그러나 나는 아버지 말씀이 끝나기가 무섭게 고개를 끄덕이며 말했다.

"그러겠습니다."

나 자신도 놀랄 만큼 단호하게 나온 말이었다. 나는 몇 년 동안 사원에 가고 싶다고 생각했지만 승려가 되는 방법은 알지 못했다. 승려 얘기를 꺼내면 내가 집에서 행복하지 않다고 생각할까봐 아버지와 차마 의논할 엄두가 나지 않았다. 할머니는 마치 처음 꺼내는 이야기인 것처럼 내 출생에 관한 이야기를 다시 시작했다. 하지만 이번에는 할머니 이야기에 요점이 있었다. 내가 닥 리워체의 승려가 되어야 한다는 것이었다.

"이 아이가 출가하겠다면 꼭 닥 리워체로 보내세요."

예전의 고승 집사장이 그렇게 말했다는 것이다. 할머니는 아직도 내가 리워체 라마가 환생한 것이고, 라싸에 적당한 연줄이 없어서 이를 입증하는 데 실패했다고 확신하고 있었다.

"하지만 노둡은 가동 사원으로 가는 게 좋겠어요."

아버지는 할머니의 제안을 받아들이지 않았다.

"어머니도 아시다시피 우리 집안은 대대로 가동 사원과 관계를 맺어 왔잖아요. 그 전통을 깨서는 안 돼요."

아버지는 마치 동의를 구하듯 삼촌을 바라보았다. 삼촌은 고개를 끄덕였다. 아버지는 이 문제에 대해서 더 이상 얘기하고 싶어하지 않았다.

"시가체에 있는 타쉴훈포 사원에 가고 싶어요!"

나는 선택권이 있었다면 그렇게 말했을 것이다. 타쉴훈포는 티베트에서 가장 위대한 사원 가운데 하나였다. 그곳은 달라이 라마 다음으로 높은 승려인 판첸 라마가 계신 곳이었다. 근방에 사는 사람들은 판첸 라마에 대해 특별한 경외심을 품고 있었다. 나는 아주머니와 시가체에 가본 적이 있어서인지 그곳이 특별하게 느껴졌다. 그리고 타쉴훈포에도 친척들이 여러 명 있었다. 그렇다고 해서 가동 사원이 싫었다는 말은 아니다. 그곳도 좋은 사원이었고, 내 집처럼 편안한 느낌이었다. 하지만 솔직히 말하자면 배움터로서 썩 훌륭할 것 같지는 않았다. 세월이 흐르면서 쌓인 고풍스러움과 명성에도 불구하고 1943년의 가동 사원은 마을 사람들의 소박한 종교적 욕구를 채워주는 동네 사원에 불과했다. 어쨌거나 나는 이 문제에 대해서 아무 말도 하지 않았다.

할머니의 강력한 제안에도 불구하고 아버지와 삼촌의 뜻대로 나는 가동 사원에 들어가기로 결정되었다. 사원과 우리 집안의 몇 세기에 걸친 돈독한 관계를 깨뜨릴 수는 없었다. 삼촌은 내가 가동 사원으로 오기를 바라 마지않았다. 삼촌은 나이가 들어 데리고 있는 학생이 많지 않았다. 삼촌은 '샤'라고 부르는 널따란 승려들의 숙소를 물려받았는데, 몇 대째 우리 집안 출신에게 전해 내려오는 곳이었다. 가동 사원의 삼촌은 갸초 샤 사원의 친척 아저씨들보다 훨씬 진지했다. 삼촌은 내가 이젠 어린애가 아니라는 듯이 중요한 집안 문제에 대해 얘기했다. 그러나 어디까지나 삼촌과 나의 관계는 선생과 학생의 관계였다.

할머니는 승려가 입는 여름옷과 겨울옷, 그리고 예복까지 갖춰 새로 준비했다. 며칠에 한 번씩 재단사가 새 옷을 가지고 왔다. 내가 입을 옷들이 사당에 차곡차곡 쌓여갔다. 가끔씩 할머니는 나를 불러 옷을 내 몸에 대보았다.

내가 사원으로 출발하기 이틀 전에 갸초 샤의 아주머니가 왔다. 아주머니는 나를 보자마자 조랑말에서 내려서는 두 팔을 벌리고 달려왔다.

"잘 있었니? 우리 노둡!"

나는 아주머니가 나를 데리고 가 주었으면 좋겠다고 생각했지만 입 밖에 내지는 못했다. 나는 왕모와 갸쵸 샤에서 보낸 시절을 떠올렸고, 아주머니도 나와 똑같은 생각을 했을 터였다. 아주머니는 오랫동안 나를 꼭 안고 있었다. 한참 뒤에야 아주머니와 나는 손을 잡고 집으로 걸어왔다.

아주머니는 부산스럽게 내 소지품을 점검하기 시작했다. 할머니는 아주머니가 그 일에 나서는 것을 기쁘게 생각했다. 아주머니는 야크 가죽을 씌운 나무상자 두 개에 물건을 전부 담았다. 튼튼한 조랑말 두 마리에

상자를 신고 삼촌의 숙소로 옮겼다. 아주머니가 오는 바람에 나는 집을 떠나 사원에 들어가는 것이 불안해졌다. 아주머니가 집 주변을 왔다갔다 하는 것을 보니 잊고 있던 별별 기억들이 다 떠올랐다. 그러나 아주머니는 나를 이제 더 이상 어린아이로 여기지 않는 듯 전처럼 대하지는 않았다.

승려가 되는 것에 대해서는 걱정하지 않았다. 가동 사원을 잘 알고 있었고, 거기에 있는 승려들과 친했기 때문이다. 우리 가족은 존경받고 있었고, 아버지를 '후원자 나으리'라고 부르는 승려들도 있었다. 아버지가 사원에 아주 후하게 보시하는 분이었기 때문이다. 내가 승려가 되었을 때도 아버지는 사원에 곡식과 버터를 듬뿍 보냈다.

사원에 들어가던 날을 똑똑히 기억한다. 아주머니가 버터로 맛을 낸 차를 들고 나를 깨우러 오셨다. 할머니는 밥에 고구마를 섞은 음식을 챙겨서 뒤따라왔다. 두 분은 내가 고급 모직 추빠 입는 것을 도와주었다. 새어머니는 모두에게 차를 내오느라 분주했다. 아버지 부탁으로 삼촌까지 왔다.

관례에 따라 나는 삼촌의 숙소로 가서, 삼촌의 지도 아래 사원 생활을 시작했다. 삼촌의 이름은 롭상 왕포였으나, 다들 '왕포라(티베트에서는 존경의 뜻으로 이름 뒤에 '라'를 붙인다)' 라고 불렀다. 삼촌은 오십 대였는데도 자신이 폭삭 늙었다고 생각했다. 삼촌은 외모는 물론이고 말이나 행동까지 아버지와 판에 박은 듯이 닮았다. 다만 다른 것이 있다면 삼촌의 박박 깎은 머리와 승려 복장뿐이었다. 삼촌은 아이들에게 엄하기로 이름났지만 나에게는 너그럽고 인자해서 절대로 꾸짖는 법이 없었다.

내가 사원 생활을 시작한 때는 1943년 말띠 해였던 것 같다. 몇몇 이

웃이 나에게 카닥을 선물했고, 아버지와 새어머니가 그것을 내 목에 둘러주었다. 새어머니는 훌쩍훌쩍 울기 시작했다.

"옛 어른들 말씀이 빈 주머니로 집을 떠나면 불길하다더라. 이걸 가져가거라."

새어머니는 눈물을 훔치며 내 주머니에 볶은 보리를 채워 넣었다.

나는 조랑말에 올라 사원으로 향했다. 집 쪽에서 들려오던 소리가 서서히 등 뒤로 멀어져갔다. 나는 뒤돌아보지 않았다. 말발굽이 부드러운 땅을 굴리는 소리만 가슴속에 새기면서 갔다. 앞장서서 걷던 삼촌이 이따금 흘깃 돌아보며 내가 따라오고 있는지 확인했다.

삼촌의 숙소에서 다른 친척들이 기다리고 있었다. 내 이복동생은 나보다 두 살 어렸지만, 나보다 한 해 일찍 승려가 되어 다른 삼촌과 살고 있었다. 삼촌이 사원을 안내해주었다. 숙소 주변을 둘러보면서 삼촌과 나는 탐험가처럼 구석구석을 살펴보았다. 숙소는 방이 네 개에다 부엌이 하나였고, 도자기와 나무 그릇, 공양 도구가 가득 들어 있는 찬장이 있었다. 빠남 분지와 굽이굽이 흘러가는 냥추강을 내려다볼 수 있는 방이 두 개 있었다. 그 방에서는 빠남 마을에 있는 우리 집을 볼 수 있었다. 아스라하긴 했지만 사람들이 들락거리는 모습이 눈에 들어왔다. 마당을 황급히 가로지르는 새어머니의 모습도 어렴풋이 보였다. 걷는 모습만 봐도 누가 누구인지 알아볼 수 있었다.

삼촌은 나의 스승이 되었다. 그래서 나는 삼촌을 스승님이라는 뜻으로 '겐라'라고 불렀다. 삼촌은 이제 내가 잘 지내도록 보살피는 일을 맡게 되었다. 그날 오후, 어느 승려가 와서 정수리 부분만 남기고 머리카락을 전부 깎아주었다.

다음 날 아침, 나는 정식으로 게출, 즉 사미승이 되었다. 삼촌은 일찌 감치 나를 깨웠다. 너무 무거워서 입은 채로 걷기도 힘든 모직 승복 입는 예법을 가르쳐주었다.

"허리 주름은 아래쪽이 접히면 안 돼. 자만심을 가지고 있다는 뜻이거든. 상체에 두르는 천이 머리나 얼굴을 가려도 안 된다. 그건 교만하다는 뜻이니까."

그 옷을 입으려면 굉장한 기술이 필요했다. 요즘에는 그런 복잡한 규칙을 올바로 지키지 않는 승려들이 많은 것도 사실이다. 그러나 내가 승려가 되던 시절에는 어림도 없는 일이었다.

삼촌과 나는 대법당으로 갔다. 삼촌의 뒤를 따라 승려들 사이를 지나갈 때, 뭇 승려들의 눈길이 일제히 내게 쏠리는 것을 느꼈다. 강원장인 큰스님은 높은 자리에 앉아있었다. 그분은 쿤상 도덴이라는 이름을 가지고 있었지만, 우리는 켄 린포체, 다시 말해 고귀한 스승님이라 불렀다. 나이는 마흔 살쯤이었고, 언제나 싱긋이 웃음을 머금고 있었다. 그분은 라싸에 있는 훌륭한 사원인 세라 사원에서 수학했으며 다들 그분을 존경했다.

의식을 거행하는 동안 강원장 스님은 이따금씩 손을 아주 천천히 뻗어 앞에 놓인 탁자의 종을 잡거나 도르제를 쥐곤 했다. 나는 지금도 다른 승려들의 목소리 위로 들리는 그분의 나직하면서도 듣기 좋았던 목소리를 기억한다. 노래할 때 그분의 몸은 보리가 산바람에 흔들리듯 부드럽게 흔들렸다.

노래가 끝나자 나는 켄 린포체 앞으로 나아갔다. 그분은 손을 뻗어 내뺨을 만졌다. 시중드는 승려가 가위를 작은 쟁반에 받쳐 와서 건네주었다. 켄 린포체는 한 손으로 내 정수리에 남아있는 머리카락을 잡고, 다른 손으로 가위를 집어 마지막 남은 머리카락을 싹둑 잘랐다. 그리고 나서 중요한 문답이 있었다.

"부처님의 가르침 안에서 행복하겠는가?"

켄 린포체가 물었다.

"기쁨으로."

나는 대답했다.

마침내 나는 팔덴 갸초라는 새 이름을 받았다. 사람들이 알고 있는 내 이름은 바로 그때부터 쓰이게 된 것이다. 그 의식은 내가 세속의 삶에 연결되어 있는 끈을 전부 잘랐다는 것을 뜻하는 것이었다. 서약은 아직 안 했지만, 앞으로는 승려같이 행동하고 부처님의 가르침만 신경 쓰라는 지시를 받았다.

일 년 뒤 나는 사미승 서약을 했다. 기본 서약이 네 가지 있었다. 살생하지 말라, 도적질하지 말라, 거짓말을 삼가라, 금욕하라. 이 서약은 열 가지 계율로 분류되는데, 이것들이 내게는 이해하기가 더 쉬웠다. 살아 있는 것들은 너무나도 많았다. 그러니 살생, 이를테면 벌레를 밟는 것을 피하기란 불가능한 일이었다. 그것 또한 살생으로 간주되니 말이다. 그래서 죽이는 데도 그 강도에 따라 등급이 있어야 했다. 사미승이나 완전히 절에 몸을 바치기로 한 승려는 사람을 죽이거나 고의로 동물의 생명을 빼앗는 경우에만 서약을 어긴 것이 된다. 또 승려는 금, 은 및 기타 아름다운 것들을 피해야 하며, 독한 술과 춤도 삼가야 한다. 호화로운 구경거리도 보아서는 안 된다. 이런 것들은 다 미숙한 정신을 수행에 집중할 수 없도록 흐트러뜨리는 세속적인 장애물이었다.

잠깐 동안 나는 사원 곳곳을 돌아다니며 여러 활동을 보도록 허락받았다. 남자아이들은 대개 나보다 어렸다. 남자아이들은 일곱 살쯤에 스님이 되는 것이 관례였다.

"까마귀를 쫓아다닐 나이가 되면 사원에 가서 스님이 될 수 있지."

사람들은 그렇게 말하곤 했다.

사원에서 보낸 처음 몇 년은 마치 학교를 다니는 것 같았다. 나는 읽기와 쓰기를 배우기 시작했다. 나는 스승님이 딱딱한 나무판자에 써놓은 것을 따라 그려야 했다. 이것을 '물기 없는 쓰기'라고 했다. 대나무 펜으로 스승님이 써놓은 글씨의 획과 꺾임을 따라 쓰는 것이다. 펜을 잉크에 담가 쓰는 것은 아직 허용되지 않았다. 스승님이 써놓은 글씨 위를 따라 쓰기를 일주일 한 뒤, '물기 있는 쓰기'로 넘어갔다. 여전히 스승님의 글씨를 베껴야 했지만, 이제는 글씨를 쓸 때 나무판자 위에 가느다란 그을음 자국을 남기게 되었다. 이 과정은 여러 달 동안 계속됐다.

"이제 종이에 글을 써봐도 좋다."

일 년이 지나서야 스승님의 허락이 떨어져 종이를 만져볼 수 있었다. 종이에 글을 쓴다는 것 자체가 나이 든 승려들에게도 드문 일이기는 했다. 종이를 만들자면 힘들고 비용이 많이 들기 때문에 절대 헛되이 쓰지 않았다.

읽기를 배우는 일도 만만치 않게 힘들었다. 제대로 된 사원이라면 모든 승려들이 매일 아침 암송해야 하는 독자적인 경문을 갖고 있었다. 초덴이라는 또 다른 삼촌이 나에게 경전을 가르쳤다. 나는 날마다 왼손을 치켜들고서 그 전날 암기한 문구를 암송해야 했다. 행여 실수를 하면 삼촌은 내가 들고 있는 왼손을 지팡이로 내리쳤다. 초덴 삼촌은 기둥에다

가죽 채찍을 많이 묶어놓았다.

"열심히 공부하면 채찍은 그냥 여기에 가만히 있을 거다."

초덴 삼촌은 겁먹은 내 얼굴을 보더니 그렇게 말했다. 하지만 채찍만 그 자리에 있으면 뭐하겠는가. 삼촌은 대나무 지팡이를 이용하는 일이 잦았다.

"암기할 때마다 내 지팡이를 생각하거라."

사미승의 생활은 고달팠다. 하지만 나이 어린 승려들 사이에 생긴 우정과 삼촌의 배려 덕분에 점차 수월해졌다. 나는 학업에 집중하거나 램프 닦기, 물 긴기와 같은 잡일을 하면서 사원 생활에 적응해 갔다.

사원에서 하루는 일찍 시작되었다. 승려들은 새벽 네 시에 일어나 해가 뜰 때까지 개인 공부를 모두 마쳐야 했다. 나는 매일 아침 두세 시간씩 경문을 암송했다.

"정신이 외부의 것을 가장 잘 받아들일 수 있는 때가 바로 그 시간이란다. 새벽은 뭔가를 배우기에 아주 그만이지."

삼촌이 이렇게 말하던 기억이 난다.

지붕에 햇살이 비치면, 승려들이 전부 모여 아침 집회를 가졌다. 삼촌을 비롯해 나이 지긋한 승려 몇 분은 나오지 않아도 되었는데, 원로로 대우받는 승려들에게나 해당되는 특권이었다.

집회는 사미승들이 모두 법당 입구에 줄을 서는 것으로 시작되었다. 긴 놋쇠 나팔 소리가 울리면 나이 많은 고참들이 자리에 앉았다. 그러고 나서 나이 어린 사미승들은 가동 사원이 속한 종파인 겔룩파의 창시자 쫑카파에게 바치는 헌신의 기도를 암송했다. 암송이 끝나면 모두 앉았다. 우리는 달라이 라마가 오래 살기를, 세상의 그 누구도 배고픔과 질병으로 고통받지 않기를, 모든 사람들이 평화롭게 살 수 있기를 기원했다. 회합을 가지는 동안 차 두 잔을 마셨다. 사미승의 임무 가운데 하나가 바로 차를 나르는 일이었다. 사미승은 차를 담은 놋쇠 주전자를 들고 부엌에서 법당까지 수백 미터를 가야 했다. 어떤 때는 주전자가 꼬마 스님보다 더 클 때도 있었다.

나는 차 심부름은 하지 않아도 되었다. 사원에 기부를 많이 한 부유한 집안 출신 사미승은 힘든 일을 하지 않아도 괜찮았다. 하지만 청소라든가 창문 닦기, 수백 개에 이르는 버터램프 켜기와 같은 잡일은 비켜갈 수가 없었다. 축제기간이면 램프 수천 개를 켜야 했는데, 행사가 끝나면 그것들을 닦고 광을 내야 했다. 그 밖에도 삼촌이 시키는 심부름이 항상 나를 기다리고 있었다.

나는 대부분의 시간을 공부하는 데 몰두했다. 승려가 사원에서 살 수 있는 길은 세 가지가 있다. 지적 능력이 탁월한 사람들은 공부에만 전념할 수 있다. 불공에 전념하기로 한 사람들은 다양한 의식과 헌납, 그리고 신성이 깃들어 있는 복잡한 모래 만다라를 만드는 전문가가 되었다. 학문 쪽으로 마음이 기울지 않거나 종교의식이 따분하기만 한 사람들은 사원의 경제적 이익을 보살피는 관리자가 되었다. 이 사람들은 소작인들을 관리하는 사무 담당자가 되어 대출금과 세금을 징수하는 업무를 맡았다. 사원을 대표하여 무역을 수행하는 사람들도 있었다.

열두어 살 무렵의 어느 날, 점심을 먹으러 숙소로 돌아오자 삼촌이 나를 방으로 불렀다. 언뜻 내가 뭔가를 잘못했나 싶었다.

"앉거라."

삼촌은 차를 한잔 내주었다.

"아주머니가 선물을 보내왔구나."

삼촌은 찻잎 더미와 버터, 보릿가루, 그리고 옷가지를 가리켰다. 내 얼굴이 금세 환해졌다. 갸쵸 샤의 아주머니를 보듯 그 물건들이 그렇게 반가울 수가 없었다. 삼촌은 무슨 말인가를 할 듯 주저하더니 입을 다물었다. 그리고는 한참 뒤에 목소리를 낮추어 말했다.

"돌아가셨다."

나는 무슨 뜻인지 얼른 알아듣지 못했다.

"예?"

"아주머니가 세상을 떴다는 기별이 왔다."

순간 나는 오한을 느꼈다. 믿을 수 없었다. 언제나 부산스럽게 나를 챙겨주시던 아주머니가 돌아가시다니. 아주머니는 내가 정말로 사랑했던 유일한 분이었다. 아주머니와 함께 있으면 너무나 편안해서 몸과 마음을 모두 쉴 수 있었다. 하지만 아주머니도 생로병사의 괴로움에서 벗어날 수 없는 평범한 아낙네였다. 내 유년의 따사로운 빛은 그렇게 내 곁을 영영 떠나갔다.

나는 이제 책임 있는 일을 맡을 만큼 나이가 들었다. 예를 들면 잡일하는 사미승들을 감독하는 것과 같은 일이었다. 나는 사원 바깥세상에 대해서는 잊었으며, 공부에 전념하여 경문을 더욱더 많이 외우게 되었다. 무식하거나 게으른 승려들은 결국 낮은 직책에 머무르게 된다는 사실에 자극을 받아 열심히 공부했다. 힘들이지 않고 잘 외우는 학생들도 있었지만 나는 암기가 무척 힘들었다.

자기 학생이 특정 경문을 외울 때마다 스승은 강원장 큰스님에게 청을 드렸다.

"큰스님, 이 사미승이 모두 앞에서 전체 경문을 암송하도록 허락해 주십시오!"

그건 아주 겁나는 일이었다. 매일 하는 기도 뒤에, 나이 어린 승려가 앞에 나와 경문을 암송했다. 수백 개의 눈길이 한꺼번에 쏠리면 어렵사리 외웠던 것도 까맣게 잊어버릴 판이었다. 나도 여러 번 이걸 해야 했는데, 오로지 차를 마시는 소리 말고는 아무 소리도 없던 법당의 고요한 공기가 기억난다. 경문을 전부 암송한 승려는 시험을 통과했다는 말을 듣게 된다. 하지만 사람들 앞에서 경문을 외우다 막히면 당사자뿐만 아니라 스승에게도 불명예스러운 일이었다. 다행히도 나는 가까스로 시험을 통과했다.

매일 암송하는 것이어서 승려들은 경문을 평생 기억하기 마련이다. 하지만 내 경우는 달랐다. 감옥에 갇힌 기간이 길어지면서 애석하게도 가동 사원에서 암송했던 경문을 많이 잊어버렸다.

기본 경문을 모두 떼면 다음 단계로 넘어갈 수 있었다. 스승에게 직접 가르침을 받거나, 홀로 혹은 서너 명씩 모둠을 지어서 공부하거나, 존경받는 학자의 설법을 들으며 배울 수도 있었다. 가동 사원은 수수한 마을 사원일 뿐이어서 학문 방면에 명성이 자자한 편은 아니었다. 그나마 다행히도 강원장 큰스님이 이른바 '세다'라고 하는 철학 강좌를 열고 계셨다. 라싸에서 학식 있는 승려를 초청하여 가동 사원에 몇 주 동안 머물면서 철학을 가르치게 한 것이다.

게쉐 릭진은 라싸 근처 데붕 사원의 이름난 스승 가운데 한 분이었다. 게쉐는 우리 사원의 강원장 큰스님에게도 가르침을 전할 정도였다. 나는 그분의 수업에 들어가기 시작했다. 담백한 성품과 금욕에서 비롯된 단아

한 기품이 그분의 행동과 모습에서 뚜렷하게 배어났다. 목소리는 너무 부드러워서 가끔 알아듣기도 힘들었다. 라싸 사투리가 뚜렷했고 외국 악센트도 묻어났다. 게쉐는 인도 북부의 히마찰 프라데쉬 주 키나우에서 태어나 열여섯 살에 데붕 사원으로 공부하러 왔다. 우리는 그분을 스승님이라고 불렀다. 넉 달 동안 매일 같이 그분은 설법을 들려주었고, 좀더 복잡한 불교철학의 면면을 소개해주었다. 정말로 깊이 있게 배우고 싶은 사람은 라싸에 있는 훌륭한 사원 세 곳 가운데 하나에 들어가야 한다는 말도 했다.

"가동 사원은 우물 같다. 물은 있지만 헤엄을 치기에는 부족하지. 그러니 정말로 헤엄치고 싶거든 바다를 찾아 나서야 한다."

스승님은 진지하게 충고해주었다.

열여덟 살이 될 때까지도 나는 여전히 고향 밖 세상에 대해서는 아무것도 몰랐다. 내전이 일어나고, 중국에 대한 분노가 더해지는 세태에 대해서도 감감무소식이었다. 다른 곳에서 일어난 사건들에 대해 들어본 일도 없었다. 우리들에게 바깥세상은 믿어지지 않을 만큼 놀라운 사건과 발명, 마술 같은 기계가 있는 동화 속 세상과도 같았다. 수도인 라싸조차도 멀리 떨어져 있는 것 같이 생각되어 우리는 티베트의 정치에 대해서는 그야말로 무지했다. 훗날 감옥에서 중국인들이 중일전쟁과 제2차 세계대전에 대한 영화를 보여주었지만, 빠남에 있을 때 우리는 세계 정세에 대해 아무것도 모르고 있었다. 빠남에서는 계절이 바뀌는 것만이 세월이 흐르고 있음을 알게 해주었다.

하지만 언제까지나 유리 온실에 있듯 따뜻한 햇볕만 받을 수는 없었다. 이런 평온한 생활은 1950년 10월에 산산조각 났다. 중국이 곧 티베트를 침공할 것이며 달라이 라마는 라싸를 떠나 인도로 망명했다는 소문이 들려오기 시작했다. 어느 날 아침, 승려 몇몇이 지진으로 땅이 흔들리는 것 같다고 말했다. 한참 후에 우리는 정말로 캄과 콩포 지역에 지진이 있었다는 사실을 알게 되었다. 나쁜 징조였다. 달라이 라마가 떠난 지 얼마 안 되어 지진이 일어났다는 것은, 우리가 느끼는 극심한 공포가 근거 있는 것이라고 확인해주는 것 같았다.

종교의식이 연달아 열린 기억이 난다. 우리는 보호신에게 달라이 라마와 이 나라를 안전하게 지켜달라고 호소하는 의식을 올렸다. 하지만 몇 달 뒤에 중국인들이 디추강을 건넜다는 소식을 들었다. 디추강은 티베트와 중국 사이의 경계가 되는 강으로, 중국에서는 양쯔강이라고 부른다. 그해 겨울, 우리 마을 출신 남자들이 참도에서 돌아와 소규모 티베트 군대에 소속되어 캄 지역에서 직접 전투를 치른 이야기를 들려주었다.

두 남자가 삼촌을 만나러 왔다. 한 명이 머리를 문으로 들이밀며 존경의 표시로 혀를 내밀고는 물었다.

"여기가 왕포 스님 처소입니까?"

나는 고개를 끄덕이며 들어오라고 손짓했다. 그들은 우리 아버지의 소작인 유걀과 톱걀이었다.

"참도에서 오는 길입니다."

톱걀이 말했다.

나는 삼촌을 모셔 왔다. 삼촌의 처소는 곧 두 사람이 전하는 말을 듣고 싶어 하는 승려들로 가득 찼다. 두 남자는 아버지의 또 다른 소작인이었던 장도라에 대해 얘기해주었다. 그 사람은 두려움이라고는 모르는 강건한 남자로, 총알을 막아주는 부적을 지니고 있었단다. 그 사람은 중국

침략군을 공격하는 데 앞장을 섰으나 규모가 작은 티베트 군대는 적수가 되지 못했다.

무기라고는 긴 칼 하나였던 장도라는 곧 백병전을 치르게 되었다. 유걀과 톱걀이 번갈아 얘기했고 차를 한 모금 마실 때만 이야기를 멈추었다. 유걀이 이야기를 멈추면 톱걀이 맥이 끊이지 않도록 이야기를 이어나갔다. 톱걀은 장도라가 칼을 휘두르는 장면을 묘사하면서 허공에 팔을 휘둘러댔다. 우리는 모두 조용히 이야기를 듣고 있었다.

"장도라는 중국 군사들을 많이 죽였소만, 너무 지쳐서 다리 아래에 앉아서 쉬었다오. 헌데 다리 위에서 피가 떨어져 장도라 부적에 묻었다 이말씀이오."

순간 우리는 숨을 딱 멈추고 다음 이야기를 기다렸다.

"그러니 부적이 어떻게 힘을 발휘하겠소? 다리 근처로 포탄이 날아와 장도라는 그만 죽고 말았다오."

장도라 이야기를 듣고 있자니 마치 서사시 같다는 생각이 들었다. 실제로 벌어진 일이 아닌 것만 같았다. 그래서 공포에 휩싸이지도 않았고, 티베트가 중국에 침략을 당해서 정복당하기 일보 직전이라는 사실에도 현실감을 느낄 수 없었다. 나도 불안해하지 않았던 것 같다. 며칠 후에 장도라의 가족들이 사원으로 강원장 큰스님을 찾아와 공양물을 바쳤다. 그리고 마치 아무 일도 없었다는 듯이 사원 생활이 계속되었다.

몇 달 후에 달라이 라마가 라싸로 돌아왔다는 소식을 들었다. 1951년 7월에 간체에 달라이 라마가 설법을 하러 왔다. 간체는 빠남에서 며칠만 걸어가면 당도할 수 있는 작은 마을이자 인도와 무역을 행하는 중심지였다.

"다들 달라이 라마를 친견해야지요. 평생 한 번 올까 말까 한 기회 아닙니까?"

아버지는 사원으로 찾아와 이렇게 권유했다. 자비로운 부처의 살아있는 현신으로 존경하고 있는 분을 처음으로 뵙게 될 터였다.

우리는 일찍 출발했다. 달라이 라마가 도착했다는 소식은 빠르게 퍼져, 우리는 사방팔방에서 간체를 향해 삼삼오오 무리지어 가는 승려들과 촌부들을 만났다. 그토록 많은 사람들이 그곳으로 모여든다는 것이 좀처럼 믿기지 않았다. 사람들이 공터에 빼곡하게 모여 야영을 하고 있었다. 다들 큰 돌 세 개를 삼각형으로 놓아 임시 화덕을 만든 다음 그 위에 냄비를 올리고 물을 끓였다. 밤이 되면 사람들은 몸을 바싹 웅크리고 노숙을 했다. 승려들을 위해 특별히 공터를 남겨놓았기에 우리는 평평한 곳을 찾아 거기 머물렀다.

나는 일찍이 그렇게 많은 사람을 본 적이 없었다. 어딜 봐도 임시 화덕과 공중으로 올라가는 연기 기둥을 중심으로 사람들이 야영을 하고 있었다. 여자들은 제일 좋은 보석을 걸친 데다 산호와 터키석으로 세공을 한 뱃머리처럼 생긴 정교한 머리 장식을 하고 있었다. 약삭빠른 상인들은 노점을 세워 인도에서 들여온 온갖 종류의 자질구레한 물건을 팔았다. 나는 먼지투성이의 길을 왔다갔다했다. 상인들은 다리를 꼬고 앉아 중국 차, 거울, 냄비, 향료, 손뜨개질로 만든 옷가지와 신발, 장난감 같은 것들을 내놓고 지나가는 사람들의 시선을 잡아끌었다.

갑자기 사람들이 크게 웅성거리고 상인들이 재빨리 물건을 보따리에 쌌다. 군악대 소리가 들리고 티베트 군인들이 행진하는 것이 보였다. 군악대를 이끄는 군인은 호랑이 가죽을 걸치고 있었다. 군인들 뒤로는 티베트 귀족들이 보였는데, 노란색 고급 능라비단 옷을 입고서 팔을 좌우로 흔들고 있었다. 귀족들의 뒤를 향과 향로를 든 승려들이 따라가고 있었다. 승려들 뒤로는 건장한 가마꾼 여럿이 호화롭게 장식한 노란색 가마를 메고 갔다. 가마에는 젊은 달라이 라마가 타고 있었다! 달라이 라마는 군중들을 내다보았다.

그때 처음으로 달라이 라마를 보았다. 가마 안에서 빛나던 달라이 라마의 얼굴을 나는 잊을 수가 없다. 티베트 사람들은 모두 그분을 믿고 의지한다. 우리는 달라이 라마가 자비로운 부처가 환생한 것이라고 믿는다. 그는 눈의 나라 티베트에서 사람들에게 부처님의 가르침을 가르치기 위해 나타난 분이다. 뿐만 아니라 티베트 사람들은 그가 평안한 삶을 보호해주는 분이라는 영적이고 정치적인 관점을 갖고 있다.

나는 걈체로 가보기 전에는 부산스럽고 상업적인 에너지가 넘치는 변경 마을을 본 적이 없었다. 그곳에서 나는 티베트 구석구석에서 온 사람들을 만났다. 이전에 나는 우리 마을이 세상의 중심이라고 생각했는데, 그제야 비로소 넓은 시각에서 티베트를 하나의 나라로 볼 수 있게 되었다. 하지만 순례자들과 상인들, 승려들로 왁자한 그 인파 가운데 누구도 조국이 머지않아 커다란 변화를 겪게 되리라는 사실을 예측하지는 못했다. 그토록 많은 사람들이 감옥에서, 강제노동수용소에서 중국인 보초들의 감시를 받으며 다시 모이게 되리라는 것을 예감한 사람도 없었다.

라싸의 부유한 귀족 몇몇이 재산을 인도의 칼림퐁으로 옮기고 있다는 소문이 들려왔다. 무슨 일이 닥칠지 충분히 알 수 있었다. 하지만 걈체는 축제 분위기였다. 사람들은 모여서 활발하게 장사를 했고, 만사가 잘 풀리게 해달라고 기원했다. 나는 사람들 얼굴에 만족스러워하는 빛이 어렸던 것을 기억한다. 그 사람들은 달라이 라마의 얼굴을 본 것을 절대로 잊지 못할 터였다.

우리는 걘체에 여러 날 머물렀다. 나는 임시로 장이 선 곳을 이리저리 돌아다녔다. 행렬을 구경하려고 사람들이 모여들었는데 누군가 "중국인들이다, 중국인들!"이라고 수군거리는 소리를 들었다. 중국인을 본 것도 그때가 처음이었다. 중국인들은 장식용 줄을 두른 튼튼한 티베트산 조랑말을 타고 있었다. 이들은 간소해 보이는 파란 옷을 입고 있었는데, 나중에 그 이름이 인민복이라는 것을 알게 됐다. 그 옷은 상당히 부자연스러워 보였다. 행렬이 지나가게 하려고 사람들이 양쪽으로 갈라섰다. 말을 탄 중국인 다섯 명의 뒤를 고급 능라비단 옷을 입고 공들여 만든 듯한 모자를 쓴 티베트 관리들이 따라가고 있었다. 나중에 이들 가운데 한 사람이 티베트 주재 중국 대표 장징우라는 사실을 알게 되었다. 하지만 적어도 그 순간에는 정복자의 웅장한 등장처럼 보이지는 않았다. 군대의 행진도 없었고 총을 든 사람도 없었기 때문이다.

먼 뒷날 내가 감옥에 있을 때, 중국인들은 걘체에 도착한 장징우와 그를 둘러싼 인파가 담긴 사진을 게재한 책을 출간했다. 사진에는 이런 설명이 붙어 있었다.

"중앙정부 대표를 환영하는 티베트 인파."

이 무슨 말도 안 되는 거짓말인가! 사람들은 우리들의 지도자인 달라이 라마를 먼발치에서나마 보려고 모여들었던 터였다. 장징우를 환영하러 걘체로 갔던 티베트 사람은 아무도 없었다. 하지만 우리는 중국 정부가 '사실'을 얼마나 교묘하게 조작해내는지 잘 알게 되었다.

우리는 아이들이 굉장한 모험을 마치고 귀가하는 것처럼 빠남으로 돌아갔다. 아버지는 흐뭇한 얼굴로 갼체 방문의 감동을 되새겼다.

"달라이 라마를 뵙다니! 일생일대의 멋진 경험 아니냐? 이제 내일 당장 죽는다 해도 여한이 없다."

티베트 사람들은 달라이 라마가 가르침을 전하는 것을 듣기만 해도 좋은 일이 생긴다고 믿는다. 그래서 빠남으로 돌아오자 우리의 굉장한 행운과, 달라이 라마가 티베트의 정치적, 영적 지도자로서 행동을 개시했음을 축하하는 큰 잔치를 열었다. 달라이 라마가 성년이 되기 전에는 섭정이 티베트를 다스렸다. 그러나 이제 중국인들이 들어오고 어려운 시기가 닥쳐오자 티베트 귀족사회는 젊은 달라이 라마에게 통치권을 행사할 것을 요청했다. 달라이 라마는 채 18세도 안 된 나이였다.

일 년 뒤에 우리는 티베트에서 두 번째로 중요한 인물인 판첸 라마가 23년 동안 떠나 있었던 시가체의 타쉴훈포 사원으로 돌아올 것이라는 얘기를 들었다. 이분의 전생인 9대 판첸 라마는 라싸 정부와 분쟁을 벌인 끝에 시가체로 도망쳐 왔고, 중국에서 돌아가셨다. 이분의 환생은 암도에서 발견되었다. 이분이 시가체로 오는 동안 가동 사원에서 하룻밤 묵을 거라는 통고를 받았다.

우리는 모두 함께 사원을 청소하고 단장을 했다. 승려 한 무리가 벽에 회칠을 다시 했다. 다른 무리는 길을 치웠다. 내가 속한 그룹은 천막을 쳤다. 나는 커다란 양산을 받치고 판첸 라마의 뒤를 따라 걷기로 되어 있었다. 하지만 막상 그날이 되자 판첸 라마와 그 수행원들은 사원 근처에 잠깐 머물렀을 뿐, 가동 사원에는 찾아오지도 않았다. 당연히 우리는 몹시 실망했다. 하지만 마을 사람들은 판첸 라마의 모습을 본다고 흥분해 있었다.

"위대한 지도자를 두 분이나 직접 뵙다니 정말 운이 좋구나."

아버지는 거듭되는 행운에 기뻐하며 이렇게 말했다.

티베트 사람들은 달라이 라마와 판첸 라마를 태양과 달이라고 생각한다. 이제 태양과 달이 모두 눈의 나라 티베트에 내려서 고루 비치니, 모든 일이 잘 풀릴 것처럼 보였다.

3
눈의 나라에 몰아치는 붉은 바람

간체에 다녀온 뒤, 나는 공부를 계속하는 한편 앞으로 내 삶을 종교
활동에 바치겠다는 결심을 더욱 확고하게 굳혔다. 어느덧 나는 사미승으
로 남아있을 것인가, 아니면 완전히 귀의할 것인가를 결정할 나이가 되
었다. 내 나이 스무 살에 가까웠는데 여전히 시골 촌구석의 승려일 뿐이
었다. 가동 사원에서 교육이란 개인적인 문제였다. 얼마나 열심히 공부
하느냐 여부는 완전히 스스로에게 달려 있었다. 그래서 결국 읽고 쓰는
것을 익히지 못한 채 사원에서 실무를 보는 데 그치는 승려들도 있었다.

스승님들은 필수적인 경문을 모두 암기하라고 권하셨다. 나는 복잡한
의식을 어떻게 집행하는지 알게 되었고, 의식에 쓰이는 악기 가운데 몇
가지는 연주법을 익혔다. 열심히 공부한 덕택에 나는 시험에 모두 통과
할 수 있었다. 이제 가동 사원에서는 공부할 것이 더 이상 남아있지 않았
다. 나에게는 선택권이 있었다. 라싸로 가서 공부를 계속할 수도 있었고,
가동 사원에 남아서 행정적인 책임을 맡을 수도 있었다.

어느 날 삼촌이 진지한 얼굴로 물었다.

"승려 서약을 하고 귀의하는 걸 생각해본 적이 있느냐?"

결정을 해야 할 시점에 이르면 사미승들은 서약을 했던 터였다.

"너도 서약을 하거라. 안 그러면 학업은 여기서 끝이다. 사원에서 허드 렛일이나 할 수밖에 없어."

삼촌은 승려의 길을 강력하게 권했다.

나는 253개의 규율로 이뤄진 승려의 서약을 지킬 수 없을까봐 걱정이 었다. 서약을 했다가 계를 어기면 더 큰 업보를 지게 되는 게 아닐까 두 려웠던 것이다.

하지만 1952년, 나는 결국 다른 사미승 스무 명과 함께 강원장 큰스님 앞에서 서약을 했다. 부처님께 완전히 귀의한 승려가 된 것이다. 그때 함 께 서약을 했던 스무 명 가운데 아직 살아있는 사람은 나 하나뿐이다. 감 옥에서 죽은 이들도 있고, 문화대혁명 당시에 맞아죽은 이들도 있다. 이 제 서약을 하던 그날을 함께 추억하고 이야기할 사람이 아무도 없다고 생각하면 가슴에 한차례 히말라야 바람이 불고 지나간다.

티베트에 중국인들이 늘고 있다는 소문이 사원으로 흘러들었다. 라싸 에서 반중국 운동이 일고 있다는 소식도 들려왔다. 마을에서는 집집마다 귀중품을 숨기기 시작했다. 우리 집도 보석을 숨겨두기로 결정했고, 고 참 승려들은 사원의 값나가는 물건을 숨겨두느라 바빴다.

우리는 다른 마을에 들어온 중국군 소식을 매일 들었다. 중국인들은 자신들의 존재를 알리는 데 열중하여 연극 공연을 하는가 하면, 영화를 상영하기까지 했다. 그쪽 마을 사람들이 그 경이로운 현대 기술을 어떻 게 생각했을지 상상이 가지 않는다.

마침내 가동 사원에도 중국 군대가 첫발을 들여놓는 날이 오고야 말았다. 티베트 달력으로 1952년 여덟 번째 달이었다. 한 승려가 별안간 나타나 외쳤다.

"중국인들이 오고 있어. 중국인들이!"

그때 나는 방에서 책을 읽고 있었다. 밖을 내다보니 인민복 차림의 중국인 장교 세 명이 고삐를 당겨 말을 멈추는 모습이 보였다. 가슴이 두방망이질을 치기 시작했다. 다른 승려들도 창문 너머로 이들의 모습을 내다보았다.

중국 대표단은 강원장 큰스님을 만나러 온 것이었다. 장교들은 비단 몇 필과 최상급 중국산 차를 가득 담은 함을 각각 하나씩 들고 왔다. 티베트인 통역자도 함께 왔는데, 말투를 보아하니 동부 캄 출신이분명했다. 통역자는 전통 티베트 의복 대신에 중국인들과 똑같이 남색 인민복을 입고 있었다.

나는 이들이 강원장 큰스님과 만나는 자리를 직접 보지는 못했다. 나중에 이들이 떠날 때 강원장 큰스님과 사원 임원들이 뒤따라 나오는 것을 보았다. 강원장 큰스님과 임원들은 마오쩌둥의 얼굴이 박힌 작은 배지를 승복 왼쪽에 달고 있었다. 중국인들은 강원장 큰스님이 순순히 배지를 달아주어서 굉장히 기분이 좋은 듯했다.

우리 사원의 재무 담당자는 눈에 띄게 중국인들에게 친절했다. 그 사람은 할 수 있는 한 비굴한 목소리로 이렇게 말하는 게 아닌가.

"폰포라께서 주신 선물은 고이 간직하겠습니다."

내가 깜짝 놀란 것은 재무 담당자가 '폰포라'라는 말을 썼기 때문이었다. 폰포는 '지도자'나 '우두머리'를 뜻하는 말이었다. 티베트 사람들은 중국인들을 모두 폰포라로 불렀는데, 대부분 누가 고위 장교고 일반 사병인지 구분하지 못해서였다. 바로 이러한 단 한 가지 이유 때문에 이 새로운 어휘가 바이러스처럼 티베트 언어에 침투했던 것이다. 티베트 사람들은 이미 중국인들을 두려워하고 있었다. 중국인들과 마주칠 때마다 비굴한 태도를 취했다. 오늘날까지도 우리 티베트인들은 중국 장교들을 폰포라로 부른다.

중국인들의 모습이 사라지자마자 강원장 큰스님과 임원들은 배지를 떼냈다. 규율감독 승려가 배지를 떼고 불만스러운 표정으로 바라보더니 사원 벽에다 던져버렸다. 나는 누군가 그 사실을 중국인들에게 일러바치지나 않을까 걱정했다. 중국인들은 이런 식의 행동을 '좋지 않은 낯을 보이는 것'이라고 표현했다. 이런 행동은 '공산주의에 반대한다'는 표시였다.

예전에 왔던 대표단이 통역자를 데리고 다시 나타났다. 그리고는 사원 측에 강원장 큰스님이 거절하기 힘든 요구를 했다.

"곡식을 빌려주시오. 길을 다 만들고 나면 이자까지 쳐서 돌려주리다. 그때쯤이면 곡식이 넘쳐날 거요."

그들은 강원장 큰스님을 설득하기 시작했다. 강원장 큰스님은 어쩔 수 없이 곡식을 빌려주기로 했다.

중국인들은 빠남에 사무실을 만들고 회의를 개최하기 시작했다. 어느 화창한 여름날, 북을 치고 심벌즈를 울리면서 한 무리의 중국인들이 왔다. 그 뒤를 마을 아이들이 쫓아오고 있었다. 무용수들은 커다란 붉은색 깃발을 우아하게 흔들었다. 이들은 집집마다 다니면서 그날 저녁에 공연이 있다고 알려주었다. 중국인 무리는 사원 문 앞까지 와서 승려들을 공연에 초대했다. 그 사람들이 남자였는지 여자였는지는 모르겠다. 다들 똑같은 제복을 입은 데다 똑같은 모자를 쓰고 있었기 때문이다.

그날 저녁, 마을 사람들은 너나없이 공연을 보러 왔다. 승려들은 그런 것을 보면 안 됐지만 나는 호기심을 이기지 못했다. 사원의 다른 승려들도 와서 공연이 시작되기를 기다렸다. 중국인들은 승려들을 위해 특별석을 마련해 놓았다. 우리는 임시 천막에서 화장을 하는 무용수들을 보았다. 우리에게는 그런 광경 자체가 굉장한 볼거리였다.

"나가요! 그렇게 다들 넋 놓고 보면 여자 무용수들이 옷을 갈아입지 못하잖소!"

통역자가 와서 우리를 몰아냈다.

이윽고 드럼 연주자가 우렁차게 막대기를 두들기고, 심벌즈가 '챙' 하고 울리면서 공연이 시작됐다. 인민 해방군 제복을 입은 무용수들이 목제 기관총을 들고 무대 위로 달려나왔다. 무용수들은 공중으로 높이 뛰어올랐다. 이들의 민첩한 몸놀림은 처음에는 인상적이었지만 계속 반복되니 별 감흥이 없어졌다. 줄거리를 따라가는 것은 그리 어렵지 않았다. 주제는 항상 같았다. 인민 해방군이 가난한 소작농의 추수를 도와준다는 내용이었다. 인민 해방군은 사악한 지주의 손아귀에서 어린 여자아이를 구해내고 영웅이 되었다. 우리는 이런 공연을 되풀이해 봐야 했다.

인민 해방군 병사들은 외진 벽촌을 돌면서 영화를 상영했다. 무용수들의 공연처럼 영화도 어마어마한 군중을 끌어 모았다. 사람들은 노천에 옹기종기 모여 앉아 가슴 두근거리며 빛이 만들어내는 마술쇼가 시작되기를 기다렸다. 티베트 사람들 가운데는 이 빛의 환영을 도저히 이해 못하는 이들도 있었다. 이들은 두 개의 기둥 사이에 펼쳐진 하얀 막 뒤에 배우들이 숨어있는 것은 아닌지 돌아다니며 살펴보았다. 영화는 대부분 인민 해방군이 중국 국민당이나 일본과 싸우는 장면을 보여주었고, 언제나 인민 해방군의 승리로 끝이 났다.

"아니, 왜 일본은 싸웠다 하면 지는 거지?"

누군가 나에게 이렇게 물어본 일도 있었다.

중국인들에게 중요한 것은 메시지였다. 무용 공연과 영화 상영은 공산주의의 힘을 증명하는 것이었다. 사회적인 메시지도 있었다. 중국 장교들은 가난한 집을 방문해서 복지에 대해 큰 걱정을 늘어놓았다.

중국인들은 빈농들에게 무이자 대출을 해주기 시작했다. 그렇다고 부자들을 무시하지도 않았다. 1952년 중국인들은 빠남 지역에 사무실을 내고 영향력 있는 티베트 사람들을 다양한 위원회에 들어오라고 선동했다. 중국인들은 또한 후하게 베풀었다. 일을 하고 나면 티베트 사람들은 순은 동전을 받았다. 심지어 우리 사원에도 동전이 어마어마하게 모였다. 우리는 나중에 그 은을 녹여서 불보살님께 올리는 물그릇이나 램프를 만들었다.

연극 공연은 정치 집회로 변하기 마련이었다. 중국인 장교가 상자 위에 올라서서 청중에게 일장 연설을 늘어놓곤 했다.

"마오쩌둥 주석은 여러분을 도우라고 우리 부대를 이곳에 보냈소. 과업을 끝내면 우리는 자랑스럽게 중국으로 돌아갈 것이오."

그 사람들은 절대 '공산주의'를 직접 언급하지 않았다. 매번 연설의 주제는 티베트의 개발이었고, 티베트 사람들의 삶의 질을 향상시키는 것이었다.

중국인들의 존재를 모두가 느끼게 되기까지는 그리 오랜 시간이 걸리지 않았다. 빠남은 티베트의 세 주요 도시 사이에 위치해 있었다. 날이 갈수록 중국 병사들이 물밀 듯이 밀려드는 모습을 지켜보아야 했다. 중국 병사들은 몇 달 동안 행군을 해온 터라 식량이 별로 없었다. 병사들의 독특한 말투나 몸짓을 보면 이제 겨우 열여덟, 열아홉 살이 됐을까 싶었다. 하지만 바람에 튼 얼굴이나 바싹 말라 갈라진 입술을 보면 꼭 늙은이처럼 보였다.

나는 몇몇 여자들이 중국 병사들에게 버터 조각을 나누어주는 것을 보았다. 하지만 병사들은 버터로 뭘 해야 하는지 몰랐다. 한 여자가 손을 비비고 나서 얼굴에 대고 문지르는 시늉을 했다. 티베트 사람들은 한겨울에 꿀과 버터를 발라 살이 트지 않게 했던 것이다. 젊은 병사는 고개를 끄덕이고 나서 버터를 손과 얼굴에 하나 가득 문질러 발랐다. 여자들이 한꺼번에 웃음을 터뜨렸다.

사원의 하루하루는 예전과 다름없이 흘러갔다. 중국인들은 불교 수행을 방해하지 않으려고 조심하는 것처럼 보였다. 그전까지 나는 불보살의 정신세계를 상징하는 정교한 모래 만다라 제작법을 배웠다. 만다라는 곱게 갈아 색을 입힌 모래로 만들었는데, 이걸 만들자면 인내심과 민첩한 손가락이 필요했다.

그해 겨울, 라싸의 데붕 사원에서 가장 학식 있는 승려인 겐 릭진 텐빠가 가둥 사원에 와서 강원장 큰스님에게 조언했다.

"나이 든 승려 몇 명을 라싸로 보내 게쉐 학위를 받게 하시지요."

게쉐 학위란 승려가 얻을 수 있는 최고의 학문 자격을 뜻했다. 강원장 큰스님은 그 조언을 받아들였다. 데붕, 세라, 간덴, 이 3대 사원 가운데 한 곳에서 수학했다는 것은 굉장한 일류 교육을 받았음을 뜻했다. 이 사원들은 티베트의 훌륭한 승려 대학이었는데, 모두 라싸 외곽 몇 킬로미터 거리에 위치해 있었다. 가동 사원에서도 이 배움터에서 공부한 사람은 손가락으로 꼽을 만큼이었다. 라싸에서 공부를 마치고 돌아온 승려들은 아침 집회 때 맨 앞줄에 앉을 수 있었다.

사원에 들어온 사람이라면 누구나 언젠가는 이 3대 사원 가운데 한 곳에 가게 되기를 꿈꾼다. 나도 예외는 아니었다. 하지만 강원장 큰스님이 라싸로 가게 될 승려들의 이름을 발표했을 때, 내 이름은 명단에 없었다. 몹시도 실망했던 기억이 난다. 아무리 이상을 없애야 하는 승려라 할지라도 자존심은 있기 마련이다. 그러나 훗날에야 삼촌이 내 이름을 빼달라고 해서 그렇게 됐다는 사실을 알았다. 아마도 삼촌은 내 미래에 대해 가동에 남아서 재무 담당자나 의식을 주재하는 책임자의 지위를 맡기는 쪽으로 생각하셨던 것 같다. 이런 직책은 실로 굉장한 위세를 떨치는 것이기는 했다. 하지만 나는 그때 너무나 젊었다! 라싸에 있는 유명한 사원에 들어가기를 얼마나 학수고대했던가! 가고 싶은 길을 포기하지 않기 위해서는 때로 도망이라도 쳐야 하는 게 아닐까?

며칠 뒤 선택받은 승려 세 명이 라싸로 떠나게 되었다. 나는 작별인사를 하러 갔다. 카닥을 목에 걸어주고 잘 지내기를 빌어주었다. 하지만 나는 비밀 계획을 세우고 있었다. 몰래 세 승려를 따라가려 했던 것이다. 보따리 하나에 내 소지품을 몽땅 쌌다.

승려들이 떠나고 몇 시간 뒤에 나는 보따리를 어깨에 메고 길을 나섰다. 아무도 보지 못하도록 뒷문으로 나가 고산지대 방목지로 이어지는 산길을 따라 갔다. 세 승려를 따라잡으려고 열심히 달렸다. 마침내 달리기를 멈췄을 때 아무도 내 뒤를 쫓아오지 않는 것을 보고서야 안도의 숨을 내쉬었다.

세 승려는 나를 보자마자 무슨 짓을 저질렀는지 알아차렸다. 그들은 몇 시간 동안이나 나를 설득해서 돌려보내려고 애썼다.

"난 이미 마음을 정했다네."

때에 따라서 나는 아무도 못 말릴 만큼 고집이 세다. 내 마음은 데붕 사원에 대한 생각으로 가득 차 있었다. 걷다가 이따금씩 승려들은 내가 강원장 큰스님 허락도 받지 않고 사원을 떠나온 것을 상기시켰다.

"팔덴, 제발 이러지 마. 지금이라도 가동으로 돌아가야 되지 않겠어?"

나는 고개를 젓고 고집 센 당나귀처럼 계속 걸어갔다. 만약 가동으로 돌아가면 얼마나 큰 곤란에 처하게 될지 알고 있었다. 하지만 데붕행을 밀어붙이면 아마도 스승님과 새로 모시게 될 강원장 큰스님은 내 의지가 가상하다고 보아주지 않을까. 그때까지 나는 도망자 신세였다!

데붕 사원에 닿기까지는 열사흘이 걸렸다. 그곳의 빛나는 명성은 익히 들어온 터라 그곳에 가까워질수록 우리의 발걸음은 빨라졌다. 산봉우리 끝에 이르러 보니 그 훌륭한 사원의 모습이 보였다. 우리는 꼼짝하지 않고 서서 경탄하며 사원을 바라보았다. 빛이 반사되어 사원의 형체는 잘 보이지 않았다. 너무 멀어서 사원은 마치 쌀알처럼 보였다. 그도 그럴 것이 데붕은 '쌀 더미'라는 뜻이었다. 그러니 사원 건물이 모두 쌀알처럼 보였다 해도 전혀 근거 없는 말은 아니었다.

햇빛이 매끄럽게 경사진 지붕 위로 너무 눈부시게 반사되어서 눈 위에 손그늘을 만들어야 했다. 하얀 건물들은 잿빛 산과 군데군데 흩어진 나무 사이로 눈에 띄었다. 이곳이 앞으로 우리가 십 년 동안 둥지를 틀 곳이었다. 우리는 버드나무 그늘이 시원하게 늘어진 공터로 다가갔다.

그곳은 승려들이 책을 읽거나 명상을 하러 오는 곳이었다.

사원은 마을처럼 산으로 올라가는 길 중턱까지 뻗어 있었다. 사원 뒤로는 거대한 봉우리 세 개가 솟아 있었다. 하지만 멀리서 보는 것만으로는 사원의 크기를 제대로 알 수가 없다. 이를테면 회벽 안쪽으로 좁은 길과 회랑이 미로처럼 뻗어 있는 것을 보기 전에는 말이다. 우리는 짐을 내려놓고 사원을 앞에 둔 채 나란히 섰다. 합장을 한 손을 머리 위로 높이 들어올렸다가 천천히 얼굴 앞까지 내리고 난 다음 다시 가슴 앞으로 가져왔다. 그리고 세 번 엎드려 절했다. 한 번은 부처에게, 한 번은 부처의 가르침에, 그리고 마지막 한 번은 승가에.

"도착했구나."

누군가 이렇게 말했다. 우리는 다시 짐을 들고 사원을 향해 걷기 시작했다.

가동 사원 출신 승려들을 찾기란 그리 어렵지 않았다. 데붕 사원의 승려들은 전부 출신 지역에 따라 서로 다른 학부로 나뉘어 있었다. '다창'이라고 부르는 큰 학부가 넷 있었고, 각각의 학부마다 다시 '캄첸'이라는 숙소로 잘게 나뉘어 있었다. 가동 출신의 승려들은 대개 로셀링 학부에 들어갔는데, 이 학부에는 서른두 개의 숙소가 있었다. 우리는 전부 창지역 출신 승려들이 모인 창빠 캄첸 숙소에 등록해야 했다. 세월이 흐른 뒤, 1995년 옥스퍼드 대학을 방문하여 그곳에서 서로 다른 학부의 학생들이 한데 섞여 돌아다니는 것을 보고, 나는 데붕 사원과 대학과도 같았던 그곳의 체제를 떠올렸다.

데붕 사원이 세워지던 1416년 무렵, 그곳은 아마도 세계에서 가장 큰 종교 시설이었을 것이다. 1950년대에는 전 세계 불교 국가에서 온 승려들이 만 명도 넘게 상주하며 공부를 하고 있었다. 옛 소련 볼가강 기슭의 칼무키아같이 머나먼 곳에서 온 사람들도 있었다. 미얀마 국경의 겔탕, 라다크에서 온 승려들도 있었다. 일본과 중국에서 온 승려들까지 있을 정도였다.

며칠 동안 우리는 가동 출신의 어느 나이 든 승려 숙소에 머물렀다. 그곳은 어두컴컴하고 가구나 설비도 별반 갖춰져 있지 않았다. 나를 제자로 인정해줄 스승을 찾을 수 있을지 걱정스러웠다. 다른 승려들은 사원에서 소개장을 받아 왔으니 허가를 얻는 데 아무 어려움이 없겠지만, 도망자인 나는 아무것도 없었다.

우리 일행은 데붕에서 동쪽으로 6킬로 남짓 떨어진 라싸로 떠났다. 라싸는 모든 티베트 사람들에게 정신세계의 중심지였다. 다들 평생 단 한 번만이라도 라싸로 순례 여행을 해보기를 소원했다. 자갈길을 걷다 보니 얼마 지나지 않아 라싸 분지에서 솟아오른 포탈라 궁전의 번쩍거리는 지붕이 보였다. 그 화려한 색채라니! 지붕은 금빛이었고, 벽은 달라이 라마가 사는 곳임을 나타내는 붉은색이었으며, 그 아래 궁전의 토대를 이루는 벽은 회칠을 해 허연 빛깔이었다. 이곳은 티베트의 보호자가 사는 집이었다.

도시로 가는 동안 코끼리를 보았다. 그 전까지 나는 한 번도 코끼리를 본 적이 없었다. 멀리서 나타나는 코끼리 모습은 마치 먼지구름을 일으키며 우리 쪽을 향해 굴러오는 거대한 돌덩이처럼 보였다. 내 주변에 있던 사람들은 모자를 벗고 존경의 표시로 혀를 내밀었다. 코끼리는 우리들 앞에 섰다.

"살람!"

코끼리를 부리는 사람이 이렇게 명령하자 코끼리는 코를 구부렸다가 공중으로 뻗어 올렸다. 그 모습을 보고 사람들이 빵과 돈을 던져주었다. 코끼리는 돈을 집어 올려 코끼리 부리는 남자에게 건네주었다.

나는 며칠 동안 다른 성지를 돌아다녔다. 한번은 출라캉 바깥에 길게 늘어선 순례자들의 줄에 합류하기도 했다. 출라캉은 티베트 전역에서 가장 성스러운 상(像)을 모셔 놓은 집이었다. 조와 상은 우아한 금빛이었고, 산호와 터키석, 비취 따위의 보석이 수백 개나 박혀 있었다. 안내원 두 사람이 상 밑에서 헌물을 받고 순례자들을 앞으로 보냈다. 깜박이는 램프 불빛이 보석에 부딪치며 환하게 부서졌다.

사당은 버터 램프 수백 개를 켜 놓은 데다 램프에서 나오는 연기가 뿌옇게 가득 차 공기가 몹시 탁했다. 나는 이내 혼절하고 말았다. 사람들이 나를 안마당으로 데리고 나왔다. 라싸의 싸늘한 공기에 얼굴이 따끔거렸다. 일행 가운데 한 명이 내 어깨를 툭툭 치며 일으켜 세웠고, 우리는 바꼴 광장으로 길을 나섰다. 출라캉을 빙 돌아가는 길이었다.

라싸는 사람들이 우글우글 길을 메우고 있어 과연 수도다웠다. 바꼴 거리에는 상점과 노점이 죽 늘어서 있었다. 물건 값을 흥정하는 상인들과 손님들이 옥신각신하는 모습이 활기찼다. 네팔에서 온 무역상들은 인도 카슈미르 지방에서 온 상인들과 담소를 나누었다.

나는 이슬람교 사원을 발견하고 깜짝 놀랐다. 이슬람교를 믿는 티베트인을 보다니. 우리는 그 사람들을 '카세'라고 불렀다. 이것은 카슈미르를 잘못 발음한 것이었는데, 이들의 선조 대다수가 그곳에서 왔기 때문에 부르게 된 이름이었다. 그곳에도 중국인들이 있었다. 중국인 병사들은 바꼴 거리를 거닐었고, 그 뒤를 티베트 아이들이 시끌벅적하게 연설하는 흉내를 내며 따라갔다. 지프차와 트럭 몇 대가 티베트 동부에서 뻗어 온 울퉁불퉁한 길을 지나고 있었다. 라싸 외곽에서 중국인들은 도로를 만드느라 바빴다.

데붕에서는 코앞에 닥친 실제적인 문제를 생각하고 있었다. 가동 출신 승려들은 창빠 캄첸에 들어가는 것이 관례였지만, 나는 학부 입학을 허락받지 못했다. 하지만 다행스럽게도 '보증인이 되어 줄 스승'을 찾기만 하면, 숙소에 들어가는 규율은 그리 엄격하지 않았다. 셀랍 톈미라고 하는 손위 승려가 자신의 스승인 겐 용진에게 나를 추천했다. 겐 용진은 티랍 툴쿠라는 환생한 젊은 승려의 개인교수이기도 했다. 나는 그분 앞에 엎드려 절하고 카닥을 건넸다. 그분은 물건을 살펴볼 때처럼 생각에 잠겨 나를 바라보았다.

"내가 맡고 있는 콩포 캄첸에 들어와야만 추천해줄 수 있다."

선택의 여지가 없었다. 그리하여 나는 정식으로 입학을 허가 받을 수 있었다. 이름이 등록되자 나는 완전히 데붕 사원의 일원이 되었다.

이제 방을 구할 차례였다. 고맙게도 셀랍이 같이 살자고 제안해주어 다시 한 번 난관을 무사히 넘길 수 있었다. 셀랍의 숙소에는 이미 여러 명의 승려가 살고 있었다. 내가 쓸 작은 방에는 한쪽 구석에 조그만 진흙 난로가 있었고 연료로 쓸 가축 똥과 나무도 쌓여 있었다. 울퉁불퉁한 바닥에는 너덜너덜한 깔개가 깔려 있고, 조그만 창문으로는 회벽이 내다보였다. 또 폭이 좁은 매트리스가 둘, 나무 탁자가 둘 있었다.

학부의 일원이 되고 살 곳도 생겼으니 이제 데붕에서 하는 강의는 모두 들을 수 있었다. 나는 사원 내에서 가장 이름난 승려 겐 페마 걜첸의 강의를 들으러 갔다. 그분의 숙소에 도착한 우리는 커다란 방으로 안내

되었다. 그분은 묵직한 의자에 앉아 벌써부터 우리를 기다리고 있었다. 그분은 티베트 산 고급 깔개를 덮은 매트리스를 가리키며 우리더러 앉으라고 했다.

"열심히 공부하게. 승려는 오로지 단단한 땅과 구름만을 길잡이 삼아 멀리멀리 여행하는 거라네."

나는 그 말을 깊이 새겨들었다.

데붕의 삶은 가둥 생활과 별반 다를 바 없었다. 나는 다섯 시쯤 일어났다. 동틀 무렵이면 젊은 사미승들의 노랫소리가 들렸고, 이어서 승려들이 전부 아침 차를 마시러 모여들었다. 승려들은 각자 자신이 먹을 짬빠를 가져왔다. 우리는 차 녁 잔을 마실 수 있었다. 네 잔째 차는 크림색이 돌며 약간 신맛이 났다. 그 맛에는 먼 과거의 이야기가 숨어 있었다. 데붕의 차는 티베트의 산을 돌아다닌다는 전설의 동물, 눈사자의 젖으로 만들기 때문이라는 것이다.

아침은 개인 공부를 하는 시간이었다. 나는 달라이 라마와 다른 위대한 스승들이 오래 사시기를 기원했고, 선행을 통해 쌓인 복을 영혼이 있는 모든 존재에게 바친다는 것으로 기원을 끝마쳤다. 그리고는 스승님이 전날 설명해주신 철학 교재를 복습했다. 낮에는 '최라'라고 부르는 버드나무 그늘이 진 사원의 외딴곳에 모였다. 다창 학부마다 토론하는 정원인 최라를 가지고 있었다. 승려들은 그곳에 모여 강원장 큰스님이나 다른 고참 승려들의 가르침을 들었다. 그런 뒤에 여러 조로 나뉘어 정해진 주제를 놓고 토론을 벌였다. 토론의 주제는 방금 들은 가르침이나 특정한 철학 교재가 될 수도 있었다. 새로 들어온 승려들은 토론의 기술을 익힐 수 있도록 한 조로 모였다.

얼마 지나지 않아 우리는 반복되는 일상에 녹아들었다. 하지만 악화 일로에 있는 라싸의 정치 상황을 무시할 수는 없었다. 시위 소식이 갈수록 늘어났다. 반중국 감정을 표현한 포스터가 거리에 붙었다는 소식도 들렸다. 중국인 장교들이 사원을 찾아와 강원장 큰스님과 고위 승려들을 모아 놓고 회의를 했다. 나중에 고위 승려들 가운데 일부는 라싸에서 열리는 정치 집회에 참여하라는 강요를 받기도 했다. 1953년 겨울에 승려들이 대거 캄과 암도 지역을 떠나 라싸로 왔다. 우리는 그들을 통해 티베트 곳곳에서 무슨 일이 벌어지고 있는지 알 수 있었다. 중국인들이 승려와 사원 소유 토지를 몰수했다는 것이었다.

공부에 집중하려고 했지만, 사원 밖에서 벌어지는 사건은 점점 더 우리의 생활에 영향을 주었다. 1954년 벽두에 우리는 달라이 라마와 판첸 라마가 중국으로 여행을 떠난다는 사실을 알게 되었다. 이 소식을 듣고 많은 사람들이 근심했다. 중국인들이 둘을 베이징에 억류하지 않는다고 어떻게 장담하겠는가?

"중국인들은 믿을 수 없어. 승려와 마을 어른들을 초대해서 집회를 열더니 깡그리 체포하고 말았지."

캄과 암도에서 피신해 온 승려들은 직접 목격한 이야기를 들려주었다. 우리의 근심은 날이 갈수록 깊어졌다.

친구가 작고 너덜너덜한 책자를 빌려주었다. 이 책자에는 1933년에 돌아가신 13대 달라이 라마의 유언이 들어 있었다. 나는 달라이 라마의 예언에 충격을 받았다.

"붉은 이데올로기가 나타나 티베트의 정치와 종교 체제를 파괴하리라. 이미 몽골에서 그렇게 한 것처럼."

선대 달라이 라마의 경고는 내 가슴을 더욱 떨리게 만들었다.

몇 주 뒤에 우연히 몽골 출신의 나이 든 승려에게서 전해 들은 이야기에 나와 동료들은 전율했다. 중국인들이 잔인한 방법으로 몽골의 사원을 파괴하고 승려들을 모두 잡아 가뒀다고 했다. 13대 달라이 라마가 예언한 붉은 이데올로기의 중국인들이 티베트 곳곳으로 몰려들고 있었다.

달라이 라마와 다른 고위 승려들이 중국으로 떠났다. 날마다 여기저기서 전투 소식이 들려왔다. 티베트 동부에서 데붕으로 피난 온 승려들도 날이 갈수록 늘어났다. 라싸에서는 반중 시위 주동자들이 체포되었다. 티베트 곳곳에서 승려들은 중국인들이 이른바 강습회라고 하는 모임에 참석하라는 요구를 받았다.

나는 빠남에서 아버지가 위독하다는 전갈을 받고 집으로 가는 긴 여행길에 올랐다. 집에 도착해 새어머니를 보니 전혀 걱정하고 있는 눈치가 아니었다.

"아버지는 어떠세요?"

내 물음에 새어머니는 아무 말 없이 차를 내오기만 했다. 나는 나쁜 소식을 들을 마음의 준비를 단단히 했다. 자, 이제 무슨 일이 벌어질 것인가. 나는 옷깃을 여미고 불안한 마음을 다독였다.

그런데 갑자기 아버지가 방으로 들어오는 게 아닌가. 아버지는 아주 건강해 보였다. 나는 당황해서 인사도 제대로 못하고 우물쭈물거렸다. 하지만 다음 순간 아버지와 삼촌이 나를 불러들이려 구실을 만든 게 아닌가 싶었다. 삼촌은 나이가 들어 돌봐줄 사람이 필요했다. 두 분은 내가 가동에 남도록 온갖 이유를 대며 설득하기 시작했다. 나는 싫다고 할 수 없었다. 종교에 근거를 두고 생각하든, 가족 간의 의리를 생각하든 양쪽 모두에 의무감을 느꼈다. 가동에 남는 수밖에 없었다.

물론 데붕으로 돌아가지 못하는 것은 무척 실망스러운 일이었다. 공부도 아주 잘 되고 있었고, 우리 시대 가장 훌륭한 승려들의 발치에 앉을 수 있는 특권도 누리고 있었으니 말이다. 가동에서 공부를 계속할 수는 있었지만, 나를 이끌어줄 사람은 아무도 없었다. 나는 사원 내 잡일을 처리하는 데 전념하면서 신도의 가정을 방문하여 의식을 집행하기도 했다.

1954년 6월에 홍수가 났던 것을 기억한다. 그날은 화창한 여름날이었다. 승려들은 전부 강당에 모여 있었는데 사미승 하나가 뛰어 들어와서는 문 앞에 앉아있던 규율 감독관에게 무슨 말인가를 했다. 그러자 규율 감독관은 벌떡 일어나 의식을 중단시켰다.

"강물이 둑을 무너뜨렸단다. 마을에 물이 들어차고 있대!"

규율 감독관이 소리쳤다. 우리는 밖으로 몰려나갔다. 빠남 전체가 물에 잠겨 있었다. 물은 우리 집 허리께까지 차올라 있었다.

서쪽으로 80킬로미터쯤 가면 걍체 근처에 호수가 하나 나온다. 바로 이 호수가 넘쳐 둑이 터진 것이었다. 흘러넘친 물이 빠남에 닿을 때쯤에는 대다수 사람들이 이 사실을 알고 높은 곳으로 피할 수 있었다. 하지만 강 상류 지역에서는 수많은 마을이 물에 떠내려가는 참변을 면치 못했다. 나중에 보니 강둑에 떠내려온 시체가 여기 저기 널려 있었다. 수마가 강 유역 전체를 휩쓸었다. 건조한 진흙집은 물을 빨아들이더니 힘없이 무너져 내렸다. 오후 들면서 서서히 물이 빠지자 우리는 집 안으로 들어가 건져낼 만한 것은 다 건져냈다.

그해에는 추수할 것이 없었다. 농작물이란 농작물은 전부 다 죽어버려서 비축해둔 곡식에 의존하는 수밖에 없었다. 홍수 때문에 가난한 농부들은 어쩔 수 없이 중국인들의 도로 공사장에 나가 일해야 했다. 사람들이 다시 집을 짓는 동안 수많은 마을 사람들이 자기네 친척들이 있는 사원으로 옮겨 왔다. 내 숙소도 새로운 집으로 변모했다. 하지만 여자들은 사원에서 잘 수 없었으므로 밤이 되면 삼삼오오 무리 지어 다른 건물로 내려갔다.

내가 감옥에 갇혀 있을 때 중국인들은 홍수 때 도와주었노라고 발표했다. 하지만 빠남을 도우러 왔던 중국인은 없었다. 중국인들은 어디에나 있었지만 티베트를 통치하기 위한 사무실이나 영화재단을 차리는 데만 신경을 곤두세웠다. 중국은 마치 거미와도 같았다. 티베트 곳곳에 거미줄을 치고 있었고, 우리가 할 수 있는 일은 아무것도 없었다.

1959년 중국은 티베트 자치구를 설립하기 위한 예비 위원회를 조직한다고 발표했다. 중국 공산당 간부들이 우리 마을로 와서 공표를 했다. 형은 지역 위원회 간사로 임명되었다. 형은 훌륭한 관리자였고, 빠남에서는 누구나 형을 존경했다. 중국인들은 형에게 매달 80위안씩 월급을 주기까지 했다.

"중국인들 하는 짓이 꼭 어부 같구나. 두고 봐라. 지금은 태연하게 미끼를 내밀고 있지만, 언젠가 우리 티베트 사람들은 낚싯바늘에 걸려 몸부림치게 될 거다."

아버지는 어두운 얼굴로 말했다. 아버지는 중국인들과 싸워 티베트 땅에서 몰아내기를 바랐다. 아버지는 선견지명이 있었다. 또 언젠가는 한숨을 지으며 이렇게 말한 기억이 난다.

"일단 도로가 완성되면 중국인들을 내쫓기 힘들어질 게야."

수많은 중국인 장교들이 사원을 방문하여 흰색 법랑 머그컵을 승려들에게 나눠 주었다. 컵마다 티베트어와 중국어로 '티베트 자치구 설립을 위한 예비 위원회(PCEART) 창립 기념' 이라는 글귀가 적혀 있었다. 이 머그컵은 중국 통치의 상징이 되었다.

"아무리 그래 봤자 우린 티베트 나무 그릇을 버리지 않을 거다. 절대 중국의 머그컵과 바꾸지 않을 거라고!"

모이기만 하면 우리는 그렇게 다짐하곤 했다. 실용적인 관점에서 보더라도 법랑 머그컵은 쓸모가 없었다. 차를 담으면 컵이 너무 쉽게 뜨거워지는 바람에 입을 대고 마시려다 입술을 데기 일쑤였다.

중국인들은 점점 더 과감하게 선전을 하기 시작했다. 가난한 사람들이 지주에 대항하도록 선동하려고, 공연과 영화마다 사악한 지주들을 묘사했다. 〈흰머리 소녀〉라는 영화를 본 기억이 난다. 이 영화는 무자비한 지주의 노비가 된 아름다운 소녀가 산속으로 도망치다가 공산주의자들에게 구조된다는 내용이었다. 영화에서 공산주의자들은 정의의 화신이었다. 중국인들은 영리했다. 티베트에서 토지개혁을 하게 될 거라는 사실은 절대로 드러내놓고 말하지 않았다. 사악하기 짝이 없을 터인 지주들을 소홀히 하지도 않았다. 사무실을 낼 때마다 위원회란 위원회에는 전부 토지 소유주들을 들여앉혔다.

사원 담벽 안에서 우리는 예전처럼 지내려고 노력했다. 겐 릭진 텐빠는 자주 우리를 찾아왔다. 강원장 큰스님은 그분의 철학 강좌를 늘렸고, 겨울 동안에는 토론 강좌를 도입했다. 가동의 승려들은 다시 훌륭한 교육을 받게 되었다. 텐빠는 유명한 스승이어서 언제나 다른 사원들의 초청이 밀려들었지만, 자신은 가동을 본가처럼 여겼다.

그해 가을, 그러니까 1955년 가을에 나의 삼촌이자 스승인 겐 왕포라는 병환으로 앓아누웠다.

"발가락을 움직일 수 없구나."

어느 날 아침 삼촌이 내게 말했다. 그러더니 서서히 다리와 몸통까지 마비되었다. 결국 완전히 꼼짝달싹 못하게 되어 침대에서 일어날 수도 없었다. 삼촌을 돌봐드리는 것은 마땅히 내가 해야 할 일이라고 생각했다.

"이 세상에 태어난 것은 무엇이나 언젠가는 틀림없이 죽음을 맞게 되는 거야."

삼촌은 무엇인가를 예감한 듯 그렇게 말씀하셨다. 며칠 뒤에 삼촌은 나에게 노란 의식용 승복을 덮어달라고 했다.

"람림 첸모를 가까이 놓아다오."

람림 첸모(겔룩파의 창시자 쫑카파가 쓴 책으로 《보리도차제론》이라고도 불린다. 수행의 정수를 담은 책으로 유명하다 - 역자 주)는 가장 중요한 불교 경전 가운데 하나였다. 나는 바닥에 앉아 삼촌이 경전을 암송하는 소리를 들었다. 삼촌의 목소리가 점점 희미해지더니 신음소리로 변했다. 내가 고개를 들었을 때 삼촌은 기도라도 하듯 합장을 하고 있었고, 더 이상 아무런 소리도 들리지 않았다. 나는 삼촌이 돌아가셨다는 것을 알았다.

이듬해 달라이 라마와 판첸 라마가 부처님 탄생 2천5백 주년을 기념하러 인도에 간다는 소식이 들렸다. 달라이 라마가 인도로 가는 길이나 돌아오는 길에 가동에 들를 가능성이 높아 보였다. 그래서 나는 아직 데봉으로 돌아갈 수 없었다.

달라이 라마의 방문은 예상보다 빨랐다. 1957년 2월, 티베트 달력으로 새해가 된 지 며칠이 지난 뒤 달라이 라마와 수행원들이 도착했다. 규모가 작은 우리 사원은 손님들이 밀려와서 정신이 없었다. 인근 마을의 젊은이들은 늙은 부모나 조부모를 업고 달라이 라마를 뵈러 왔다. 우리는 고위 인사들이 머무를 수 있도록 숙소를 비워줘야 했다. 안마당은 천 명도 넘는 사람들로 가득 찼다. 나는 달라이 라마의 옥좌 옆에 서 있었다.

"라싸에 있지 않았는가?"

달라이 라마께서 이렇게 질문을 던졌을 때, 나는 너무 놀라 아무 말도 하지 못하고 그냥 떨면서 서있었다. 어느 관리가 나를 슬쩍 찔렀다.

"예."

나는 간신히 우물거리며 대답했다.

"스승의 이름이 뭔가?"

뒤이어 성하의 질문이 계속됐다.

"겐 페마 걀첸입니다."

"돌아가 공부를 계속하게."

성하께서 말씀하셨다.

그리하여 나는 일주일 뒤에 다시 라싸로 떠났다. 가족들은 이제 내가 가야 한다는 사실을 받아들였다. 달라이 라마가 명하신 일에 토를 달 수는 없었던 것이다.

중국인들이 1957년까지 시가체와 라싸 사이의 도로를 닦아놓아서 나는 중국제 군용 트럭을 타고 처음으로 그 길을 따라 여행할 수 있었다. 라싸까지 가는 데 이틀이 걸렸다. 걸어 가면 열나흘이 걸릴 거리였다. 트럭에는 보급품이 잔뜩 실려 있었고, 승객들은 콩나물시루 같은 상자에 서로 빽빽하게 뒤엉켜 앉아 있었다. 저녁 무렵 트럭에서 내리는데 온몸이 쑤시고 눈앞이 핑글핑글 돌았다. 세상이 온통 어지럽게 움직이고 있는 것 같았다. 우리는 다음 날 먼지를 함빡 뒤집어쓴 채 라싸에 도착했다.

나는 아직 콩포 캄첸에 등록되어 있는 상태이긴 했지만, 학부에 다시 복귀하고 싶으면 차 시중드는 일을 해야 했다. 즉, 캄첸의 승려들 전체에게 차를 내주는 일을 해야 했던 것이다. 그리고 고참 승려의 한 사람으로서 캄첸에서 다른 일도 맡아서 했다. 공부할 시간이 없어서 걱정이었다. 다른 캄첸으로 옮겨보기로 했다. 캄첸을 옮기면 거기서는 신참이 되니 맡아서 할 일이 없을 게 아닌가. 나는 짜 캄첸에 들어갔다. 그곳은 주로 캄 출신의 승려들이 들어가는 규모가 큰 학부였다. 티베트 중앙부 출신 승려들은 직무를 맡는 것이 허용되지 않았으니 나에게는 조건이 들어맞는 셈이었다.

하지만 차분히 공부에 몰두한다는 게 그리 쉬운 일은 아니었다. 리탕과 델게에 있는 사원들이 파괴되었다는 소식을 짜 캄첸에서 제일 먼저 알게 되었다. 동쪽에서 온 피난자들은 중국인들 때문에 점점 더 많은 사원들이 문을 닫고 있다는 소식을 전해주었다. 승려들을 전쟁터에 내보낸다는 소식도 들었다.

매일 들어오는 소식이 점점 더 심상치 않았다. 1958년까지 중국과의 무력충돌이 캄에서 티베트 중앙부까지 퍼졌다. 수천 명의 캄빠(캄 지역 사람들을 일컫는 말 - 역자주)가 라싸로 쏟아져 들어왔다. 오전 토론 강좌는 수도에서 벌어진 소식 때문에 중단되었다. 캄빠들과 중국인들 사이의 전투 소식이 날마다 늘어났다.

티베트 중앙부에 있는 우리는 캄빠가 직선적이고 성질이 급하다고 생각하고 있었다. 하지만 이제는 모두 그들의 용기와 능력을 존경하고 있었다. 몸을 피해 사원으로 들어오는 캄빠 수는 점점 늘어났다. 그 사람들은 체구가 컸으며, 확신에 찬 태도로 성큼성큼 걸어다녔다. 남자들은 언제나 무기를 갖고 있었다. 여자들의 뺨은 선명한 붉은색이었고 보석으로 치장하고 있었다. 동부에서 게릴라전을 준비하고 있는 캄빠들이 고위 승려들의 축원을 받으러 데뿡으로 왔다. 허리춤에 무기를 차고 조랑말을 탄 캄빠들이 도착했다. 승려들은 이들에게 수호 부적을 주었다.

달라이 라마가 마지막 시험을 치르게 되니 다들 그해는 상서로운 해가 되리라 생각했다. 신년 축하 후에 묀람 첸모라는 기원 축제가 있었다. 묀람 축제는 국가의 안녕, 달라이 라마의 장수와 불교의 번영, 농사의 풍요와 같은 것을 기원하는 국가 차원의 법회였다. 그 전 해에 이 축제는 반중 시위의 중심이 되었다. 그러나 이번에는 캄첸의 사감 승려가 우리에게 조용히 일렀다.

"행실을 조심해라. 그리고 축제가 끝나는 대로 사원으로 돌아오거라."

티베트 전국 각지에서 승려들이 묀람 첸모에 참가하려고 모여들었다. 이들은 '게쉐 람림'이라는, 승려가 얻을 수 있는 최고 학위 수여식을 보러 온 것이었다. 역대 달라이 라마 가운데 13대와 14대 달라이 라마만이 이 학위를 받았다.

묀람 의식은 2월 말, 즉 티베트 달력으로 새해 세 번째 날에 시작되었다. 나는 의식에 참여하여 승려들과 평신도들 사이에서 기원을 드렸다. 긴장된 분위기가 감돌았다. 중국인들이 저만치에 있었던 것이다. 사람들은 달라이 라마의 시험 얘기만을 나눴을 뿐이지만, 그 뒤로 난관이 우리를 기다리고 있었다.

3월 10일, 그 역사적인 날에 나는 라싸로 사원 심부름을 가게 되었다.

열 명이 아침 일찍 출발했다. 달라이 라마의 여름 궁전인 노블링카 쪽으로 가고 있을 때, 어떤 남자가 자전거를 타고 입김을 훅훅 내뿜으며 최대한 속력을 내어 우리 쪽으로 다가왔다. 그 남자는 몇 걸음 앞에서 멈추더니 자전거에서 뛰어내렸다. 남자의 옷을 보고 그 사람이 젊은 정부 관리라는 것을 알 수 있었다.

"승려들을 전부 노블링카로 불러 모으라는 지시를 받았소. 라싸 사람들이 궁전 밖에 모여 달라이 라마를 보호하고 있는 중이오."

들리는 말로는 중국인들이 달라이 라마를 새로 지은 군대 막사로 '초청'했고, 달라이 라마는 그 초청을 '수락'했다는 것이었다.

"중국인들이 달라이 라마를 중국으로 데려가고 말 거요."

관리의 목소리는 떨리기 시작했다. 우리는 서둘러 노블링카로 갔다. 정말로 어마어마한 사람들이 궁전 문 앞에 모여 있었다. 지나고 나서 생각해보니, 바로 이 일로 티베트 사람들이 봉기하기 시작한 것이었다. 군중들은 걷잡을 수 없이 흥분해 있었다. 모두 다 고함을 질러댔다. 지프차 한 대가 시위대를 뚫고 지나갔다. 삼포라는 티베트 내각의 장관이 수행원을 대동하고 궁전으로 가는 길이었다. 군중 틈에서 누군가 돌을 던졌다. 돌은 캔버스 천으로 만든 지프차 지붕에 떨어졌으나, 또다시 날아온 돌이 삼포의 머리를 맞췄다. 장관은 그 길로 병원으로 실려갔다.

군중은 이번에는 또 다른 티베트 관료인 참도 켄충에게 분노를 돌렸다. 사람들은 그 관료를 밀치고 구타하면서 그의 이름을 불러댔다. 어떤 나이 지긋한 승려 한 분이 이를 말리려 했으나, 사람들은 무시하고 계속해서 관료를 주먹으로 내리쳤다.

군중은 폭도가 되었다. 참도 켄충은 누가 삼키기라도 한 것처럼 갑자기 시야에서 사라졌다. 우리는 군중 사이를 빠져나와 라싸로 향했다. 가다가 어느 맹인이 다른 사람의 인도를 받아 시위하러 가는 것을 보았다. 장님조차 달라이 라마의 얘기를 듣고 자신의 정신적인 지도자를 중국인들의 손아귀에서 보호하려고 나선 것이었다.

라싸에서는 시위가 더욱더 잦아졌다.

"중국은 티베트를 떠나라! 중국은 티베트를 떠나라!"

군중은 반복해서 외치고 또 외쳤다. 궁전 밖에 모여 있던 사람들이 수도 중심부로 행진해 들어왔다. 이들은 참도 켄충을 질질 끌며 행진하고 있었다.

우리는 아무 말도 없이 데붕으로 걸어 돌아왔다. 방금 우리가 본 사실을 좀처럼 믿을 수가 없었다. 그런데 사원에 도착해보니 사원이 텅 비어 있는 게 아닌가. 안마당에 사미승의 모습도 보이지 않고, 최라도 텅 비어 있었다. 분노존을 모신 사원 쪽에서 느린 북소리가 들려올 뿐이었다. 내 숙소 근처에 수많은 승려가 모여 있었다. 자는 사람은 아무도 없었다. 우리는 지붕으로 올라가 라싸 쪽을 바라보았다.

다음 날 아침, 사감 승려가 우리를 부르더니 말했다.

"지원자를 받겠다."

나는 얼른 앞으로 나섰다. 사원에서는 승려 백 명을 몇 조로 나누었고, 보초를 서라는 지시를 했다. 내가 속한 조는 사원 뒤편을 감시하는 임무를 맡았다. 영국제 라이플총을 지급받은 승려들도 있었다. 중국인들이 병사들을 보내 데붕 사원을 포위했다. 이들이 사원 밑, 산의 경사가 완만해지기 시작하는 곳에 막사를 치는 모습을 볼 수 있었다.

어느 날 아침 로셀링 학부의 강원장 큰스님이 나를 포함한 승려 몇 사람을 노블링카로 보냈다. 우리가 받은 지시라고는 북쪽 문으로 가라는 것뿐이었다. 무장한 티베트인 호위병들이 궁전으로 가는 길을 따라 10~15미터마다 배치되어 있었다. 궁전 안에서 승려들은 승복을 벗고 평복에 라이플로 무장했다.

우리는 궁전 안에서 몇 시간을 기다렸다. 그러다가 우리 가운데 다섯 명은 티베트에서 가장 오래된 인쇄소인 쉴 빠캉으로 가라는 지시를 받았다. 계단에서 사십대 후반의 뚱뚱한 남자를 만났다.

"공산주의자들은 신앙심이라곤 없네. 이 야만적인 사람들에게서 부처님의 가르침을 수호하려면 자네들이 잘해야 돼."

남자는 진심에서 한 이야기였겠지만, 우리는 다른 일에 정신이 팔려 있었다. 우리가 이곳에 불려온 이유가 뭔가. 우리는 단지 그 사실이 궁금했을 뿐이었다. 뚱뚱한 남자는 벽보 다발과 풀이 담긴 통 여러 개를 가져왔다. 우리는 라싸 중심가를 다니며 벽보를 붙였다. 벽보를 딱 한 번 봤을 뿐인 내가 벽보를 붙이러 다니게 된 것이다.

중국인들은 당장 티베트를 떠나라! 티베트의 독립을 인정하라!

벽보에는 티베트 사람들의 피맺힌 절규가 담겨 있었다. 도시는 혼돈에 휩싸여 있었다. 사람들은 상점을 약탈했다. 우리가 서둘러 데붕으로 돌아오니 구호를 외치는 소리가 더 자주 들렸다.

"중국은 티베트를 떠나라!"

"달라이 라마시여, 만수무강하소서!"

사람들은 연신 구호를 외쳐댔다. 나중에 알게 된 일이지만, 라싸에서 여자들이 모여 시위를 했다고 한다. 쿤달링 쿤상이라는 분이 주도한 시위였다. 나는 훗날 감옥에서 이분이 처형당하는 것을 보게 된다.

데붕은 이제 새로 온 사람들로 가득 찼다. 승려들은 평복을 입었다. 승려란 사실을 알아볼 수 있는 표시는 빡빡 깎은 머리밖에 없었다. 허리에 칼을 찬 사람들도 있었다. 밤새 총 쏘는 소리와 포탄 터지는 소리가 쿵쿵 울렸다. 우리는 지붕 위에 앉아서 라싸 쪽을 주시했다. 총과 포탄이 터지는 바람에 하늘이 불꽃놀이를 하는 것처럼 밝아졌다.

동틀 무렵 바람결에 화약 냄새가 묻어났다. 총과 포탄 소리가 끊임없이 들려왔다.

"숙소로 돌아가라. 하지만 사원 밑에 야영하는 중국인 병사들이 눈치채게 해서는 안 된다. 조용히 있어라."

우리는 지시를 받고 침묵 속에서 가슴을 졸였다. 라싸에서 무슨 일이 벌어지고 있는 것인지 알 수 없었다. 티베트 사람들이 우세해진 것인지, 아니면 중국인들이 반란을 진압한 것인지 도무지 짐작할 수 없었다.

그날 오후 어떤 사람이 혼자 사원으로 통하는 길을 올라왔다.

"라싸에서 사람들이 중국 병영을 탈취했어요."

그 사람은 소식을 전하면서 사원에 그대로 머물러 있으라고 덧붙였다. 하지만 오래지 않아 그 사람이 중국 측 첩자라는 것이 밝혀졌다. 나중에 감옥에서 들은 얘기지만 그때 다른 사원들도 비슷한 전갈을 받았다고 한다.

중국인들이 사원을 공격할 터였다. 공격은 시간문제였다. 사원에서 2킬로미터도 채 떨어지지 않은 중국 병영으로 지원군들이 속속 도착하는 모습이 보였다. 트럭들이 줄지어 들어왔다. 승려들은 사원 뒷산으로 도망치기 시작했다. 나는 어떻게 해야 할지 알 수가 없었다. 숙소에서 잠을 청하려고 해도 총소리가 끊이지 않아 그럴 수도 없었다. 아침이 되자 소음 대신 위험한 정적이 사원을 감쌌다. 라싸 쪽에서 포탄 터지는 소리만이 이 정적을 깨뜨리고 있었다. 내가 가는 곳마다 승려들이 도망칠 준비를 하고 있거나, 이미 도망치고 없었다. 대다수는 간밤에 도망쳐버렸다. 가동 출신 승려 두 사람만이 아직도 사원에 남아 있었다.

우리 셋은 겐 릭진 텐빠의 숙사로 서둘러 갔다. 나는 여전히 그분을 삶의 방향을 잡아줄 스승으로 여기고 있었다. 가동 출신 승려들은 모두 그분을 특별히 존경했다. 그분은 보통 가동에서 겨울을 보냈지만, 그해에는 라싸에서 달라이 라마의 졸업식에 참석하라는 초청을 받았다. 그 무렵 그의 나이 일흔둘. 몸이 꽤 허약해져 있었다.

"너희는 아직 남아 있는 게냐?"

스승님이 미소를 띠며 물었다.

"승려들 대다수가 벌써 사원에서 도망치고 없어요."

우리는 풀 죽은 목소리로 사태를 말씀드렸다. 스승님은 고개를 끄덕였다.

"어려운 시기가 닥치고 있으니까……."

"함께 가동으로 가시지요."

"이 늙은이는 자네들한테 짐만 될 뿐이야."

그분은 완곡하게 우리의 제의를 거절했다.

"사원 뒤편 산에 으슥한 길로 가면 됩니다. 함께 가시지요."

우리는 열심히 그분을 설득하려 노력했다.

"책을 싸주게."

스승님은 마침내 동행을 허락했다. 나는 숙소에서 짬빠를 챙겨 왔다. 사원에서 산으로 통하는 길로 들어서면서 내가 가져간 것이라곤 그것뿐이었다. 뒤에서는 라싸에서 포탄 터지는 소리가 요란하게 들렸고, 우리 옆으로는 승려들과 마을 사람들의 행렬이 길을 메우고 있었다. 우리는 서둘러 발걸음을 옮겼다.

그 무렵 데붕은 완전히 라싸와 차단되었다. 중국인 병사들이 사원으로 통하는 길목을 지켰다. 아래쪽 마을에서 올라온 농부들은 가축을 데리고 사원 건물로 옮겨 갔다. 산으로 올라가는 길은 승려들과 가축을 몰고 가는 농부들, 아이들로 바글바글했다. 텐빠는 숨쉬기가 힘든 것 같다. 심장이 불규칙하게 뛰고 있었다. 몇 분마다 한 번씩 우리는 가던 길을 멈추고 쉬었다. 해가 지고 난 뒤 얼마 지나서 고갯마루에 다다랐고, 동굴 안에서 밤을 보내야 했다.

다음 날 아침 다른 날에 비해 더 커다란 폭발음을 듣고 잠에서 깼다. 중국인들이 사원을 폭격하고 있었다. 우리는 산 위에서 사원 경내에 포탄이 떨어지는 것을 지켜보았다. 어느 순간 텐빠를 돌아보았다. 그분은 울고 있었다. 포탄이 캄첸과 안마당, 사원 건물에 떨어질 때마다 연기와 먼지가 소용돌이치며 올라왔다. 하지만 우리는 지체할 여유가 없었다. 겐은 더 이상 걸을 수가 없게 되어 우리 셋이 교대로 업고 갔다.

며칠이 지나자 우리는 침차 링 사원에 닿았다. 그곳은 데붕의 승려들이 은신처로 이용하던 곳이었다. 그곳의 강원장은 예전에 텐빠의 제자였다. 강원장은 우리를 따뜻하게 환영해주었다.

"중국인들이 데붕 사원에 진입해 눈에 띄는 족족 승려들을 잡아들였답니다. 잡힌 승려들은 양손이 뒤로 묶인 채 강당에 갇혀 있대요."

들리는 소식은 모두 암울한 것들이었다. 한시라도 빨리 가동으로 가야 했다. 우리는 산봉우리의 경계표를 보고 길을 찾아갔다.

티베트에서 3월 날씨는 쌀쌀한 편이어서 도보 여행은 꽤나 고된 것이었다. 높은 산봉우리에는 아직 눈이 쌓여 있었고, 동틀 무렵은 냉기가 심해 지독하게 추웠다. 낮 동안에는 햇빛이 머리 위로 따갑게 내리쪼여서 약해진 몸은 쉬 진이 빠졌다. 오래 사귄 친구마냥 친숙한 산봉우리의 형체를 보며 빠남에 도착하기까지 거의 20일이 걸렸다. 텐빠는 긴장이 가시는 듯 보였고, 다른 친구들도 길을 떠나온 이래 그 어느 때보다 말을 많이 했다. 하지만 어떤 일이 우리를 기다리고 있을지는 아직 모를 일이었다. 중국인들이 여기까지 와 있지는 않을까. 우리는 마을 어귀에서 잠깐 숨을 돌렸다. 평상시와 다른 일이 벌어지고 있다는 징조는 없었다. 저녁 늦은 시간이어서 마을 사람들은 대부분 집 안에 있을 터였다.

우리는 사원으로 올라가는 길을 천천히 걸어가 마침내 사원 문을 넘어섰다. 승려 한 명이 안마당 한가운데서 개를 쓰다듬고 있었다. 우리가 나타난 것을 보고 놀란 모양이었다. 곧 승려들이 사방에서 달려나와 우리를 맞아주었다.

승려들은 이 허약한 노인이 겐 릭진 텐빠라는 걸 알고 깜짝 놀랐다. 옛날에 텐빠가 도착할 때는 트럼펫으로 취주를 울려 도착을 알렸고, 승려들은 이분의 축원을 받으려고 줄을 섰다. 그런데 지금은 아무런 준비도 없이 형식도 갖추지 않은 채 이분을 맞지 않았는가. 하지만 강원장 큰스님은 위엄 있는 격식을 잊지 않았다. 돌계단을 내려와 스승님 앞에 엎드려 절한 뒤 하얀 비단 카닥을 바쳤다.

가동에서는 라싸에서 어떤 일이 벌어졌는지 거의 알지 못했다. 이곳 승려들은 라싸에 떠돌던 소문에 대해서는 깜깜했다.

"라싸가 함락됐답니다. 달라이 라마께서 피신했대요!"

이런 소식을 알리려던 어떤 남자는 이웃 마을로 쫓겨났다. 티베트 사람들은 그런 것을 나쁜 징조로 여겼다. 하지만 이제 우리는 이곳 승려들에게 직접 본 참상을 모두 얘기해야만 했다.

우리는 모두 달라이 라마의 안전을 위해 기원을 드렸다. 우리는 강원장 큰스님의 인사를 받았다. 사원 임원들은 우리의 지친 목에 환영의 뜻으로 하얀 카닥을 둘러주었다.

4
스파이로 몰린 스승

가동에 있으면 안전할 듯했다. 빠남 사람들은 아무것도 변한 게 없는 것처럼 일상생활을 계속 해나가고 있었다. 여기 사람들은 고개를 숙이고 밭 가는 일을 계속할 수만 있다면, 그 어떤 천지개벽할 사건이 라싸에 일어나도 동요하지 않을 터였다. 마을의 일상생활은 수세기 동안 그래왔던 것처럼 계속될 것이었다.

나는 사원 꼭대기에 올라가 마을 전체를 내려다보았다. 노인들이 햇빛을 쬐며 앉아 있었고, 여자들은 밭에서 잡초를 뽑고 있었다. 젊은 남자들은 물길을 관리하고 있었다. 이런 광경은 내가 처음 사원에 들어온 이래 늘 봐오던 풍경이었다. 곧 닥칠 불행의 전조 같은 것은 전혀 보이지 않았다.

텐빠는 빠르게 건강을 회복해 가르치는 일을 다시 시작하였다. 인근 사원들이 자기네 사원의 승려들에게도 가르침을 달라고 초청을 했다. 그해 5월 나는 스승을 모시고 가동 사원 북쪽으로 멀리 떨어져 있는 인곤이라는 사원으로 향했다.

그곳 승려들은 라싸에서 일어난 탄압 소식을 전혀 모르는 것 같았다. 텐빠는 한 달여 동안 인곤에 머무르며 가르쳤다. 가동으로 돌아와 가족들을 방문한 다음 조용한 생활로 돌아갔다. 나는 겐 릭진 텐빠와 함께 라싸로 돌아가게 되기까지는 틀림없이 오랜 세월이 걸리리라는 것을 알고 있었다.

1959년 6월 중국인 장교 세 명이 통역자를 대동하고 마을로 들어왔다.

"티베트 돈을 가지고 있는 사람은 모두 중국 돈으로 바꾸시오."

중국인 장교들은 임시 사무실을 차리고 커다란 철제 가방 두 개를 갖다 놓았다. 그 가방에는 새로 발행한 중국 지폐가 가득 들어 있었다. 마을 사람들은 줄을 서서 티베트 돈을 건네주고 빳빳한 새 돈을 받아갔다.

중국인들이 갼체 사원을 점령하여 승려들을 모조리 잡아들였다는 소식이 들려왔다. 하지만 나는 여전히 가동에 있으면 안전하다고 생각했다. 우리 사원은 반란에 참여하지도 않았고, 라싸 봉기에서 내가 했던 일은 별로 눈에 띄지 않는 미미한 것이었다. 중국인들이 대체 무엇 때문에 우리를 추궁하겠는가? 7월에 나는 인곤으로 다시 가서 겐 릭진 텐빠를 모셔 왔다. 가동에서는 성대한 환영식을 열어 그를 맞이했다.

거지 같은 몰골로 사원에 도착한 게 불과 몇 달 전인데.

기분이 참 이상했다. 세상은 아무 일 없는 듯 평온해 보였다.

어느 날 아침 내 방에서 경문을 암송하고 있노라니 분노존을 모신 사당에서 느린 북소리가 들려왔다. 나는 암송을 멈췄다. 누가 내 방문을 두드렸다. 사미승 하나가 고개를 쑥 내밀었다.

"다들 안마당으로 모이랍니다."

사미승은 몹시 흥분해 있었다. 안마당으로 나갔다. 중국인 병사들이 사원 외벽을 따라 둘러 서 있었고, 승려들은 두려운 눈길로 그들을 바라보고 있었다. 병사들의 총에는 검이 달려 있었다. 몇몇 승려들이 탁자를 안마당으로 가져왔다.

"탁자 위에 꽃을 갖다 놓거라."

노승 한 분이 우리에게 지시했다. 사미승 하나가 꽃병을 가지러 부리나케 달려갔다. 중국인 장교들은 아무 말도 하지 않았다. 우리가 바쁘게 준비하는 것을 구경하고 있을 뿐이었다. 우리는 손님이 오면 하는 대로 장교들에게 차를 갖다 주었다. 그러나 장교들은 차를 사양했다.

승려들은 먼지투성이 안마당 바닥에 주저앉았다. 나는 겐 릭진 텐빠 옆에 주저앉았다. 중국인 장교들은 티베트식 탁자 뒤에 우리를 마주 보고 앉았다. 우리는 이 장교들이 누군지 알 수 없었다. 이들은 빠남 지구에 주둔하고 있는 간부들도 아니었고, 우리 사원과 안면을 튼 장교들도 아니었다. 지붕과 외벽에 있는 병사들은 자기 위치에서 우리를 내려다보고 있었다. 사원의 회벽에 그림자가 드리웠고, 병사들의 총에 달린 칼날의 실루엣은 사뭇 날카로웠다. 문을 지키는 병사들의 숫자는 더 많았다.

고위 장교가 일어섰다.

"반동분자 무리가 모국을 배반하고 달라이 라마를 납치했다!"

중국인 장교는 빠른 말투로 얘기하면서 주먹을 휘둘렀다. 그 장교는 가동 사원이 어디에 충성을 바칠 것인지 공개적으로 얘기해야 한다고 말했다. 뒤이어 이 지역에 사는 삼링이란 티베트 사람이 장교들 옆에 앉아 있다가 일어났다.

"가동 지역은 반동분자들과 한 패가 되었던 적이 있소."

우리는 숨죽이며 삼림의 말을 마저 들었다.

"가동 사원도 모국에 협조해야 한다는 사실을 저버린 적이 있소이다."

삼링의 말투에는 라싸 사투리가 배어 있었다. 우리는 기침 소리 하나 내지 않았다.

"승려들은 마음을 정결히 해야 하오. 인민의 진짜 적이 누구인지 알아야 한다, 이 말이오!"

그는 마치 선생님이 잘못을 저지른 아이들을 나무라듯 우리를 꾸짖었다. 삼링은 왔다갔다 걸어다니면서 이상야릇한 비난을 퍼부어댔다. 처음에 나는 삼링이라는 사람이 도대체 무슨 말을 하는지 알아듣지 못했다. 삼링은 대답을 기다리기라도 하는 것처럼 자주 말을 멈추었다. 그러더니 주머니에서 조그마한 수첩을 꺼내 중국인 장교에게 보여주었다. 장교가 고개를 끄덕이자 사원에서 직책을 맡고 있는 승려들의 이름을 소리내어 읽기 시작했다. 삼링은 이름이 불린 사람은 앞으로 나오라고 했다.

"재무 담당자 창조 텐빠 초펠, 부재무 담당자 최닥, 사감 틴레이……."

사람들이 앞으로 나오자 병사들이 다가섰다. 병사들은 라이플총을 승려의 얼굴을 향해 겨누었고, 그동안 다른 병사가 양손을 등 뒤로 돌려 단단한 금속 수갑을 채웠다.

이 모든 일이 눈 깜짝할 사이에 일어났다. 티베트에서는 이런 경우에 '심장이 입 밖으로 튀어나온다'는 표현을 쓰는데, 그때 내가 바로 그런 심정이었다. 공포가 엄습했다. 나는 겐 릭진 텐빠를 바라보았다. 그분의 눈가에 눈물이 맺혀 있었다.

하지만 수갑을 차고 우리 앞에 서 있는 승려들은 두려워하는 기색을 비치지 않았다. 이들의 표정은 이렇게 묻고 있었다.

"대체 우리에게 왜 이러는 거지?"

그것은 결백한 자가 지을 수 있는 표정이었다.

중국인 장교가 앞으로 걸어나오자, 삼링이 통역했다. 장교는 수갑을 찬 승려들을 손가락으로 가리키더니 말했다.

"이들이 도당들과 결탁했다!"

장교가 큰 소리로 욕을 하며 지나가는 동안, 승려들은 고개를 숙이고 조용히 서 있었다. 장교가 경고했다.

"너희들 중에는 죄를 털어놓고 대중의 뜻에 복종해야 할 사람들이 있다. 너희들은 양의 탈을 쓴 늑대다. 하지만 내가 곧 본색을 파헤치겠다. 그것은 시간문제다."

병사들이 총구를 겨누고 승려들을 데려갔다. 승려들은 어느 방에 감금되었다. 우리는 '강습회'에 참석해야만 했다. 중국인 장교들이 젊은 병사들의 호위를 받으며 도착했다. 장교들은 파란색 인민복을 입고 있었고, 오른쪽 가슴께 주머니에는 무슨 배지라도 되는 양 펜을 꽂고 있었다. 윗옷 주머니에 펜을 여러 개 꽂은 장교들도 있었는데, 우리 생각으로는 펜의 개수가 계급의 표시인 것 같았다. 펜을 가장 많이 꽂고 있는 사람이 틀림없이 가장 계급이 높은 장교일 거라고 생각한 것이다.

공산주의자들은 모두가 평등하다는 표시로 모두 똑같은 제복을 입어야 한다고 말했다. 하지만 그들은 옷 말고 다른 수단을 동원하여 계급을 표시하고 있었다. 고위 장교의 옷에는 주머니가 더 많이 달려 있었다. 중국인들은 자기네가 축출하려고 하는 티베트인 장교들보다 훨씬 더 계급과 지위에 민감했다.

강습회는 '주시'라고 하는 중국인 장교가 진행했다. 그 사람은 지역 위원회장이었는데, 얼굴색이 검고 피부가 튼 것으로 보아 오랫동안 티베트에 있었던 것 같았다. 건조하고 튼 피부는 히말라야 바람을 쐬었다는 증거였다. 주시의 강연은 '세 가지 착취계급'을 인식하는 것과 관계된 것이었다.

"티베트 사람들은," 장교가 입을 열었다.

"세 개의 산이 내리누르는 중압감 아래 살아왔다. 오늘날 우리는 이 세 개의 산을 없애버렸다. 티베트 역사의 새로운 장이 열린 것이다. 착취당한 민중은 수세기 동안 무위도식하고 살았던 지주들을 타도했다. 이제 하늘과 땅이 자리를 바꾼 것이다!"

우리는 또다시 어리둥절해졌다. 우리는 무지한 촌구석 승려들이어서 장교의 유식한 말이 도통 와 닿지 않았다. 착취당한 민중이라니? 세 개의 산이라니? 대체 무슨 말을 하는 거지?

장교는 설명했다.

"잘 들어라. 산이 내리누르는 것처럼 민중의 등을 짓누르던 세 개의 짐은 다음과 같다. 티베트의 구 봉건제 정부, 귀족 정치, 그리고 사원이다! 이 세 계급이 수세기 동안 티베트 민중을 억압하고 착취해왔다."

우리는 여전히 '착취'가 무슨 뜻인지 알아듣지 못했다.

"여러분을 착취하는 사람들을 알아보겠는가?"

장교가 물었다. 우리는 고개를 저었다. 장교는 잠깐 말을 멈추고 뭐라고 비유해야 할지 잠깐 생각하는 듯했다. 장교가 말을 이었다.

"민중의 착취란 목수가 대패를 이용하여 나무토막을 다듬는 것과 같다. 민중은 나무요, 착취자는 목수인 것이다."

우리는 여전히 멍한 채였다. 장교는 침착성을 잃었다. 장교는 우리가 이해하지 못하는 게 아니라 고집 부린다고 생각했다. 결국 강습회는 또 다른 경고로 끝을 맺었다.

"낡은 사고를 벗어던져야 한다! 여러분은 초록색 풋콩처럼 설익은 머리를 가지고 있어 세 개의 산을 이해하지 못하는 거다."

초록색 풋콩처럼 설익은 머리. 이것은 중국인들이 만들어낸 또 다른 관용구였다. 이 말은 나중에 욕설을 뜻하는 용어가 되었다.

다음 날 우리는 다시 불려 갔다. 강습이라는 말은 숭고한 일을 뜻하지만, 중국인들의 손길을 거쳐 품격이 떨어지게 되었다. 강습회는 우리를 일종의 격리 상태로 몰아넣은 다음 비난과 협박을 퍼붓는 것이 필수였다. 병사들이 사방에서 감시했다. 우리는 사원에 한 달 내내 갇혀 있으면서 매일 강제로 강습회에 참석해야 했다. 가축 떼를 몰아서 축사에 가두듯 마을 사람들을 억지로 들판으로 끌어내 강습회에 참석하게 하는 것을 내 방 창문을 통해 볼 수 있었다.

7월 말에서 8월 초는 바쁜 시기였다. 마을 사람들은 다가오는 추수 준비를 해야 했다. 하지만 그때는 아무도 보리밭을 돌보지 않았다. 중국인들이 농작물을 거둬들이는 것보다 더 중요한 일이 있다고 선포했기 때문이다. 나는 마을에 있는 가족들이 걱정되었다. 노약자들도 강습회에 참석해야 했고, 어린 아이라고 예외는 아니었다.

두 번째 강습에서는 '억압'과 '착취'의 차이점을 설명해주었다. 삼링이 중국인 장교의 말을 통역했다. 삼링은 목소리를 높여 이렇게 말했다.

"민중은 소가 멍에를 멘 채 움직이듯이 억압 속에 살았소. 소는 멍에로 통제되고, 멍에를 벗어날 도리가 없소이다. 티베트 민중은 봉건제도라는 멍에 아래서 살았던 것이오. 하지만 이제는 공산당의 도움으로 멍에를 떨쳐버리게 되었소."

우리가 억압과 착취 사이의 미세한 차이를 이해하는 것이 아주 중요한 문제인 듯했다. 그러면 승려들은 착취 당한 쪽일까 아니면 착취를 하는 쪽일까? 우리를 심문하듯 몰아세우는 중국인 장교들은 우리 대답에 좀처럼 만족하지 못했다. 장교들은 잘 훈련된 사람들이었고, 그 사람들의 주장은 기교를 한껏 부려 복잡했다. 중국 전역에서 마을 단위의 강습회를 열면서 기교를 완벽하게 연마한 것이다.

정오에 우리는 열 명씩 한 조를 이뤄 아침 강습에 대해 토론하라는 지시를 받았다. 나는 겐 릭진 텐빠의 손을 잡고 어느 조로 데려갔다. 우리 가운데 누구도 토론을 어떻게 시작해야 할지 몰랐다. 우리는 그저 자리에 앉아 서로를 쳐다볼 뿐이었다. 그러자 중국인 장교와 젊은 통역자가 와서 우리 조에 끼었다. 우리는 바닥에 앉아 있었고 중국인들은 모두 조그만 나무 의자에 앉아 있었다. 장교는 우리에게 구 봉건제도가 얼마나 파렴치한 것이었는지 설명해주었다. 그런 다음 계급의 본질과 계급 투쟁에 대해 설명하기 시작했다.

장교는 네 개의 계급이 있다고 말했다.

"지주, 부유한 농민, 보통 농민, 가난한 농민이 바로 네 계급이다. 당신네들은 어느 계급에 속하지?"

장교는 우리를 훑어보며 대답을 기다렸다.

"승려요."

내가 대답했다. 그러나 장교는 이 대답을 인정해주지 않았다.

"사원 내부에도 계급 차별이 있다. 당신네들은 아직 계급과 계급 투쟁에 대한 마르크스주의 개념을 파악하지 못했다."

장교는 못마땅하다는 얼굴로 이렇게 평가했다.

나중에 우리는 부유한 승려, 보통 승려, 가난한 승려로 분류되었다. 우리 가족이 부유했기 때문에 나는 부유한 승려에 속했다. 이것은 새로 열린 노동계급 사회에서 내 미래가 어둡다는 것을 뜻했다. 계급은 각자의 신분증에 인쇄되었다. 이윽고 계급이라는 꼬리표를 가지고 입학이나 취직을 비롯한 모든 것을 결정하게 되었다.

조별 토론은 무시무시한 심판이 되었다. 중국 장교들의 질문에 대답하는 일에는 누구도 예외가 없었다. 우리는 자신이 억압하는 쪽인지 착취 당하는 쪽인지 대답해야 했다. 무엇보다도 중요한 점은 자신이 어느 쪽에 속하는지 공개적으로 말해야 한다는 것이었다. 며칠 동안 우리는 질문을 피해보려고 했다. 결국 우리는 논의되는 주제를 전혀 이해하지 못했다는 것을 인정해야 했다.

하루는 또 다른 젊은 장교가 이 집회에 왔다.

"승려들은 억압 당한 쪽이 아니지." 그 장교가 말했다.

"어떻게 그럴 수가 있겠어? 동이 트면 빈 그릇을 들고 집회에 가서 누가 차를 주기만 기다리면 되는데."

장교는 특히 '빈' 그릇이라는 단어를 힘주어 말했다.

"하지만 그 차는 어디서 나온 걸까?"

장교는 누가 대답하기를 기다리는 것처럼 잠시 뜸을 들였다. 하지만 이제 우리는 그런 침묵은 그들이 가장 즐겨 사용하는 수법이라는 것을 알고 있었다. 장교는 그 질문에 몸소 대답했다.

"사원에 있는 모든 것은 티베트 민중들을 착취한 열매라고!"

집회와 강습회는 매일 열렸다. 우리의 침묵은 중국인들에게 좌절감을 심어주고 있었다. 중국인들은 우리가 고집이 센 것이라고 여겼다. 그들은 승려들이 서로 비난하기를, 그리고 계급 투쟁에 대해서도 하루아침에 이해하기를 기대하고 있었다. 보다 못해 중국인들은 새로운 방법을 도입했다. 가난한 집안 출신의 승려들이 모두 집회에 불려갔다.

"당신네들은 가난한 계급 출신이 아닌가? 그럼 억압받는 티베트 민중에 속하는 거다."

중국인 장교가 이렇게 설명하자 한 승려가 말했다.

"하지만 사원은 모든 사람들한테 친절했는데요?"

그러자 중국인 장교는 이야기할 빌미가 생겼다고 생각했는지 기뻐했다.

"그건 당신네들 생각이지. 마을 사람들은 사원을 나쁘게 얘기했어. 사원이 으뜸가는 민중의 착취자이자 억압자라고 했다고."

우리는 가족들과 만나는 것이 허락되지 않았기 때문에 그 말이 사실인지 확인할 도리가 없었다. 나중에 안 사실인데, 같은 시기에 마을 사람들은 우리가 마을 사람들을 기만해왔다고 고백했다는 말을 들었다고 한다. 우리에게서 서로 비난하는 말과 억압과 착취에 대한 고백을 이끌어내는 데 실패하자, 중국인들은 사람들을 처벌하기 시작했다. 첫 번째 희생자는 나처럼 부유한 집안 출신의 나이 든 승려였다. 중국인들은 승려의 소지품을 모두 안마당으로 가져왔다. 그리고는 그 옆에다 가난한 사람의 숙소에 있던 물건을 쌓아놓았다. 두 승려가 자신들의 세속적인 물건 옆에 조용히 가서 섰다. 중국인 장교는 소지품 더미를 손가락질하면서 비난의 연타를 날리기 시작했다. 나이 든 승려에게 질문이 퍼부어졌다. 중국인 장교는 승려의 소지품 중에서 두꺼운 밤색 모직옷을 들어올렸다.

"이건 어디서 나온 거지?"

장교가 단호하게 물었다.

"양모에서 나온 거죠."

승려가 대답했다.

중국인 장교는 이 간단명료한 대답에 당황했다. 장교는 통역하는 과정에서 뭔가 빠진 것이 틀림없다고 생각하여 통역자에게 눈길을 돌렸다. 통역자는 다시 한 번 질문했다.

"이건 어디서 나온 거지?"

"양에서요."

승려는 똑같이 대답했고 울기 시작했다. 우리는 모두 그 승려가 아주 정확하게 이성적으로 대답을 잘하고 있다고 생각했다. 하지만 승려의 대답은 틀린 것이었다. 농노들의 노동을 셈에 넣지 않았던 것이다. 변증법적 유물론과 계급론에 따라, 승려는 옷의 출처를 착취당한 농노들의 노동이라고 대답해야 했다.

우리는 항상 이런 수수께끼 같은 문답에 노출되어 있었다. 한번은 이런 질문을 받았다.

"누가 여러분을 길러주었는가?"

우리는 당연히 "어머니"라고 대답했다. 하지만 이것은 틀린 답이었다. 우리는 노동계급의 노동이 우리를 길렀다고 대답해야 했던 것이다. 중국인들은 우리가 둔한 것을 '초록색 풋콩처럼 설익은 머리' 탓으로 돌렸지만, 실제로 우리가 아둔해서 그런 것은 아니었다. 단지 우리는 강습회에서 쏟아지는 새로운 용어를 숙지할 준비를 하지 않았던 것뿐이다. 훨씬 나중에야 나는 변증법적 유물론과 계급론에 입각한 언어로 덮어씌워 대답하는 방법을 터득했다.

마을 사람들과 격리된 지 몇 달 뒤에, 중국인들은 우리가 이제 마을 사람들과 직접 만나야 한다는 결론을 내렸다. 8월의 어느 날 아침, 나는 구호 소리를 들었다.

"세 착취 계급을 타도하라!"

"반동분자들을 타도하라!"

창문을 내다보니 마을 사람들이 네 명씩 조를 짜서 티베트어와 중국어로 슬로건을 적어 넣은 널찍한 현수막을 들고 사원을 향해 행진하고 있었다. 마을 아이들 가운데 두 명이 커다란 붉은 깃발을 들고 몇 미터 앞에서 걸어오고 있었다. 행렬이 사원 문으로 통하는 좁은 길로 들어서자 반듯하게 정렬되어 있던 줄이 흐트러졌다. 마을 사람들은 발을 땅에 힘껏 디디면서 걸어와 발치에 먼지구름을 일으키고 있었다. 사람들은 고함을 지르면서 주먹을 꽉 쥐고 머리 위에서 휘둘렀다. 보통 사원을 방문하는 사람들은 사원 문 앞에 다다르면 머리를 숙이고 공손한 태도를 취했다. 그래서 마을 사람들 가운데는 이렇게 아우성을 치며 사원에 도착한 것 때문에 쩔쩔매고 불편해하는 사람들도 있었다.

중국인들은 사원을 전시장으로 탈바꿈시켰다. 마을 사람들은 사원의 재무 담당자인 창조 텐빠 초펠의 소지품을 구경하기 위해 가동으로 행진해 올라왔다. 재무 담당자의 숙소에 있던 물건을 모두가 볼 수 있도록 진열해 두었다. 고급 양모 두루마리, 보석이 박힌 은 램프, 우아한 중국산 능라비단, 공들여 만든 의식 도구, 안쪽을 은으로 입힌 목기 세트 따위가 사람들에게 공개되었다.

재무 담당자의 소지품 옆에는 가난한 승려의 소지품이 놓여 있었다. 부서진 찻주전자, 오래되고 투박한 목기, 누덕누덕 기운 이불, 닳아빠진 신발 같은 것들이었다.

"저 소지품 좀 봐!"

티베트 젊은이가 달뜬 목소리로 말했다.

"착취 계급은 꽤나 사치스럽게 사는걸. 비단옷을 입잖아. 노동자 계급의 눈물과 땀으로 만든 은제 컵으로 물을 마시는군."

그러고는 가난한 승려의 소지품을 가리키며 말했다.

"가난한 승려들은 이렇게 사는 거야. 추운 겨울밤에 덮을 거라곤 저 얇은 담요밖에 없잖아."

이제 계급론의 달인이 된 마을 사람들은 신호에 따르기라도 하듯이 비슷한 순간에 고개를 설레설레 저었다. 그리고 비슷한 순간 경악하며 숨막혀 했다. 우리도 한 줄로 늘어서서 안마당의 전시물을 봐야 했다. 아까 논평을 가하던 젊은이가 무척이나 분개한 목소리로 사원 내의 불평등에 대해 얘기했다.

재무 담당자 창조는 그 자리에 오지 않았다. 그는 몇몇 승려들과 함께 이미 수감되어 있었다. 우리는 이 사람들이 사원 밑에 만들어놓은 중국인 임시 막사에 끌려가 일하는 모습을 보았다. 창조의 어깨 위에는 양쪽 끝에 양철 바구니를 하나씩 매단 대나무 막대기가 올려져 있었다. 티베트에서 이런 식으로 물건을 지는 것은 생소한 방식이었다. 오후 내내 우리는 사원 재무 담당자가 대나무 막대기에 양철 들통을 달고 강까지 왔다 갔다 하는 것을 볼 수 있었다. 중국인들에게 끊임없이 물을 길어다주고 있었다.

'중국인들이 본색을 드러낸 시기.'

우리는 그 무렵을 그렇게 불렀다. 우리는 달라이 라마가 돌아와 모든 것을 제자리에 예전 그대로의 모습으로 복구시켜줄 거라는 희망에 의지하여 하루하루를 지탱했다. 태양이 구름 뒤에서 다시 모습을 드러낼 거라고 스스로를 타일렀다.

1959년 여름은 집회의 연속이었다. 탄핵 집회, 참회 집회, 반동분자들을 비판하는 집회, 제국주의자들을 반대하는 집회. 심지어 농노가 지주의 손아귀에서 고통받던 이야기를 해주는 것을 앉아서 들어야 하는 일명 '쓰디쓴 기억'의 집회도 있었다. 이런 집회에 나가면 우리는 으레 울어야 했다.

중국인들이 빠남의 토지를 재분배하기 시작했다. 그들은 우리 가족의 재산을 전부 몰수했다. 우리 가족은 부유한 지주 계급으로 분류됐고, 이는 우리가 가망이 없다는 얘기였다. 부유한 지주의 아들인 나도 물론 훌륭히 제구실을 하는 착취 계급의 일원이었다.

하지만 가난한 농부들 사이에 혁명적인 열성이 갑작스럽게 고조되었느냐 하면 그것도 아니었다. 쿤촉이라는 매우 가난했던 젊은이 생각이 난다. 그 젊은이는 쓰러져가는 집에 살고 있었고, 이 마을 저 마을 다니면서 닥치는 대로 일을 해서 생계를 꾸려가고 있었다. 농부들의 곡식을 방앗간까지 나르는 일도 흔히 했다. 하지만 중국인들이 쿤촉에게 토지를 분배해주었을 때 이 젊은이는 하나도 기뻐하지 않았다. 농사일을 좋아하지 않았기 때문이다. 이 젊은이는 서정적인 노래를 하나 만들었는데, 내 기억으로는 이런 가사였다.

"공산당은 후하기도 하지. 하지만 나는 땅이 필요 없다네! 날 가고 싶은 곳으로 가게 해주오!"

집회는 1959년 11월이 되자 막을 내렸다. 중국 장교들이 연설하기에
는 너무 추웠기 때문이 아니었나 싶다. 어느 날 우리는 줄을 서서 종이
를 한 장씩 지급받았다. 종이에 쓰인 글은 중국어라서 아무도 뜻을 몰랐
다. 우리는 이 종이를 항상 가지고 다니다가 장교들이 오면 보여주라는
지시를 받았다. 몇 달 후에 간체 출신의 어느 티베트 젊은이가 그 글귀를
해석해주었다. 종이에는 이렇게 쓰여 있다고 했다. "이름, 팔덴 갸초. 나
이, 27세. 계급, 부유한 지주의 아들. 정치적 경력, 조사된 바 없음."

마지막 항목은 사람들을 분류하는 방식이 지주니 빈농이니 하는 것
말고도 또 있다는 것을 보여주었다. 티베트 사람들 가운데 일부는 '짱마'
라고 불렸는데 이 말은 '깨끗하다'는 뜻이다. 누군가가 짱마라면, 그 사
람은 아마도 가난한 집안 출신으로 반중 활동은 전혀 해본 적이 없는 사
람일 터였다. '깨끗하지 않다'는 뜻인 '짱마 메빠'라고 불리는 사람들도
있었다. 나는 아직 어느 쪽으로도 분류가 되지 않았다. 당국이 아직 나의
정치적 경력에 대해 판결을 내리지 않았기 때문이다.

강습회를 주재하러 빠남과 가동으로 왔던 중국인 장교들은 짐을 싸서
간체로 떠났다. 우리 마을은 자치적으로 운영되도록 내버려두었다. 이
들이 도착했을 때와 마찬가지로 떠날 때까지도 우리는 중국인 장교들의
이름을 모르고 있었다. 우리는 장교들을 그저 중국인이라는 뜻에서 '갸
미'로만 불렀다. 이들은 절대 자기소개를 하는 법이 없었다. 서로를 언급
할 때에는 위원장이라든가 부위원장, 아니면 간사와 같은 직함을 불렀
다.

예전의 정상적인 생활로 돌아가게 되리라는 희망은 곧 산산조각이 났

다. 중국 당국에서 반동분자를 색출하는 일이나 당과 모국에 적이 되는 인물들을 제거하는 일을 장교들이 충분히 완수하지 못했다는 결론을 내렸기 때문이었다. 그래서 1960년 초에 중국인들은 재조사에 착수했다. 이것은 집회와 강습회가 더 많아진다는 것을 뜻했다. 정치적 경력이 아직 '조사된 바 없는 사람'으로서, 나는 이 새로운 작전의 표적이 되리라는 사실을 짐작했다.

중국인 장교가 거들먹거리며 사원 안마당으로 들어와 승려들이 시대에 뒤떨어진 봉건적인 방식을 고수하고 있다고 단언하던 순간을 기억한다.

"옛날 고릿적 티베트의 봉건 농노제는 사라져버렸다는 사실을 받아들여라."

장교는 단호하게 말했다.

"제국주의 국가 미국이 와도, 당신네들이 신주처럼 떠받드는 불보살들이 온대도 되돌릴 수 없다."

하지만 이런 얘기는 서론에 불과했다. 중국인 장교는 섬뜩한 질문을 했다.

"라싸 봉기 때 그곳에 있었나?"

아무도 입을 떼지 않았다. 장교는 눈에 띄게 실망하더니, 사원 전체가 반동 도당을 지지한 죄가 있다는 결론을 내렸다. 중국인들은 숙소에서 숙소로 옮겨다니며 숨겨놓은 무기가 없나 수색을 시작했다. 그러나 그들은 아무것도 찾아내지 못했다.

나는 삼촌의 숙사를 물려받았다. 겐 릭진 텐빠가 제일 좋은 방을 썼고, 강원장 큰스님은 그분을 돌봐드리는 일을 나에게 일임했다. 나는 그분에게 조반을 지어 올렸고, 편안하게 지내실 수 있도록 최선을 다했다. 겐은 이것저것 맞춰드려야 할 게 많은 분이 아니었다. 입맛도 까다롭지 않았다. 한집에서 얼굴을 맞대고 살게 되어 우리는 무척 가까워졌다. 그분은 인도 국민이므로 중국인들에게 본국으로 송환을 요청할 수도 있었다. 타쉴훈포와 라싸에 살고 있는 승려들 가운데 라다크나 스피티 출신 승려 다수가 이미 인도로 돌아갔지만, 텐빠는 가동에 남는 길을 선택했다.

라싸에서 새로운 조사단이 왔다. 새로 온 사람들은 더 강압적이고, 더 깨끗한 복장을 하고 있었다. 숙소를 수색하는 동안 스승님과 나는 안마당에서 기다렸다. 중국인들은 스승의 소지품을 보고 아주 흥분했다. 우리는 젊은 중국인 병사가 사진 한 장을 고위 장교의 손에 건네주는 것을 봤다. 중국인들은 방에서 나왔다. 20분 뒤 중국인들이 다시 나타나 우리쪽으로 왔다. 파란 옷을 말쑥하게 차려입은 장교가 거만하게 서서 우리에게 말했다.

"믿어지지 않지만, 아직도 죄를 인정하지 않고 당과 인민을 배반하는 활동을 한 사실을 숨기고 있는 사람들이 있다."

나와 텐빠를 말하는 것이 분명했다.

텐빠가 통역자에게 말했다.

"나는 인도 국민이요. 젊은 시절에 공부하러 라싸에 왔을 뿐이라오. 이 사람이 라싸에서 가동까지 오는 걸 도와주었소."

텐빠는 나를 가리키며 말했다.

"인도로 송환해주시오."

겐은 예의 바르게 송환을 요구했다. 하지만 통역자가 그 요구를 미처 다 전하기도 전에 장교는 빛바랜 흑백 사진 한 장을 내밀었다.

"이건 뭐지?"

장교가 해명을 요구했다.

그 사진은 인도 독립운동 지도자들과 함께 딱딱한 포즈로 서 있는 티베트인들 사진이었다. 1946년 3월에 티베트 정부는 고위급 인사로 구성된 대표단을 인도와 중국에 파견했다. 이들의 임무는 제2차 세계대전에서 승리를 거둔 연합군 측에 축하를 전하는 것이었다. 겐 릭진 텐빠는 성직자 대표로 뽑혀 대표단과 함께 인도에 갔고, 총독인 와뻴 경이 대표단을 맞아들였다. 인도는 그 무렵 바야흐로 독립을 쟁취하려는 시점이었으므로 티베트 대표단은 인도 민족주의자 대표들도 만났다. 중국인들이 몰수한 사진에는 네루와 간디, 두 사람의 모습도 담겨 있었다.

나는 방으로 돌아가는 텐빠를 따라가도 좋다는 허가를 받았다. 우리는 텐빠의 책과 소지품을 작은 가방에 챙겼다. 나는 그가 사원을 걸어나가 대기하고 있던 지프차로 가는 모습을 바라만 보았다. 그러다 갑자기 작별인사를 해야겠다는 생각이 들어 달려나갔다.

"한동안 시킴에서 지낼 걸세."

겐은 그렇게만 말했다.

"움직여, 움직여!"

중국 호위병이 총으로 그를 꾹꾹 누르며 명령했다. 그는 힘없이 지프차에 올라탔다. 그 뒤로 나는 겐 릭진 텐빠를 다시는 만나지 못했다.

병사가 나를 작은 방으로 데려갔다. 전에는 승려들이 쓰던 방이지만 이제는 그저 심문실에 불과했다. 가구라곤 나무 의자 세 개와 탁자로 쓰이는 높다란 나무 상자뿐이었다. 상자는 한쪽 밑에 괴어 넣은 접은 종이 덕분에 평평한 돌 바닥 위에서 평형을 이루고 있었다. 경비병 두 명이 문가에 서 있었다.

"나는 리아오다."

장교는 간단하게 자신을 소개했다. 장교의 얼굴과 입술은 메말라 있었고 군데군데 터서 갈라져 있었다. 물론 히말라야 바람의 흔적 때문이었다. 또 이 사이가 많이 벌어진 것이 눈에 띄었다. 장교는 담배를 연달아 피우며 꽁초에 남은 불로 다음 개비에 불을 붙였다. 티베트인 통역 갈첸은 낡아서 흔들거리는 의자에 앉아 지시를 기다리고 있었다. 리아오의 태도는 가차없고 부당한 것이었다.

"당신은 오랫동안 정체를 숨겼더군."

리아오는 짖는 듯한 목소리로 말했다.

"죄를 고백할 기회는 충분했어. 예전에 우리 당의 동무들은 엄청나게 너그러웠지. 그런데도 당신은 죄를 숨겼어. 이건 아주 심각한 일이야. 이제야 알게 된 사실이지만 당신은 모국을 배반하고 라싸 시위에 참여했더군."

장교는 말을 멈추고 담배를 한 모금 빨았다.

"공산당은 당신이 실수를 인정하는 한은 너그러울 거야. 당신이 잠깐 잘못 판단한 것을 눈 감아 줄 거란 말이지."

리아오는 담배 한 개비를 새로 꺼냈다. 그리고는 임시 탁자 위에 놓인 사진을 가리키며 말했다.

"이건 잊을 수가 없지."

리아오는 텐빠에 관해서, 그리고 그와 나와의 관계에 대한 상세한 정보를 다 알고 싶어했다. 나는 내 스승의 경력에 대해 알고 있는 것은 전부 말해주었다. 그것은 데붕 사원에서는 다들 아는 사실이었다. 그러나

리아오에게는 별로 인상적인 얘기가 아니었다.

"우린 그 작자가 인도 정부의 스파이였다는 걸 알고 있어."

리아오는 화난 목소리로 말했다.

"그렇지 않습니다. 스승님은 정치에는 손톱만큼도 관심이 없었어요."

나는 볼멘 소리로 항변했다. 하지만 중국인들은 이미 결론을 내려 놓고 있었다. 그들에게 겐 릭진 텐빠는 스파이였다.

"당신은 그 작자가 스파이라는 걸 알고 있었어. 틀림없다구."

리아오는 확신에 찬 어조로 주장했다.

"아니오. 그렇지 않아요. 그분은 훌륭한 스승이었습니다. 스파이가 아니었다구요!"

나는 중국인들이 유도하는 거짓 진술을 단호하게 거부했다.

몇 시간이 흘렀다. 리아오는 내 고집에 슬슬 초조해지는 눈치였다. 그래서 마침내는 경고하는 것으로 방법을 바꾸었다. 나중에야 그 경고라는 것이 중국인들 사이에 약방의 감초처럼 쓰이는 '표준 경고'라는 것을 알게 되었지만 말이다. 감옥생활을 하는 동안 그 얘기를 몇 번이나 들었는지 모른다.

리아오의 목소리가 갑자기 부드러워졌다. 통역자는 마치 리아오가 비밀 얘기를 털어놓았다는 듯한 어조로 말을 옮겼다.

"당의 방침은 알지?"

리아오가 물었다.

"모릅니다."

나는 대답했다.

"당의 방침은 관대해. 자백하기만 하면 더 이상 죄를 묻지 않을 거야.

하지만 계속 저항하면 당은 저지할 거다."

"겐 릭진 텐빠 스승님은 스파이가 아닙니다."

나는 다시 한 번 사실을 강조했다.

리아오의 목소리가 날카로워졌다.

"겐 릭진 텐빠는 스파이야, 스파이!"

"좋을 대로 말씀하세요."

지치고 화가 난 나머지 나는 이렇게 말해버렸다.

내 말이 끝나기가 무섭게 리아오는 뒤에서 나를 후려쳤다. 문가에 서 있던 경비 두 명이 양쪽에서 내 팔을 잡았다. 나는 통역자 걀첸이 뒤로 물러서는 것을 보았다. 겁에 질려 보였다. 경비들이 나를 발로 차기 시작했다.

"자백하겠나?"

리아오가 물었다.

"자백하겠냐고?"

"날 마음대로 해보시지!"

나는 소리를 질렀다. 믿을 수 없을 만큼 대범해졌다. 그러고는 의식을 잃었다.

경비들이 내 팔을 등 뒤로 돌려 밧줄로 묶은 다음, 밧줄 끝을 각목에 걸었다. 그리고 밧줄을 잡아당겨 내 팔을 위로 쳐든 뒤 팔 사이에 각목을 넣어 비틀었다. 나는 비명을 질렀다. 나도 모르는 사이에 오줌을 지리기 시작했다. 내가 지르는 비명소리와 경비들의 주먹이 내 몸에 쿵 하고 떨어지는 소리 말고는 아무것도 들리지 않았다.

잠시 후에 경비가 밧줄을 느슨하게 해주었고, 정신을 차리기도 전에

리아오가 다시 질문을 던지기 시작했다.

"이제 자백할 준비가 됐나?"

"전에 말한 것 외에는 아무것도 덧붙일 말이 없어요."

나는 대답했다. 리아오가 경비들에게 신호를 보냈다. 경비들은 나에게 수갑을 채우고 두 발을 모아 쇠사슬로 묶었다.

"신중하게 생각하는 게 좋을걸. 이제 그만 자백해."

리아오가 내 눈을 똑바로 쳐다보며 말했다.

중국인들은 나를 다른 방으로 데려가더니 혼자 내버려두고 갔다. 그날 오후에 티베트 남자가 먹을 것을 갖다주었다.

"자백하지 그래요?"

그 남자가 소곤거렸다.

"자백하지 않으면 죽일 겁니다."

남자의 목소리에는 두려움이 가득 묻어 있었다. 나는 아무 말도 하지 않았다.

심문은 며칠 동안 계속되었다. 나는 겐 릭진 텐빠와 나의 관계에 대해 했던 이야기를 몇 번이나 되풀이해 말했다. 중국인들은 내가 라싸 봉기에 참여했던 것에는 관심이 없었다. 그저 겐을 스파이로 몰아주기를 원할 뿐이었다. 하지만 어떻게 그럴 수 있단 말인가?

티베트 불교에서 스승과 제자 사이의 유대는 지극한 헌신과 믿음에 기반을 두고 있다. 나는 텐빠를 영혼을 이끌어주는 스승이라 여겼다. 그분을 배반하고 내가 어떻게 양심에 거리낌없이 살 수 있단 말인가? 그리고 만일 중국인들이 스승을 인도로 돌려보낸 것이 아니라면 어떻게 될 것인가? 만일 중국인들이 그를 어딘가에 수감해두고 있는데 내가 그분을 스파이라고 고발한다면 어떤 일이 벌어지겠는가? 그 모든 것을 떠나서 내게는 자백할 것이 없었다.

어느 날 아침, 경비들이 나를 일찌감치 깨우더니 다른 방으로 끌고 갔다. 키가 큰 중국인 장교가 위압적인 걸음걸이로 들어왔다. 길게 솜을 댄 모직 상의를 입고 있는 걸로 봐서 고위 장교인 것 같았다. 이 사람은 나중에 그 악명 높은 답치 감옥의 책임자가 된다. 하지만 그 무렵에는 '인' 위원장으로 알려져 있었다. 나는 항상 커다란 코를 보고 그 사람인 줄 알아보았다. 인의 뒤를 따라 젊은 여자 한 명이 방으로 들어왔다. 금니가 두 개 박혀 있고, 순한 라싸 말투를 쓰는 것으로 보건대 부유한 라싸 상인의 딸인 듯했다. 하지만 전통 복장이 아니라 중국 공산당 간부 제복을 입고 있었다. 나중에야 이 젊은 여자가 라싸에 있는 감옥의 책임자라는 사실을 알게 되었다. 여자의 이름은 돌카였다.

중국인 장교의 허리띠에 달린 권총집에는 권총이 들어 있었다. 돌카는 나에게 질문을 하기 시작했다. 먼저 내 이름을 물었다. 돌카는 수첩을 꺼내 나에 관한 세부 사항 몇 가지를 열거했다. 나는 고개를 끄덕여 말한 내용이 맞다고 확인해주었다.

"당신에 대해서는 전부 다 알고 있어요."

돌카가 이렇게 말하며 나를 쳐다보았다.

"무슨 일이 있었던 거죠?"

내 얼굴 여기저기가 시꺼멓게 멍든 것을 보고 돌카는 이렇게 물었다. 나는 대답하지 않았다. 돌카는 중국어로 인을 향해 차분하게 몇 마디 하더니 경비병에게 지시했다.

"수갑을 풀어줘요. 발을 묶은 쇠사슬도 풀어주고요."

돌카는 다른 티베트인 통역자들보다 훨씬 자신감에 차 있었다. 심지어 인에게 영향력을 행사하는 듯한 인상까지 보였다. 대화도 대부분 돌카가 이끌어갔다. 돌카가 말했다.

"여덟 살 때부터 지금까지 살아온 이야기를 죽 해봐요."

내가 진술하는 동안 또 다른 중국인 장교가 내 뒤에 앉아 내 말을 기록했다. 돌카는 내가 인이나 다른 장교에게 전할 말을 통역해야 할 경우에만 내 말을 막았다. 기록은 전부 중국어로 이루어졌다. 돌카는 며칠 동안 내 이야기에 대해 질문했다. 어떤 사항은 몇 번이고 되풀이됐다. 장교는 방 안에 우리와 함께 있으면서 기록해놓은 것과 내가 하는 말을 전부 대조 확인하며 진술에 모순이 있는지 살폈다. 나는 이야기를 몇 번씩 다시 하면서 조금이라도 다르게 말한 것에 대해 해명해야 했다. 장교가 기록을 수정하고 나자 나는 거기에 서명했다.

당국에서는 내 진술과 다른 승려들이나 마을 사람들의 진술을 비교 확인했다. 중국인들은 모두에게 이런 짓을 했다. 누가 진술을 하면, 그 사람의 형제자매, 심지어 조금이라도 관계가 있었던 사람들에게서 증언을 받아내어 그 사람의 진술과 비교하는 식이었다. 중국인들은 모든 사람들에 대해 상세하게 기록한 서류뭉치를 만들었다. 자기네들이 얼마나 철두철미한지 보여주려는 것 같았다.

"하지만 당신 남동생은 다르게 말하던걸?"

심문하는 사람이 이렇게 추궁하면 누구나 은근히 마음이 동요하기 마련이었다.

'이 사람들이 정말 모든 것을 알고 있나? 정말 동생이 그렇게 말한 걸까? 숨기고 있던 것을 얼마만큼 얘기해야 되지?'

마을 사람 그 누구도 이런 식의 심문에서 예외가 될 수는 없었다.

열흘 동안 돌카와 인은 한 번도 침착성을 잃지 않았다. 돌카는 교육을 잘 받고 자란 라싸 아가씨들이 그렇듯 얘기할 때 특히 깍듯하게 예의를 차렸다. 하루는 내 말을 기록한 수첩에 서명하라고 요구했다. 돌카는 기록 내용이 정확한지 다시 한 번 확인하기 위해 수첩을 되는대로 펼쳐 읽어주기 시작했다. 나는 수첩에 서명하고 마지막 페이지에 엄지손가락으로 지장을 찍었다. 중국인들이 수첩을 가져갔다.

"아직 해결 못한 문제가 하나 남아 있지."

인 위원장이 말했다.

"바로 인도 스파이 텐빠와 자네의 관계야."

방 안 분위기가 바뀌었다. 돌카는 나를 반동분자라고 부르기 시작했다. 인은 라싸 봉기에서 내가 한 일을 두고 나를 비난했다.

"이미 다 말했잖아요!"

지긋지긋한 심문에 나는 지쳐 있었다.

인이 내 얼굴을 세게 후려쳤다. 경비병 두 명이 다가오더니 강제로 바닥에 무릎을 꿇렸다. 그러고는 내 머리를 내리눌렀다. 인은 나에게 몸을 기울여 똑같은 말을 되풀이했다.

"자백해."

인은 권총을 꺼내어 내 관자놀이를 꾹 눌렀다.

"그렇게 계속 고집하다간 남은 길은 이거 하나밖에 없어."

나는 이런 고통스런 일을 계속 당하느니 죽는 게 낫다고 생각해 소리쳤다.

"죽여요! 차라리 날 죽여요!"

순간 인은 당황한 것 같았다. 돌카는 나를 발로 차기 시작했다. 경비병들은 욕설을 내뱉으며 내 팔을 밧줄로 묶었다. 그러고는 다시 밧줄을 각목에 걸어 나를 바닥에서 끌어올렸다. 나는 의식을 잃고 말았다. 정신을 차리자 손발이 묶인 채 바닥에 누워 있었다. 인이 방 안에 서 있었다.

"너 아주 아주 심각하구나. 너하곤 아직 얘기가 끝나지 않았어."

인이 말했다.

"넌 아주 무례한 반동분자야."

돌카가 말했다.

"난 조금도 망설이지 않고 당신을 쏘아 죽일 거야."

1960년 여름 어느 날 드디어 심문이 끝났다. 인과 돌카는 겐 릭진 텐빠에 대해 질문하기를 멈췄고, 나는 사원 안마당으로 끌려나왔다. 내가 맨 처음 충격받은 것은 승려들의 모습이 몹시도 지쳐 보였다는 것이다. 마치 그들 내부에 타오르던 불꽃과도 같은 정열이 다 사그라진 듯한 모습이었다. 다들 당혹스러워하는 모습이었다. 아무도 입을 열지 않았다. 나는 오랜 친구들을 거의 알아볼 수가 없었다. 내 친구들은 나를 알아볼 수 있었을까? 우리는 모두 승복이 아니라 평복인 추빠를 입고 있었다.

중국인들은 우리들 가운데 일곱 명을 사원 밖으로 끌고 나갔다. 손은 등 뒤로 묶여 있었고, 마치 산을 타는 사람들처럼 모두 기다란 밧줄 하나에 몸이 묶여 있었다. 빠남이 가까워지자 사람들이 우는 소리가 들렸다. 나는 새어머니와 아버지, 형제자매들의 모습을 마지막으로 바라보았다. 저들을 다시 볼 수 있을까. 가족들이 나를 지켜보는 안타까운 눈길을 피하려고, 고통스러운 마음을 숨기려고 고개를 푹 숙이고 걸어갔다.

우리는 빠남에서 몇 시간만 걸어가면 나오는, 노부쿵체라고 하는 작

은 사원으로 가게 되었다. 그리하여 '새로운 세상'에서 나의 투옥 생활이
시작되었다.

5
감옥 안의 수도승

옛날에 노부쿵체 사원을 딱 한 번 멀리서 본 적이 있었다. 그 사원의 역사에 대해 아는 것이라곤 한때 버려졌던 곳이라는 사실뿐이었다. 중국 인들은 사원 지붕에 목제 망루를 두 개 지어놓았다. 아직 십대로 보이는 병사들이 총구에 밀려 길을 올라오는 우리 모습을 힐끔거리며 보고 있었다. 수많은 병사들이 안마당에서 우리가 도착하기를 기다리고 있었다. 우리는 선임 장교에게 인계되었다. 경비병 두 명이 우리의 소지품을 수색했다.

나는 이불과 가족들이 구해준 옷 몇 벌을 가져왔던 터였다. 그리고 나에게는 가장 귀중한 재산이 있었다. 바로 1956년에 데붕으로 갈 때 형이 준 롤렉스 금시계였다.

"라싸는 먼 곳이다."

그때 형은 나에게 이렇게 말했다.

"혹시라도 어려운 일이 생기면 이 시계를 팔거라."

그것은 비상금과도 같은 것이었다. 승려들은 시계나 보석류를 몸에 걸치면 안 되기 때문에 롤렉스 시계를 실제로 차본 적은 없었다. 하지만 형의 충고를 마음에 새기고 항상 가지고 다녔다.

그러나 이제 노부쿵체에서 시계는 중국인들 차지가 되었다. 나는 시계를 빼앗겼다. 대신 길쭉한 종이를 한 장 받았는데, 그게 바로 시계에 대한 영수증이라고 했다. 경비병들이 우리 물건을 전부 몰수했다. 승려들이 매는 허리띠와 티베트 사람들의 평상복인 추빠를 묶을 때 쓰는 길다란 띠도 가져가 버렸다. 대신 바지를 묶으라고 끈 몇 가닥을 주었다.

나는 직사각형의 커다란 방으로 호송되었다. 매트리스 일곱 개가 먼지투성이 바닥에 널브러져 있었다. 방은 한때 호화롭게 꾸며져 있었던 듯했다. 하지만 이제 장식품의 칠은 모두 빛이 바래 있었다. 이불이 자욱한 먼지를 일으키며 바닥에 떨어졌다. 보초들이 내 이불을 바닥에 던져 준 것이다. 다른 수감자들이 달려와 손을 뻗치며 내 짐을 들어다 주겠다고 나섰다. 나를 자신들의 거처에 온 손님으로 환영하는 듯했다. 늙은 남자가 내가 있을 만한 자리를 찾아 이불을 깔아주었다.

나와 함께 있게 된 수감자들은 전부 평복 차림이었으나, 그 가운데 세 명은 머리가 아주 짧아 승려라는 걸 알아볼 수 있었다.

"어디 출신이요? 왜 잡혀 왔소?"

다들 내 이야기를 궁금해했다.

"우린 티베트 봉기에 참여했다고 이 꼴이 됐소. 그저 시위 현장 주변에서 미미한 일에 동참했을 뿐인데 말이오."

하지만 우리 생각과 달리 이것은 심각한 범죄였다. 아무리 작은 일이라도 중국인들에게는 공산당과 모국에 등을 돌리는 죄가 되었으니 말이다.

126

"공산당은 적을 무자비하게 뭉개버린다."

가동에서 우리는 그런 경고를 들은 적이 있었다.

노부쿵체에는 수감자가 2백 명에 달했다. 대부분 인근 마을 출신이었다. 나는 그곳에 수감된 여러 달 동안, 손과 발에서 수갑을 풀어본 적이 한 번도 없었다. 손을 등 뒤쪽으로 돌려서 수갑을 채워 놓아 누가 도와주지 않으면 먹지도 못할 정도였다.

다음 날 아침 나는 발의 위치를 바꾸다가 잠을 깼다. 경비병이 육중한 나무 문을 열고 홍차가 든 찻주전자를 넣어주었다. 우리는 홍차와 가족들이 넣어주는 음식으로 연명했다.

우리 형도 노부쿵체에 수감되어 있었다. 우리는 서로 얘기하는 것이 금지되어 있었지만, 안마당을 지날 때마다 눈빛을 교환했다. 나는 가족들이 어떻게 우리에게 음식과 요리할 연료를 보내주는지 걱정스러웠다. 어떤 수완을 발휘했는지는 몰라도 가족들은 짬빠와 버터, 캅세라고 하는 튀김과자를 정기적으로 넣어주었다. 가족들을 만나는 것은 허락되지 않았다. 가족들은 그냥 경비병에게 먹을 것만 넘겨줄 뿐이었다.

수감자 가족에게 비용을 떠넘기는 이 제도는 꽤나 영리한 것이었다. 중국인들은 수감자 가족들에게 입에 발린 얘기를 늘어놓았다.

"수감자가 어떤 처우를 받느냐 여부는 모두 가족에게 달렸다. 가족들이 자발적으로 당국에 협조하면 수감자는 편하게 지낼 거다."

이런 얘기를 듣고 무심해질 가족이 어디 있겠는가. 뒷바라지하는 가족들은 정기적으로 음식을 가지고 가서 챙겨주면 갇혀 있는 사람이 좋은 대우를 받을 거라고 철썩같이 믿었다. 하지만 사정을 알고 보면 여기에도 함정이 있었다. 정치적으로 의심스럽다는 이유로 유죄 선고를 받은 수감자와 오래 접촉한 가족들은 나중에 봉변을 당하기도 했다. 뒷날 문화대혁명이 일어났을 때, 옥바라지를 오래한 가족일수록 반동 사상을 가지고 있다고 몰렸던 것이다.

그곳에서 처음 맞은 아침, 열 시쯤 나는 심문을 받으러 불려나갔다. 중국인 장교는 황토색 군복 윗옷을 입고 있었지만, 바지는 고급 장교가 입는 파란색이었다. 나는 지금도 그 장교의 짧게 깎은 머리와 크고 둥그스름한 얼굴이 생생하게 떠오른다.

"내 이름은 둔둡이다."

티베트인 통역자는 자기를 소개했다. 중국인 밑에서 일하는 여러 티베트인들과 마찬가지로 둔둡은 초조해 보였고, 자신감도 별로 없어 보였다. 둔둡은 중국인 간부들이 입는 파란 옷을 입고 있었다. 심문은 늘 하는 질문으로 부드럽게 시작되었다.

"당의 방침에 대해선 알지?"

질문에 이어서 나오는 얘기는 귀에 못이 박힐 만큼 똑같았다.

"자백하면 당은 관대한 처분을 내릴 것이다. 하지만 자백을 거부하면 당은 용서치 않을 거야."

통역자는 이 문구를 시를 읽는 데나 어울릴 법한 부드럽고 리드미컬한 음성으로 말했다.

"관대하다는 말의 뜻을 아나?"

중국인 장교가 물었다. 나는 대답하지 않았다.

"관대함이란……."

장교는 말을 이었다.

"반동분자가 저지른 범죄를 당이 다 눈감아줄 수 있다는 얘기가 아니야. 누군가 사형을 당할 만하다고 판단되면 당은 종신형을 살게 하는 대신 사형선고 쪽을 택하지. 이런 것도 관대함으로 간주되어야 하는 거야."

나는 장교 말에 동의한 것도 아니면서 고개를 끄덕였다. 그들이 말하고자 하는 바가 결국은 협박이라는 걸 알아들었다는 표시였다.

다음 날 나는 더 어두컴컴한 방으로 불려갔다. 벽에 나 있는 좁은 창을 통해 빛줄기가 가느다랗게 들어왔다. 그나마 그 빛으로 나는 탁자 위에 놓인 의자와 커다란 막대기, 밧줄 등을 분간할 수 있었다. 방구석에는 수갑과 쇠사슬, 족쇄가 놓여 있었다.

중국인 장교는 여덟 살 이후의 내 생활에 대해 질문을 퍼붓기 시작했다. 내가 하는 대답을 다시 한 번 기록했고, 전에 했던 진술과 꼼꼼하게 비교했다. 장교는 특히 라싸 봉기가 조직적으로 계획된 것이었는지, 만일 그렇다면 누가 조직한 것인지 알아내려 했다. 장교는 특정 질문을 몇 번이고 반복해서 물었다.

"누가 당신을 지도했나?"

"함께한 친구들은 누구누구였나?"

그 당시에는 내가 이름을 댄 사람들이 모두 곧바로 용의선상에 오른다는 것을 꿈에도 몰랐다.

"나에게 3월 10일 노블링카 궁전 앞 시위에 가라고 지시한 사람은 없습니다."

"계속 거짓말을 할텐가?"

갑자기 장교는 주먹으로 탁자를 거칠게 쾅 내리쳤다. 장교는 수갑을 집어들고 내 얼굴 앞에 대롱대롱 흔들어 보였다. 나는 장교의 손이 조금만 움직여도 움찔 놀라 눈을 깜박거렸다.

"다시 한 번 묻겠다. 겐 릭진 텐빠를 알지?"

장교는 질문을 던진 뒤, 내 대답을 기다리지 않고 텐빠가 인도 스파이라는 비난을 퍼부어댔다. 하지만 나는 신기하게도 그의 이름이 언급되면 힘의 원천을 얻는 것 같았다. 스승의 이름은 알 수 없는 에너지를 전해주었다.

"네가 아무리 감싸고 돌아도 소용없어. 우린 이미 겐에게 불리한 증거를 확보했거든."

나는 장교의 말이 허풍이라는 것을 알고 있었다.

"궁금한 게 있으면 겐에게 직접 물어봐요."

나는 더 이상의 답변을 거부했다.

"증거는 여기 다 있어. 허튼 수작 말아."

장교는 수첩을 톡톡 두드리더니 그렇게 말했다. 하지만 나는 그들의 고발을 확인해주지 않았다.

장교는 펜을 집더니 탁자 끄트머리에 갖다 놓았다. 펜의 몸통이 반은 탁자에 걸쳐 있고, 나머지 반은 허공에 붕 떠 있었다.

"너 역시 이 펜처럼 위태위태한 상황이다. 자백만이 널 구할 수 있는 유일한 길이야."

그것이 마지막 경고였다.

경비병 두 명이 라이플총의 개머리판으로 내 등을 가격하기 시작했다. 나는 의자에서 떨어져 무릎을 바닥에 꿇었다. 온몸이 떨렸다.

"자백해! 어서 자백하라고!"

중국인 장교는 고함을 질렀다. 둔둡은 중국인들과 함께 나를 구타하면서 장교의 명령을 티베트어로 통역해주었다.

중국인들은 내 영적인 스승을 고발하라고 요구하고 있었다. 하지만 어떻게 내가 스승에게 해가 되는 일을 할 수 있겠는가? 텐빠가 어떻게 되었는지 나는 전혀 몰랐다. 이곳에 억류되어 있는지, 아니면 인도로 이송되었는지 전혀 몰랐다. 고백컨대, 나는 정치적 의미를 띨 만한 행동은 아무것도 한 게 없었다. 그리고 아무리 나를 때린다 해도 스승을 터무니없는 죄목에 옭아넣을 수는 없었다.

얼마 지나지 않아 나는 공산주의자들이 '자백'이라는 것을 엄청나게 강조한다는 걸 알게 되었다. 집회란 집회는 모두 자백의 미덕을 찬양하고, 중국 인민해방군을 거스르는 것이 얼마나 어리석은 일인지 설파하는 것으로 시작되었다. 티베트인들이 인민해방군에 저항하는 것을 두고 계란으로 바위 치기에 비유하던 중국인 장교가 생각난다.

하지만 어찌 됐건 수감자들은 모두 자신의 죄를 자백해야만 했다. 중국인들은 수감자가 자백을 해야 비로소 자신들이 할 일을 다했다고 믿었다. 티베트인을 체포할 때마다 중국인들은 적당한 죄를 찾아내어 감옥에 가둬버렸다. 그런 뒤 알고 있는 속임수를 전부 동원해 자백을 끌어냈다. 그 사람의 가족과 친구, 그 사람과 조금이라도 관계가 있는 사람들까지 찾아내어 불리한 증거를 모았다. 그래도 소용이 없으면 그 사람을 반동분자로 고발할 각오가 되어 있는 사람을 찾아냈다. 그 사람이 어디에 살고 있건 상관없었다. 어떻게든 가까운 사람을 찾아내어 협박했다.

노부쿵체에는 쏨쉬 왕걀이라고 하는 빠남 출신 수감자가 있었다. 쏨쉬는 아주 완강하게 자백을 거부했다. 중국인 장교가 왜 체포됐는지 말해주지 않은 까닭에 그는 무엇을 자백하라는 것인지도 알 수 없었다.

"난 아무것도 나쁜 짓 한 게 없어요."

쑴쉬는 이 말을 몇 번이고 반복했다.

그러던 어느 날 쑴쉬는 아내가 모든 것을 자백했으며, 자신을 반동분자라고 고발했다는 얘기를 들었다. 중국인들은 그가 빠남에서 어떤 여인과 내연의 관계를 맺고 있었다는 사실을 알아냈다. 중국인들은 이것을 그의 아내에게 폭로했고 아내는 분노에 차서 사실을 털어놓았다.

"캄빠 게릴라 몇 명에게 묵을 곳을 마련해주었어요."

쑴쉬의 아내는 자신이 이용당하는 줄도 모르고 이렇게 말했다. 쑴쉬는 그 캄빠들이 피난민인지 투사인지조차 몰랐지만, 어쨌든 그 정보는 중국인들이 필요로 하던 것이었다. 처음에 나는 당국이 자백을 얻어내려고 강요하는 것에 당황했다. 하지만 곧 이것이 공산당 방침에 중요한 요소라는 것을 깨닫게 되었다. 죄를 인정하는 것은 '당은 옳고 나는 그르다'고 말하는 것과 다름없었던 것이다. 자백이 진실이냐 아니냐는 그리 중요한 문제가 아니었다. 중요한 것은 당이 인민의 적을 또 한 명 제거했다는 사실을 입증해내는 것뿐이었다.

마침내 나는 라싸 봉기의 현장에 있었다고 인정했다. 그것은 내게 별로 중요한 문제가 아니라는 생각이 들었기 때문이다. 결국 중국인들이 라싸 봉기 참가자들을 모두 체포하려 한다면 라싸에 사는 사람 전부를 검거해야 할 것이었다. 하지만 아무리 구타를 당해도 내 스승을 고발할 수는 없었다. 내게는 라싸에서 일어난 3월 봉기에 참여했다는 죄목이 붙었다.

어느 날 아침, 우리는 전부 안마당에 줄지어 서게 되었다. 수많은 중국인 관리들이 새로 도착한 것이었다. 선임 장교들 가운데 한 명이 계단에 서서 조사가 다 끝났다고 발표했다. 우리는 군사재판을 통해 유죄 선고

를 받았다. 라싸 봉기 이후로 티베트 전역이 중국 군대의 통치 하에 놓였
으며 사법권은 군법재판소에 있었다.

"팔덴 갸초."

내 이름이 불렸다. 나는 앞으로 나가 종이를 한 장 받았다. 첫머리는
빨간 잉크로 써 있었다. 나머지는 굵고 검은 한자였다. '갼체 군부'라는
말만 티베트어로 써 있었다. 나는 그 서류가 뭔지 알 수 없었다. 모임이
끝나고 수감자들은 종이를 들고 앞서거니 뒤서거니 젊은 티베트인 통역
자에게 달려갔다. 그 젊은이는 서류를 하나씩 훑어보고 각 서류에 명시
된 햇수를 읽어주었다. 내 서류를 보고 젊은이는 큰 소리로 말했다.

"7년."

그때 내 형량을 읽던 젊은이의 목소리를 영원히 잊지 못할 것이다.

형을 선고받고도 나는 두렵지가 않았다. 왜냐하면 언젠가는 이러한
곤경이 끝나고 자유의 몸이 되리라는 확신이 있었기 때문이다. 내가 겪
고 있는 고초는 마치 꿈속의 일처럼 생각되었다. 나만 이런 생각을 했던
것은 아니다. 수감자들은 모두 달라이 라마가 인도에서 라싸로 돌아오면
자유롭게 풀려나리라고 믿었다. 그 무렵 나는 30년도 넘게 감옥에 갇혀
있게 될 줄은 꿈에도 몰랐다. 그것은 상상조차 할 수 없는 세월이었다.

우리는 중국 군사재판을 통해 공식으로 형을 선고받았다. 공판도 없
었다. 다만 손에 든 얇은 서류가 일종의 절차가 있기는 있었다는 유일한
표시였다. 모든 것이 비밀리에 결정되었다. 나에게 항소할 권리 따위는
없었다. 나는 7년 형을 선고받고, 반동분자라는 꼬리표를 달았다. 그것
은 형기를 마쳐도 3년 동안 모든 정치적 권리를 박탈당하게 된다는 것을
뜻했다.

결국 당이 이긴 것이다. 공식 심문은 끝났다. 얼마 동안은 더 이상 구타도 없었다. 하지만 질문은 끝도 없이 계속되었다. 우리는 매일 또 다른 심문을 받았다.

"무슨 생각을 하는지 말해!"

"아직도 공산주의에 반대하고 있나?"

질문 하나하나가 신경을 갉아대는 쥐와 같았다.

공산주의 체제 하에서 투옥되는 것은 단순히 벌을 받는 데서 끝나는 것이 아니었다. 노동을 통해서 스스로를 개조해야 했다.

사고방식을 개조하라.

이것이 우리에게 내려진 첫 번째 과제였다. 나는 예전의 티베트에 대한 기억을 모두 버리고 새로운 사회주의 세상에 대해 학습했다. 우리의 노동은 새로운 세상을 구축하는 데 기여해야 했다.

우리는 일을 해야 했다. 매일 아침 우리는 이름이 불려지는 대로 줄을 서서 말을 방목하는 들판으로 걸어갔다. 마을 사람들은 몇 년 전 이 들판이 불모의 땅으로 처치 곤란하다고 생각하고는 현명하게도 방목장으로 남겨두었다. 하지만 중국인들은 이 땅을 갈아 뭔가를 재배해야 한다고 결론 내렸다.

1961년 쌀쌀한 봄에 우리 여섯 사람은 커다란 철제 쟁기를 들고 강제로 들판으로 나갔다. 쟁기를 어떻게 끌지 방법을 생각해내야 했다. 우리는 밧줄로 세 명씩 한 줄로 묶여 있었다. 젊은 인민해방군 병사가 쟁기 뒤쪽에 서서 무게를 실어 쟁기 날이 땅에 박히도록 했다.

병사는 일을 즐기고 있었다. 전차를 모는 사람처럼 쟁기에 올라 우리가 열심히 끌고 있는 것 같지 않다는 느낌이 들면 채찍으로 등을 사정없이 내리쳤다. 점심을 먹을 때만 간신히 쉴 수 있었지만, 이때조차 사회주의 교육을 받아야 했다. 관리가 〈인민일보〉를 읽어준 다음 전 세계 사회주의 국가와 그곳 지도자들에 대한 이야기를 해주었다.

알마니아, 불가리아, 체코슬로바키아, 폴란드, 루마니아, 유고슬라비아…….

우리는 형제 국가들의 이름을 알게 됐다. 구 소련의 이름도 명단에 있었다. 소련은 그 무렵 중국의 친구 나라였다. 우리는 또한 사회주의의 적으로 간주되는 나라도 기억해야 했다. 그 가운데 으뜸가는 곳은 물론 제국주의 미국과 영국이었다.

마르크스, 엥겔스, 레닌, 스탈린, 마오쩌둥…….

우리는 위대한 사회주의 지도자들의 이름도 알아야 했다. 이 사람들의 커다란 초상화가 눈에 잘 띄는 곳에 걸려 있었다. 특히 스탈린은 더욱더 존경받는 것 같았다. 나중에 문화대혁명 때에는 마오쩌둥의 초상화가 눈에 가장 잘 띄는 벽을 차지했다.

우리는 그 들판에서 다섯 달 가까이 일했다. 날마다 울퉁불퉁한 돌투성이 땅을 쟁기로 밀었다. 쟁기 날이 땅에 박힌 돌을 갈 때 내는 소리는 끔찍하게 듣기 싫었다. 우리에게 위안이 되는 것은 가족들이 보내오는 음식이었다.

우리가 라싸로 이송된 것은 틀림없이 1961년 7월쯤이었을 게다. 어느 날 아침 밭에 있다가 예고도 없이 호출을 받고 감옥으로 돌아왔다. 다른 수감자들은 이미 안마당에서 기다리고 있었다.

"이불을 챙겨라."

병사가 명령했다. 이불 보따리를 가지고 나오자 사오십 명의 중국인 병사들이 안마당에서 수감자들을 에워쌌다. 군용트럭 다섯 대가 사원 바깥에 멈췄다. 이불뭉치는 트럭 한 대에 모두 실렸다.

병사들은 우리의 손을 등 뒤로 돌려 조잡한 밧줄로 묶었다. 그 조악한 수갑 때문에 손을 쓸 수 없게 된 수감자들이 트럭에 오르려고 애쓰는 광경을 보고 웃어야 할지 울어야 할지 몰랐다. 수감자들은 비틀거렸다. 몇 명이 웃었다.

하지만 병사들은 참을성이 없었다. 두 병사가 어느 수감자의 어깨를 잡더니 트럭 뒤칸으로 던지다시피 구겨 넣었다. 나도 똑같은 방식으로 트럭 안으로 밀쳐졌다. 서른 명의 수감자가 트럭 뒤칸에 빽빽하게 들어찼다. 우리는 몸을 이쪽 저쪽으로 움직여 최대한 편안한 자세를 만들려고 했다.

젊은 병사 네 명이 신경질적인 모습으로 총을 만지작거리며 뒤에 앉아 있었다. 트럭 위에는 병사들이 훨씬 더 많았다. 그리고 또 한 무리의 병사들이 우리들 사이에 솟아있는 단 위에 앉았다.

자동차 앞유리 양편에 커다란 붉은 깃발이 꽂혀 있었다. 트럭 지붕에도 붉은 깃발이 펄럭이고 있었다. 일단 도로로 들어서자 트럭은 곧 속력을 내기 시작했다. 병사들은 북을 치고 심벌즈를 울렸다.

"노래 하나 해보지?"

심심한지 병사들이 우리에게 노래를 시켰다. 우리가 부를 수 있는 노래는 단 하나 '사회주의는 좋은 것'이란 노래였다. 공산주의자들에게 이 노래는 성가와 같았다. 노랫말에 대해서 말하자면 재미있는 노래라고 하기는 힘들다.

사회주의는 좋은 것.

　　사회주의는 좋은 것.

　　사회주의 사회에서 인민은 존경받네.

　　반동분자들을 뿌리 뽑자.

　　제국주의자들이 도망치고 있네.

　　다리 사이에 꼬리를 감추고 도망치는 개처럼.

　　중국의 인민들아 한데 뭉쳐라.

　　거센 파도처럼 사회주의를 솟구치게 만들자.

　사회주의에 대해 반감을 품고 있다고 비난받지 않으려면 굉장한 열의를 담아 이 노래를 불러야 했다. 우리는 목소리를 한껏 높여 '사회주의는 좋은 것'을 불렀다.

　뒷날 이 노래는 또 다른 이유로 유명해졌다. 어느 티베트인 수감자 때문이었다. 이 사람은 자기가 체포되었다는 것을 가족에게 알릴 방도가 없었다. 그래서 밭에서 일하다가 자기 마을 사람인 다걀이 지나가는 것을 보고 기회는 이때다 싶어 '사회주의는 좋은 것'의 곡조에 맞춰 노래를 불렀다.

　　다걀이여,

　　다걀이여,

　　내 아내 롭닥에게 말 좀 전해주겠나?

　　내가 잘 지내고 있다고 전해주게나.

　　아이들 잘 키우라고.

내 걱정 하지 말라고.

내가 라싸로 끌려왔다고 말해주게나.

라싸로 끌려왔다고.

중국인 보초들은 곡조만 알고 있었기 때문에 가사가 조금 달라도 알아채지 못했다. 이 노래에는 이처럼 서글픈 사연도 들어 있었다.

트럭은 속력을 내어 달렸고, 붉은 깃발은 바람에 나부꼈으며, 엔진 소리는 드럼과 심벌즈 소리 때문에 크게 들리지 않았다. 밭에서 일하던 사람들이 우리를 보고 손을 흔들었다. 아마도 우리가 공연단이나 그 비슷한 무리일 거라고 생각하는 모양이었다. 트럭이 수감자로 가득 차 있다는 사실을 알 리 없었다.

이틀 후에 우리는 따룽 닥이라는 라싸 외곽의 어느 마을에 도착했다. 중국인들은 평화롭던 이 마을을 커다란 군대 막사로 바꾸어 놓았다. 우리는 처음으로 죄수복을 받았다. 구식 군복이었는데, 주머니는 찢어진 데다 원래의 황갈색 위로 남색 염료가 여기저기 잔뜩 얼룩져 있었다.

우리는 다시 답치로 향했다. 라싸 변두리 지역에 위치한 그곳은 예전에는 티베트 수비대가 있던 곳이었다. 그날 밤 우리는 넓은 방에 한데 모여 다리를 뻗지 못하고 웅크린 채 잠들었다. 하루 종일 먹지도 못한 채 트럭을 타고 오느라고 몹시 지쳐 있었다.

다음 날 아침 거구의 사내가 문을 열고 지시했다.

"수감자 두 명 나와서 식당에서 차를 받아 와라."

내 짐 속에는 가족들이 보내준 짬빠가 있었는데 이것을 홍차에 버무려 먹었다. 곧 방 안 분위기가 느긋해졌다. 다들 잡담을 나누고 있었다.

방문을 계속 열어두어서 우리는 마음대로 들락거릴 수 있었다. 처음에는 방 밖으로 나가길 꺼렸지만, 점차 한 명씩 한 명씩 새로 지낼 감옥을 돌아다니기 시작했다.

서로 어깨를 밀쳐야 할 정도로 수감자가 빼곡하게 들어차 있었다. 티베트 군인들도 볼 수 있었는데, 이들은 이제 중국인들의 포로 신세였다. 바짝 깎은 머리로만 알아볼 수 있는 승려들도 수백 명 있었다. 답치에는 6천 명도 넘는 사람들이 수감되어 있는 것 같았다.

며칠 동안 우리는 심문이나 집회, 노역도 없이 방치되어 있었다. 우리는 긴장을 풀기 시작했다. 나는 먼저 와 있던 데붕의 승려들을 많이 알게 되었다. 우리는 햇빛을 쐬며 서로 어떻게 지냈는지 얘기하기도 하고, 정보가 될 만한 것들을 교환하기도 했다.

이느 날 저녁, 내가 임시 숙소로 돌아오니 같은 방 사람들이 말했다.

"자네 없는 동안 집회가 있었다네. 중국인 장교가 우리 이름과 세부 정보를 조사해 갔어."

다음 날 아침 이름이 호명되었다. 호명된 사람들은 장소를 옮긴다는 지시를 받았다. 내 이름은 명단에 들어있지 않았다.

수감자들은 티베트와 중국에 있는 여러 감옥으로 이송되었다. 노부쿵체부터 함께 해온 나의 동료들은 콩포로 옮겨 갔는데, 그곳은 티베트 남부의 울창한 밀림 속에 위치한 외딴 감옥이었다. 콩포는 뒷날 죽음의 수용소로 이름을 떨치게 된다. 수많은 동료들이 그곳에서 굶주림과 질병으로 숨을 거뒀다.

얼떨결에 내 이름이 누락되는 바람에 나는 콩포행에서 구제될 수 있었다. 대신 나는 노역 조에 들어가 라싸 분지 이곳저곳을 옮겨다니며 중국 군대를 위한 건설작업에 투입되었다.

우리는 들판에 캔버스 천으로 만든 텐트를 줄줄이 치고 야영을 했다. 몇 가지 개인 소지품과 이불 말고는 생필품이 아무것도 없었다. 초창기에는 담요를 지급해주지 않았기 때문에 자기 이불이 꼭 있어야 했다. 텐트를 에워싼 철조망이 너무 촘촘하게 얽혀 있어서 손 하나 빠져나가지 못할 정도였다. 철조망 더미를 움직여 밀 수 있게 붙여놓고 문으로 사용했는데, 병사 두 명이 밤이고 낮이고 지키고 있었다. 다른 보초들은 라이플총을 어깨에 메고 막사 경계선을 따라 걸어다녔다.

매일 아침 우리는 막사에서 그날 일할 건축현장까지 걸어갔다. 중국인들은 티베트에 도로를 만들고 공공시설을 짓는 데 절대 시간을 낭비하지 않았다. 먹을 것과 다른 생필품이 절대적으로 부족했다. 우리를 처벌하려고 그런 것인지, 아니면 처리해야 할 수감자 수가 엄청나서 미처 준비하지 못한 것인지 알 수 없었다. 필요한 도구는 알아서 해결해야 했다. 쉬운 일이 아니었다. 대부분 예기치 않게 붙잡혀 오느라 숟가락이나 컵, 그릇 같은 것들을 챙길 정신이나 시간 여유가 없었다.

당연한 얘기지만, 담을 그릇이 없으면 먹지도 못했다. 운 좋게 나무 그릇을 가져온 수감자들도 있었다. 하지만 나무 그릇은 곧 갈라져서 못 쓰게 되었다. 티베트 사람들이 줄곧 마시는 버터 차를 담으면 그릇에 기름이 끼어 윤이 나게 마련이었다. 하지만 감옥에서 주는 뜨거운 국을 담게 되면 윤이 가시고 기름기도 없어져 그릇이 갈라지기 시작했다.

식량 문제는 곧 따룽 닥에서 심각한 문제가 되었다. 내가 어디 있는지 모르니 가족들도 더 이상 음식을 넣어줄 수 없었다. 먹을 것에 대한 생각이 머릿속을 떠나지 않았다. 모두들 먹을 만한 것을 찾는 데 온통 정신이

쏠려 있었다.

아침식사로는 홍차를 받았고, 저녁식사로는 양배추를 썰어 넣은 묽은 국을 한 그릇 받았다. 이 식단은 늘 똑같았다. 저녁에 다음 날 먹을 쨤빠를 100그램 남짓 배급받긴 했지만, 사람들은 오래 기다리지 못하고 그 자리에서 먹어버리곤 했다. 이렇게 먹어버리면 다음 날 점심에는 쫄쫄 굶어야 했다.

저녁마다 우리는 잡탕국 한 국자를 받았다. 운 좋게 큰 그릇을 가지고 있으면 한 국자를 몽땅 먹을 수 있었다. 하지만 작은 그릇밖에 없으면 반 국자밖에 얻지 못했다. 한 번 더 받는 일은 있을 수 없었다. 모든 것이 결국 그릇의 크기에 달려 있었다.

이런 현실 때문에 식기는 감옥에서 가장 귀중한 재산이 되었다. 원래 중국인 병사들이 배급품으로 받았던 낡은 철제 깡통을 손에 넣은 수감자도 있었다. 우리는 이 귀중한 깡통에 남아있는 음식 찌꺼기를 문질러 긁어냈다. 깡통은 빨리 녹슬었다. 한 달 정도만 지나면 구멍이 생겨 못 쓰게 되었다. 수감자들은 깡통을 두드려서 크기가 좀 작아지더라도 모양을 바꾸어 다시 쓸 만하게 고쳐보려고 애썼다.

수감자들 사이에 가장 선망의 대상이 되었던 것은 아연도금이 된 깡통이었다. 깡통 안쪽의 누르스름한 빛깔은 부식방지 처리가 되었다는 것을 뜻했다. 그런 깡통은 너무 자주 물에 헹구거나 까끌까끌한 솔 같은 것으로 문지르면 안 됐다. 누르스름하게 착색된 것이 벗겨지면 바로 녹슬어버려 다른 싸구려 깡통과 마찬가지로 구멍이 생기기 때문이었다.

아연도금이 된 깡통은 원래 돼지고기를 담았던 것이었다. 가뭄에 콩 나듯 깡통 접합 부분에 실처럼 가느다란 고기 조각이 걸려 있을 때도 있었다. 그런 깡통을 손에 넣으면 마치 특별 진미인 양 맛을 볼 수 있었다.

나는 이런 깡통을 군대 막사 근처에서 발견했다. 아연도금 깡통은 보물처럼 소중한 것이었다. 그래서 항상 넣어 다닐 수 있도록 모직 주머니를 만들기까지 했다. 산호나 터키석, 금 귀걸이 같은 것을 주고 아연도금 깡통으로 바꿔 올 수도 있었다. 살아남는 것이 유일한 관심사인 수감자들에게 보석은 별 가치 없는 물건이었다.

식량 부족은 곧 엄청나게 중요한 문제로 떠올랐다. 보잘것없는 양의 짬빠 배급으로는 목숨을 이어갈 수 없었다. 내 몸무게를 지탱하기도 힘들었다. 이렇게 굶주림이 시작됐다.

잠에서 깨어난 어느 날 아침, 나는 두 수감자가 밤 사이에 죽은 것을 발견했다. 오래지 않아 우리는, 다음 날 눈을 떴을 때 누가 살아 있을지 모르는 채 잠이 들게 되었다. 그곳 생활은 나를 단련시키는 데 도움이 되었다. 나는 배급받은 짬빠를 잘게 나누어 시간을 정해 놓고 한 입씩 먹었다. 신발의 가죽을 삶아 걸쭉한 죽을 만들기도 했다. 수감자들은 손에 닿는 것은 뭐든 먹었다. 심지어 풀을 먹는 사람도 있었는데, 풀독 때문에 몸이 붓거나 몹시 앓았다.

이런 궁핍한 상태를 일 년 넘게 견뎠다. 나중에 중국은, 예전의 사회주의 동맹국이었던 구 소련이 중국에 대한 모든 원조를 취소하고 차관을 갚으라고 요구해서 형편이 어려웠다고 해명했다.

"구 소련이 상환금을 곡식으로 갚으라고 했지. 이 때문에 중국 전역이 혹독한 굶주림을 겪은 거야."

한 중국 장교는 이렇게 단언했다. 중국이 농업정책에 실패해 식량이 부족해졌다는 것을 절대 시인하는 법이 없었다.

1962년이 끝나갈 무렵, 우리는 다시 답치에 모였다. 대규모 집회에 참석한 수감자들은 겪은 일을 얘기하라는 요구를 받았다. 수감자들은 티베트 전역에서 라싸로 모여들었다. 1960년에 체포된 사람들 가운데 지난 2년 동안 죽은 사람이 많다는 것을 알게 되었다. 하지만 당국은 오래된 명단을 가지고 이름을 불러 내려갔다. 대답이 없으면 수감자들은 이구동성으로 외쳤다.

"굶어 죽었습니다."

중국인 고위 장교들은 뭔가 잘못되었음을 알고 있었지만 그것을 인정할 수는 없었다.

"다시는 굶어 죽었다고 말하지 말라."

장교가 경고했다.

사회주의 사회에서 어떻게 굶어 죽는 사람이 나올 수 있겠는가? 그것은 중국 측에 굉장히 당혹스러운 일이었다. 다시 이름을 불렀다. 죽은 사람의 이름이 불린 다음에는 긴 침묵이 이어졌다. 장교들은 대답을 기다리며 사람들을 훑어보았지만 아무 소리도 들리지 않았다. 우리는 뭐라 답해야 좋을지 몰랐다. 한참 뒤에 누군가가 이렇게 대답했다.

"숨졌습니다."

중국인 장교들은 이 대답에 만족하는 것 같았다. 왜냐하면 이 대답은 새로운 사회주의 국가에 아무 책임이 없음을 함축하고 있기 때문이었다. 그래서 호명은 계속되었고, 죽은 사람의 이름이 나오면 우리는 그냥 '숨졌다'고 대답했다.

"나왕 톱걀."

"숨졌습니다."

"린첸 푼촉."

"숨졌습니다."

우리의 목소리는 차츰 잦아들었고, 몇 사람만이 끈질기게 대답했다. 나는 울고 싶어졌다.

집회가 끝난 뒤에 우리는 전보다 사람 수가 적은 조로 나뉘었다. 중국인 장교가 티베트인 통역자를 데리고 얘기하러 왔다. 그 사람은 우리 이야기에 진짜로 감동받은 것처럼 행동했다.

"너희들은 모두 고향 근처 감옥으로 가게 될 거다."

장교는 선심 쓰듯 말했다.

이 말은 내가 노부쿵체로 다시 돌아가게 된다는 것을 뜻했다. 그러나 중국인들은 무슨 일이건 이유 없이 하는 법이 없었다. 얼마 지나지 않아 티베트인 수감자들을 뿔뿔이 흩어지게 한 것도 폭동을 막기 위해서였음이 분명하게 드러났다.

인도와 중국은 전쟁을 목전에 두고 있었다. 중국 측에서는 수많은 티베트인 수감자들의 존재가 내부 치안을 심각하게 위협한다는 사실을 잘 알고 있었다. 동정을 베푸는 것처럼 보이던 조치가 사실은 그저 우리를 얌전히 있게끔 하기 위한 또 다른 책략일 뿐이었던 것이다.

노부쿵체로 돌아가기 몇 달 전, 감옥의 집회는 새로운 주제에 골몰하기 시작했다. '영토 확장주의'에 빠진 인도와 중국인들이 '제국주의의 앞잡이'라고 부르는 네루에 대한 탄핵이 바로 그것이었다. 장교들이 인도를 비난하면 할수록 티베트가 곧 해방되리라는 희망은 점점 커졌다. 감옥 담장 밖에서 무슨 일이 벌어지고 있는지는 전혀 알 수 없었다. 그러나 인도에 대한 비난이 맹렬한 것을 보건대, 망명한 달라이 라마의 호소가 국제사회의 지지를 불러일으켰다는 것을 확신할 수 있었다. 우리는 곧 다시 자유의 몸이 되기를 간절히 기원했다.

"멀지 않았어."

감옥에 있는 사람들 모두 기대에 차서 수군거렸다.

11월 어느 날, 우리는 트럭 뒤칸으로 던져져 노부쿵체로 다시 이송되었다. 중국인 장교들은 본토에서 무슨 일이 벌어지고 있는지 들은 것 같았다.

"인도가 중국을 야금야금 먹어 들어오고 있어."

병사들이 인도를 두고 어찌나 분개하던지 우리는 웃음밖에 나오지 않았다. 용감무쌍한 수감자들 가운데 몇몇은 이렇게 말하기도 했다.

"하지만 당신네들도 티베트에 똑같이 했잖아요."

나를 비롯해 몇 사람은 이 말에 긴장했지만, 중국인들은 놀라우리만치 너그럽게 듣고 넘겼다. 감옥 바깥 사정이 위태위태할 때마다 감옥 안 규율은 느슨해졌다. 우리는 가족들에 대한 소식을 더 자주 들을 수 있었다. 나는 우리 가족이 몹시 고초를 겪었고, 우리 땅도 모두 몰수당했다는 사실을 알게 되었다.

중국인들은 심지어 수감자들을 풀어주기 시작했다. 매일 다섯 명에서 열 명씩 집으로 돌려보냈다. 자유에 대한 기대가 우리에게 힘을 주는 새로운 원동력이 되었다. 우리는 안마당에 모여, 다시 가족들 품으로 돌아가는 행운을 얻은 사람들에게 작별인사를 했다.

"걱정 말게. 곧 자네들 차례가 올 거야."

떠나는 이들은 이렇게 우리를 위로했다.

1962년 10월에서 12월 사이에 우리는 무척 들떠 있었다. 기다리기만

하면 될 것 같은 생각이 들었다. 석방되지 못할 거라고 생각할 이유가 전혀 없었다. 나는 풀려나면 가동 사원으로 돌아가리라 마음먹었다. 아직 그곳에 살고 있는 승려들이 많다는 얘기를 들었다. 나는 매일 다른 수감자들에게 작별인사를 하고 집으로 가는 트럭에 올라타는 장면을 상상했다.

그러던 12월의 어느 쌀쌀한 아침, 한방을 쓰던 스무 명의 수감자들 중에서 다섯 명이 이불을 챙기라는 지시를 받았다. 나도 그 다섯 명 가운데 하나였다. 웃음소리와 떠드는 소리가 들려왔다. 다들 기뻐서 웃고 있었다. 나는 탁 트인 마당으로 걸어나왔다. 다른 사람들은 벌써 나와서 기다리고 있었다. 우리는 몇 가지 공식 절차만 밟으면 집으로 가게 될 것이었다.

그러나 기다리고 또 기다렸지만 아무 일도 없었다.

군용 지프차 두 대가 장교들을 태우고 안마당으로 들어왔다. 파란 모직옷을 입고 있어 고위 장교임을 금방 알아볼 수 있었다. 감옥 관리들이 달려나와 이들을 맞이했다. 모두 활짝 웃으며 악수를 나눴다. 우리는 그냥 기다리고 있었다. 몇 시간 동안 기다렸지만 여전히 아무 일도 없었다.

오후가 되자 티베트인 통역자가 나타났다.

"방으로 돌아가라."

우리는 실망감 때문에 쉽게 발걸음이 떨어지지 않았다.

"저녁 때 석방될 거다."

통역자가 다시 말했다.

나는 방에서 기다렸다. 슬슬 걱정이 되기 시작했다. 이불을 다시 풀어야 하는 건지 알 수가 없었다. 병사가 방문을 잠그러 왔다.

"오늘 밤에는 집에 돌아가지 못한다."

병사가 말했다.

다음 날 아침 우리는 신문 한 부를 받았다. 머릿기사 제목은 '중국 승리!'였다. 이로써 모든 궁금증이 풀렸다. 전날 중국 고위 장교들이 왜 웃었는지, 석방이 왜 미뤄졌는지 더 이상 누구에게 물어볼 필요조차 없었다.

희망은 사라졌다.

이제 집으로 돌아갈 수 없다.

나는 앞으로 닥칠 일에 대해 생각했다. 배고픔, 턱없이 부족한 배급품, 노역과 구타가 기다리고 있을 터였다. 나는 마음속에 분노를 간직하고 있어야만 했다. 그것 말고는 내가 할 수 있는 일이 없었다.

우리는 안마당에 불려나와 집회를 가졌다. 중국인들은 축제 분위기였다. 이들은 예전과 다르게 당당하고 활기찬 태도로 걸었다. 장교가 승리 연설을 했다. 그 사람은 우리에게 중국이 얼마나 강한지 얘기했고, 휴전 선언을 할 때 인민해방군이 얼마나 아량이 넓었는지 칭송했다. 그런 뒤 달라이 라마를 비판했다.

우리는 티베트의 정신적, 정치적 지도자인 달라이 라마에 대한 중국인들의 태도가 갑작스럽게 바뀌었다는 것을 알아챘다. 예전에 공산주의자들은 달라이 라마를 직접 비난하지 않으려고 조심했다. 그런데 지금이 장교는 달라이 라마를 서슴지 않고 반동분자라며 비난하는 것이었다. 조만간 인도인들이 달라이 라마를 티베트로 돌려보내게 될 것이라는 말도 했다.

"티베트를 모국에서 분리시키려는 너희들의 희망은 영원히 꺼져버렸다!"

한 장교가 이렇게 말했다.

이제 나는 석방되지 않으리라는 걸 알게 되었다. 이제는 공식 절차를 밟아 이곳을 떠날 수 있는 방법이 없었다.

탈옥.

어느 순간 나는 그 단어를 떠올리고 몸을 한 번 떨었다. 이곳에서 죽어가나 탈옥하다 죽으나 마찬가지였다. 일 년 뒤 중국인 장교들이 명단을 부를 때, 내 이름 뒤에 '숨겼습니다'라는 대답이 붙지 말란 법도 없었다.

우리 방에 있던 수감자들에게 조심스럽게 의사를 물어보았다. 눈깜짝할 사이에 스무 명 전원이 내 계획에 동참하겠다고 나섰다. 탈옥을 준비하고 있는 수감자가 여섯 명 더 있다는 사실도 알 수 있었다. 걀포라는 예순여덟 살 노인과 그 아들 왕걀도 탈출을 준비하고 있었다. 걀포가 말했다.

"감옥에 남아있느니 탈옥하다 죽는 편이 낫겠네."

로덴 칼상이라는 가동 출신 승려도 있었다. 로덴을 썩 잘 알고 있던 것은 아니었지만 같은 사원 출신이었기에 믿을 만하다고 생각했다. 다게라는 젊은이는 유목민 출신이었다. 이 사람만큼 산과 고원지대에 대해 잘 알고 있는 사람은 없었다. 이 젊은이의 지식은 가치를 따질 수 없을 만큼 귀중한 것이었다.

"우리 가족들은 이미 인도로 탈출했어요. 나도 갈 겁니다."

다게는 이미 굳게 결심이 선 듯했다.

모두들 이구동성으로 내가 탈출 계획을 지휘해야 한다고 말했다. 일하는 동안에는 탈출이 불가능했다. 방법은 단 하나, 밤에 빠져나가는 수밖에 없었다. 나는 노부쿵체의 구조를 아주 잘 알고 있었기에 어딘가에 밖으로 나가는 길이 있을 거라고 생각했다. 우리 방은 전에 주방으로 쓰던 곳이어서 땔감으로 쓸 나무와 야크 똥을 나르던 뒷문이 있었다. 처음으로 노부쿵체에 왔을 때 배정 받은 일이 바로 이 뻥 뚫린 통로를 막는 것이었다. 나는 그곳을 막아놓은 진흙 벽돌 몇 개를 없애버리는 게 쉬운 일이라는 걸 알고 있었다.

"온몸이 욱신욱신 아파요."

어느 날 아침, 병사가 와서 우리를 일터로 내보낼 때 나는 통증을 호소했다. 운이 좋았다. 그 병사는 별말 없이 나를 혼자 내버려둔 채 방문을 잠갔다. 나는 방 뒤쪽으로 가서 막대기로 무른 진흙 벽돌을 파기 시작했다. 진흙은 쉽게 허물어져서 얼마 안 가 벽돌이 움직이는 것을 느낄 수 있었다. 벽돌을 바깥쪽으로 밀어낼 수는 없었다. 소리가 나면 보초의 주의를 끌게 될 것이었다. 그래서 벽돌을 밀어내지 않고, 벽돌을 하나씩 떼어낼 수 있도록 벽돌 주변에 손가락 몇 개가 들어갈 만한 틈을 내놓았다. 우리는 당장 그날 밤, 벽이 뚫린 것을 들키기 전에 나가야 했다.

"오늘 밤 갈 거요."

그날 저녁 사람들이 일을 마치고 돌아왔을 때 나는 노인 걀포에게 나직하게 속삭였다. 그리고 다른 사람들에게도 전해달라고 부탁했다.

자정 무렵, 나는 살금살금 방 뒤편으로 가서 옛 통로를 막고 있던 진흙 벽돌을 떼어냈다. 구멍을 통해 별 하나가 반짝이는 것을 보았을 때 어찌나 반갑던지! 구멍은 어깨가 빠져나갈 정도의 넓이는 되었다. 내가 먼저 구멍을 나왔고, 뒤이어 노인이 빠져나왔다. 노인의 아들과 다른 수감자들도 나왔다.

"벽에 바짝 붙어 서요."

나는 잔뜩 긴장한 목소리로 속삭였다.

경비병들이 우리들 앞을 왔다 갔다 했지만, 벽이 워낙 높아서 어둠 속에서는 우리가 있는 것을 알아챌 수 없었다. 마지막 수감자까지 구멍을 빠져나온 뒤, 우리는 언덕길을 내려가기 시작했다.

마을에 이르자 개들이 맹렬하게 짖었다. 나는 경비병들이 알아차릴까 봐 심장이 오그라드는 것 같았다. 경비병들이 횃불을 비춰 언덕을 내려가는 우리를 발견하는 상상을 해보았다. 나는 눈을 질끈 감았다. 똑같은 심문과 고문이 몇 날 며칠 이어질 것이었다. 절대로, 절대로 들켜서는 안 된다.

우리는 밝은 달빛 아래에서 산을 향해 밤새도록 걸었다. 해가 떠오를 무렵, 산마루 위에 다다라 이른 아침 햇살에 오렌지색으로 물든 분지를 내려다보았다. 우리는 조그만 동굴에서 발길을 멈추고 곧 이리저리 쓰러져 잠이 들었다.

누군가 내 어깨를 흔들어댔다. 다게였다. 그가 나를 동굴 입구로 데려갔다. 말을 탄 중국인 병사들이 우리 쪽으로 오고 있었다. 분지를 내려다보니 중국인 병사들이 사방에서 마을 쪽으로 모여드는 것이 보였다. 우리를 쫓고 있는 것이 분명했다. 우리는 곧바로 산속으로 더 깊이 들어가 부탄 국경 쪽으로 가기로 했다. 부탄 국경까지는 사오 일 정도 걸릴 것이었다.

한겨울이어서 산길은 눈으로 덮여 있었다. 눈 위에 발자국을 남겼기 때문에 추적하는 중국인 병사들에게 위치가 드러나는 것은 시간문제였다. 밤에는 걷고, 낮에는 종일 휴식을 취해야 했다. 해가 지면 기온이 영하로 뚝 떨어졌다. 우리가 걸친 보잘것없는 옷은 몸을 지켜주지 못했다. 동사하지 않으려면 밤에 부지런히 걸어야 했다. 걷고 있으면 몸이 훈훈해졌고, 달빛만으로도 충분히 길을 가늠할 수 있었다.

낮에는 따뜻했지만 굳은 눈에 반사된 햇빛 때문에 눈이 부셨다. 모두들 눈을 가늘게 뜨고 한 걸음 한 걸음 내딛었다. 갖고 있는 음식이라곤 짬빠밖에 없었다. 우리는 여기에 물을 곁들여 반죽해 먹었고, 그것이 생명을 유지시켜 주는 유일한 양식이었다.

우리는 4박5일 동안 꼬박 산속을 걸었다. 수색대가 바짝 뒤따라오고 있다는 것을 알고 있었다. 산을 손바닥 들여다보듯 훤히 알고 있는 다게가 길을 안내했다. 닷새째 날에 우리는 고산지대의 산길을 내려와 감바창탕 계곡으로 들어섰다.

"저쪽 좁은 산길을 건너가기만 하면 국경을 넘어서게 됩니다. 곧 안전해질 거예요."

다게가 자신있게 말했다.

하지만 부탄 쪽을 바라보았을 때 우리의 희망은 스러지고 말았다. 동쪽에서 거무스름한 말을 탄 병사들이 눈 속을 헤치고 우리를 향해 달려오고 있었다. 그와 동시에 뒤편에서 총성이 울렸다.

동료들은 뛰기 시작했다. 나는 야트막한 석벽 밑으로 뛰어갔다. 그곳은 유목민들이 지어놓은 축사인 듯했다. 총알이 내 바로 옆 돌에 날아와 박혔다. 총알이 돌을 때리는 소리에 귀가 멍멍해졌다. 총성과 병사들의 발소리가 내 쪽을 향해 달려오는 소리가 들렸다. 나는 될 수 있는 한 벽에 몸을 바짝 붙이고 숨을 멈췄다.

다음으로 내가 기억하는 것은 라이플총 개머리판이 내 머리와 등을 가격한 순간뿐이다. 세상은 정적 속에 잠겼지만, 머릿속 깊숙한 곳에서는 윙윙 소리가 울렸다. 내가 몸의 균형을 잡기 전에 젊은 병사 두 명이 내 손을 등 뒤로 돌려 묶고 어깨를 잡아 일으켜 세웠다. 나와 함께 있던 동료들도 잡혔다. 나는 노인이 세 병사들에게 맞는 것을 보았다. 노인의 아들도 다른 병사들에게 얻어맞고 있었다.

우리는 왕덴 바초라는 마을로 가게 되었다. 좁은 진흙길 양쪽으로 모여든 사람들은 이렇게 외쳤다.

"반동분자들을 무찔러라!"

그러면서 주먹을 쥐고 머리 위에서 흔들었다. 우리는 마을 사람들 앞을 지나갔다.

"반동분자들을 처벌하라!"

몇몇 사람들이 열기 없는 목소리로 외쳤다. 나는 시골 농부들의 순박한 얼굴을 보고 연민을 느꼈다. 그 사람들은 단지 중국인들을 두려워하는 것뿐이었다. 우리를 비난하지 않으면 반동분자들이 탈옥하는 것을 도왔다는 죄목을 뒤집어쓰게 된다는 사실을 알고 있었다. 나는 앞으로 겪을 일에 대해 생각하지 않으려 애썼다.

그날 밤 병사들은 우리를 외양간으로 몰아넣었다. 한밤중에 발소리가 조용조용 외양간으로 다가와 잠깐 멈췄다가 다시 멀어지는 것을 들었다. 동틀 무렵, 우리는 음식이 놓여있는 것을 발견하고 짐승처럼 게걸스럽게 먹어치웠다.

6

푸른 하늘 아래 도망갈 곳은 없다

우리는 해질 무렵 노부쿵체에 도착했다. 감옥에서 저녁 불빛이 새어나와 무척 평화로운 풍경을 연출하고 있었다. 경비가 삐그덕거리는 소리를 내며 문을 열어주었다. 그 소음 덕분에 감옥 사람들 모두 우리가 돌아온 사실을 알아차렸다. 수감자들은 인계되는 우리를 보기 위해 운동장에 모여 있었다. 간수들만 앞뒤로 부산하게 오갈 뿐 수감자들은 아무도 말이 없었다.

"머리 숙여!"

경비병이 명령했다.

우리는 일제히 머리를 숙였다. 수감자들이 별안간 구호를 외치기 시작했다.

"반동분자를 타도하라! 반동분자를 타도하라!"

전에도 이런 일이 있었지만 구호가 따라오지는 않았다. 수감자들은 계속해서 반동을 타도하자고 선동했다.

소란이 가라앉자 얌펠이라는 수감자가 우리를 향해 다가왔다. 그는 수감자 모두에게 존경받는 좋은 사람이었다. 그러나 그때의 얌펠은 '투쟁을 위한 모임'을 선동하도록 훈련받은 모습이 역력했다.

"당의 친절을 배반한 반동들은 … 인…민의 적이다. 인민의 적을 … 타도하자!"

얌펠은 의무적으로 비난을 하고 있었다. 행동은 어설프고, 말도 어물어물 더듬었다. 다른 수감자 하나가 우리 쪽으로 다가왔다. 그는 보기 드물게 수염을 기르고 있었다. 그 또한 반동행위를 비난하며, 주먹을 들어 우리 쪽으로 몸을 기울이더니 말했다.

"감히 탈출을 시도하다니, 너희들 시절은 이제 끝장났어."

나는 그 말에 전율했다. 내 시절이 끝장났다는 서러움 때문이 아니라 동포한테서 듣는 차가운 선언이 가슴을 아리게 했다. 이제 중국인들이 다른 수감자들한테도 우리를 비난하라고 요구할까봐 걱정이었다.

그날 밤 우리는 침대는커녕 추위를 막아줄 담요 한 장 없이 바깥에서 지내야 했다. 몸이 욱신욱신 아파 오기 시작했다. 차고 날카로운 수갑이 팔목과 발목을 깊숙이 죄어 왔다. 수갑 틈으로 옷자락을 쑤셔 넣으면 통증이 덜할까 싶었지만, 무심한 옷깃은 연신 비어져 나오기 일쑤였다. 우리는 너무 지쳐서 추위와 배고픔에 맞설 힘이 없었다. 어느 순간 잠에 빠졌나 싶었는데, 따뜻한 햇볕이 얼굴에 내리쬐는 것을 느끼며 깨어났다.

우리는 창 지역에서 가장 큰 교도소인 간체 감옥으로 이송되었다. 경비병들이 우리와 함께 이동했다. 간체 감옥까지 가는 데 꼬박 하루가 걸렸다. 우리는 서로 말을 주고받는 것도 금지된 채 짐짝 취급을 받았다. 그곳에는 불도 없었다. 간수 몇 명이 햇불을 들고 나와 기세 좋게 우리를 감방으로 집어넣었다.

154

"우리가 탈옥한 건 사실입니다. 그걸 부정할 수는 없죠. 하지만 실패했다고 서로를 비난하거나 곤란에 빠뜨려서는 안 돼요."

나는 탈출을 지휘했던 사람으로서 동료들에게 이렇게 당부했다. 차가운 감옥 바닥에 앉아 모두들 말이 없었다.

간체는 내가 처음으로 중국의 침략을 목격한 도시였다. 그런데 이제는 그 침략자들의 감옥에 수감자가 되어 돌아온 것이었다. 하지만 나는 이 도시에 대해 좋은 기억도 갖고 있었다. 달라이 라마를 처음으로 본 곳이 바로 이곳, 간체였다. 감옥은 이전에 티베트 정부 관할지였다. 건물은 전통 방식에 따라 진흙 벽돌로 지어졌는데, 중국 정부는 몇몇 군데만 손봐서 감옥으로 쓰고 있었다. 간체 감옥에는 2천여 명의 수감자가 갇혀 있었는데, 대다수가 전직 티베트 군인이었다.

간체 감옥에 도착한 지 하루가 지나서 나는 동료 여섯 명과 헤어져야 했다. 그 뒤로는 그저 교도소 운동장에 모일 때만 잠깐씩 얼굴을 마주칠 수 있었다. 나는 1번 감방에서 수감자 열한 명과 함께 지내게 되었다. 그들은 마치 나를 집에 찾아온 손님인 양 환영해 주었다. 감방은 새로 지어서 깨끗한 편이었다. 아무래도 수감자들 손으로 지은 감방 같았다. 공산주의자들은 이런 노동을 '사회주의 건설에 기여하는 것'이라고 말하곤 했다.

감방은 진흙 벽돌로 지은 네모반듯한 방이었고, 벽 쪽으로는 짚을 넣은 매트가 깔려 있어서 잠자리로 쓸 만했다. 나는 지금도 그 신선한 흙냄새를 기억한다. 문에는 벽보 두 장이 붙어 있었는데 중국어와 티베트어로 된 감옥 수칙이었다.

규칙 1 : 항상 경비병에게 복종할 것.

규칙 2 : 사회주의를 비난하는 발언 절대 금지.

규칙 3 : 옥외의 가족 혹은 친구들과 접촉 금지.

규칙 4 : 막대기나 돌 , 노끈 같은 물건 반입 금지.

벽의 윗부분에는 좁다란 틈이 두 갈래 나 있었는데, 이것이 창문 역할을 하고 있었다. 각자가 차지한 마룻바닥 범위만큼 그 사람의 영역으로 간주되었다. 수감자끼리 서로를 간섭하지 않는다는 것은 무언의 규칙이었다. 그것이 아주 중요한 문제라는 것을 우리 모두 잘 알고 있었다.

당국은 이따금 정기적으로 감방을 서로 옮기게 했는데, 그럴 때면 그나마 영역도 더 이상 안전하지 못했다. 감방 구석에는 분뇨통이 놓여 있어서 악취가 대단했다. 그래도 여름에는 신선한 진흙 냄새가 불쾌한 악취를 몰아내 주었다. 아침마다 두 사람씩 짝을 지어 분뇨통을 비웠다. 낮 동안에는 나가서 일하고, 밤이 오면 등 뒤로 감방 문이 닫혔다.

다시 심문이 시작됐다. 이번에는 한 달 동안이나 이어졌다. 심문은 내가 간체에 옮겨온 지 이틀째 되는 날부터 시작됐다. 나는 어느 방으로 끌려갔다. 그곳에는 이미 중국 관리 몇 명이 와서 기다리고 있었다. 그들은 검은색 사법부 유니폼을 입고 있었다.

상급관리의 이름은 팡 유안이었다. 키가 큰 사람인데 담배를 얼마나 피웠는지 이가 누렇게 변색되어 있었다. 엿새 동안 통역을 통해 질문을 퍼붓는 내내 단 한순간도 입에서 담배를 떼지 않았다. 팡은 그만의 독특하고 예리한 방법으로 질문을 던졌다. 사흘 동안은 나의 과거에 대해 캐물었다. 나는 여덟 살 이후의 내 인생에 대해 다시 한 번 들려주었다. 수도 없이 되풀이한 이야기였다.

나흘째 되던 날, 팡은 비로소 심문의 의도를 드러내기 시작했다.

"왜 탈출한 거지?"

나는 체포된 순간부터 이 질문이 나올 것을 기다리고 있었고, 그 순간이 바로 내 의도를 설명할 절호의 기회라는 걸 잘 알고 있었다. 나는 이 기회를 2년 동안 기다리고 있었다. 탈출하려 했던 이유를 분명하게 얘기했다. 나는 1960년에 있었던 심문에서 얼마나 맞았는지에 대해 이야기했다. 뿐만 아니라 따룽 닥에 있을 때 수감자들이 굶주림으로 거의 죽을 지경까지 갔다는 것, 그리고 간신히 굶주림의 고통을 극복한 과정을 들려주었다.

팡은 잠자코 내 얘기를 들어주었다. 처음 한 시간 동안은 얘기하는 동안 아무런 제지도 하지 않았다. 하지만 식량 부족 얘기로 옮겨가자마자 의자에서 벌떡 일어났다.

"음식이 부족했던 건 소련 때문이었어."

그는 현학적으로 설명하기 시작했다. 중국이 소련에게 큰 빚을 지고 있으며 그것을 곡식으로 갚고 있었다고 했다.

"어디까지 했지? 얘기 계속해."

얘기를 마치고 팡 유안은 다시 자리에 앉았다.

나는 1962년 12월에 다른 수감자들과 함께 석방되지 못한 일 때문에 몹시 실망했다고 말했다. 그 기간 동안 나는 감옥에서 아무런 지시도 없이 소환되곤 했다. 팡 유안은 매우 점잖은 태도로 얘기를 들었으며 절대로 흥분하지 않았다. 하지만 점점 대답하기 힘든 질문들이 이어졌다.

"언제, 어떻게 도망쳤던 거지? 만약 부탄 국경 근처에서 잡히지 않았다면 어디로 가서 누굴 만날 생각이었지?"

이런 질문은 모두 가설을 근거로 한 것이었다.

"달라이 라마께서 계신 곳이라면 어디라도 가서 살 생각이었소."

내 대답이 끝나자 심문이 갑자기 중단되었다. 더 이상 캐물을 여지가 없는 답변이었는지도 모른다.

나는 작업에서 제외되었다. 하긴 팔목과 발목에 수갑을 찬 상태에서 할 수 있는 작업이 몇 가지나 되겠는가. 중국인들은 여러 종류의 수갑을 사용했다. 그 가운데 수갑 두 개를 짧은 사슬로 연결해놓은 것도 있었는데, 쇠 무게가 보통이 아니었다. 그에 비하면 다른 것들은 가벼운 편이었지만, 긴 사슬로 연결된 데다 수갑에 톱니가 달려 있었다. 이따금 심문받는 동안 경비들이 수갑이라도 누를라치면 날카로운 금속이 손목을 찌르며 파고들었다.

발목에 채우는 수갑에도 두 종류가 있었다. 그중 하나는 짧은 금속 막대로 두 발목을 이어놓은 것이었는데, 이걸 차고 걷는 일은 여간 힘든 게 아니었다. 이 족쇄를 찬 수감자들은 비틀비틀 고통스럽게 걸어야 했고, 한 걸음 내딛을 때마다 각종 쇳덩어리가 뼈를 쑤셔댔다. 여름이면 수갑을 찬 피부가 벗겨지고 겨울이면 다시 그 부위가 갈라졌다. 나는 단 두 개의 사슬로 연결된 족쇄를 찬 채 발을 질질 끌며 겨우 걸었다.

여섯 달 내내 나는 모든 일을 감방 동료의 도움을 얻어 해결했다. 그들 없이는 밥도 먹을 수 없었다. 동료들은 돌아가면서 나를 돌봐주었다. 먹이고, 씻기고, 분뇨통 앞으로 데려다 준 사람들. 지금 그들을 생각하면 얼마나 감사한지.

그들 가운데 대다수는 아직도 티베트에 있고, 몇 명은 인도로 탈출했다. 짬빠를 가져다준 수감자도 기억한다. 그 사람이 짬빠를 말랑말랑한 반죽으로 만들어 침대 위 입 닿을 만한 곳에 놓아두면 나는 조금씩 떼어 먹었다. 그런 동료들이 없었다면 어떻게 그 생활을 견딜 수 있었을까.

중국 관리들은 수감자들에게 사용할 수갑의 종류에 대해 궁리하였다. 모든 것은 그들의 사회주의적인 발상에서 나온 것이었다. 우리를 감금하고 벌을 주거나, 때때로 상을 주는 것으로 그들은 공산당의 힘을 과시하곤 했다. 모든 연설과 질문은 공산당을 찬미하는 것으로 시작되었다. 공산주의자들은 육체적인 억압이 곧 우리의 사고를 통제하는 수단이라고 여겼다. 나는 종교의 힘으로 마음의 평화를 유지할 수 있었다. 육체적인 억압은 말 그대로 몸을 가두는 것뿐이다. 나는 여전히 자유로운 사고를 할 수 있었다.

하루는 우리 감방의 방장인 예쉬 왕갈이 나를 불렀다. 사람들은 그를 갼체의 아버지라고 불렀다. 이제 겨우 사십대 후반인데 노인처럼 굴었기 때문이다. 그는 자신의 책임을 성실하게 수행했다. 항상 우리에게 관리들과 문제를 일으키지 말라고 충고했고, 우리끼리 나눈 얘기는 새어나가지 않을 거라고 확신하고 있었다.

"내가 방금 감방장 회의에 참석하고 왔는데 말이다. 탈옥한 사람들은 인민재판을 당할 거라더라."

예쉬가 내게 말했다.

나는 중국이 티베트를 침략한 뒤 가끔 '전투적인 모임'을 목격했다. 우리 가족들은 계급에 따라 인민재판을 당했다. 당에서는 이런 모임이 지주를 비롯한 착취 계급에 쌓인 분노를 발산하게 해준다고 주장했다. 인민재판은 언제나 구두 비판으로 시작해서 폭력으로 발전하곤 했다. 중국 관리들은 폭력 사태를 중지시키지 않고 멀찍이 서서 지켜보고만 있었다. 그들은 그게 바로 '농노들의 분노'를 나타내는 것이라고 생각했다. 당과 관리들은 사태에 책임을 질 필요가 없었다. 누군가가 다치기라도 하면 사람들의 분노 때문이지 당이 책임질 일이 아니라고 발뺌했다.

중국 공산당 기관 요원들은 마을 사람들, 수감자들, 노동조합원들 모두를 감시하고 있었다. 인민재판에 참가하지 않으면 당 관리들이 그날 저녁이나 다음 날 득달같이 찾아왔다. 관리들은 깊은 우려를 나타내면서 말하곤 했다.

"모임에서 좋은 낯을 하고 있지 않더군."

이 말은 곧 주의 대상이 되었음을 의미하는 것이었다. 이런 선고를 들은 사람은 다음 날 어느 무고한 사람의 머리채를 끌고 와서 총이라도 쏘아야 당과 인민에 대한 애정과 지지를 증명해 보일 수 있었다. 티베트의 큰스님과 관리들 대다수가 이런 폭력을 겪어야 했다. 인민재판은 무엇보다도 확실하게 당의 힘을 보여주는 데 의의가 있었다.

간체에서는 매달 '상벌 모임'이 있었는데 '교화된' 수감자들은 상을 받고, 그렇지 못한 이들은 벌을 받았다. 그 벌은 대부분 인민재판의 형태로 이루어졌다. 비록 알고 있었던 일이긴 했지만 간체의 아버지 예쉬 왕걀의 경고는 내가 미리 준비하는 데 도움을 주었다. 아무도 무슨 일이 일어날지 알 수 없었다.

월요일 아침에 내 차례가 되었다. 중국 관리들은 운동장에 커다란 테이블을 놓고 앉아 있었다. 군인들이 담 주위를 에워쌌고, 군인들의 총에는 총검이 꽂혀 있었다. 운동장으로 끌려나간 우리는 선고를 기다리는 동안 줄 지어 서 있어야 했다. 심장이 두근거리기 시작했다. 그러나 사람들은 형식적으로 '전투적인 모임'을 지켜보고 있었다. 탈옥한 지 6개월이 지나도록 우리는 아무런 선고도 받지 않았다. 나는 사형이 선고될지도 모른다고 생각했다. 사형이 언도된 수감자들에게는 자살하지 못하도록 족쇄를 채워놓기 때문이다. 나는 내 발을 옥죄는 족쇄를 우울하게 내려다보았다.

"상벌 모임을 시작한다."

처음 보는 키 큰 관리가 일어나서 이렇게 선포했다.

"노부쿵체에서 탈출했던 수감자들은 앞으로!"

티베트인 경비병이 소리쳤다.

나와 동료들은 사람들 틈에서 비틀비틀 먼지를 일으키며 앞으로 나아갔다. 우리는 키가 큰 관리 앞에 섰다. 다른 수감자들은 앉으라는 명령을 받았고, 우리는 돌아서서 그들과 마주보았다.

"조국과 인민을 배반한 반동분자들!"

통역을 맡은 한 티베트 젊은이가 우리를 비난하기 시작했다. 청년은 말투로 보아 간체에서 온 것이 분명했는데, 어설픈 사회주의 용어를 썼다. 그는 다른 수감자들에게 우리의 범죄를 폭로하라고 강요했다.

"저 반동분자들에게 인민 정부의 힘을 보여줘라!"

젊은이가 선동하자 수감자들은 마치 합창이라도 하듯 외치기 시작했다.

"반동분자를 없애자! 반동분자를 없애자!"

2천여 티베트 수감자들의 목소리가 한꺼번에 귀를 울렸다. 외침이 가라앉자 어느 우람한 수감자가 다가와 소매를 걷어올리면서 우리를 격렬하게 비난하기 시작하였다. 여차하면 나를 칠 기세였다.

"너희들은 왜 탈옥했지?"

덩치가 물었다.

"사회주의 감옥에서 우리는 충분히 교화되고, 스스로 배울 수 있었다. 헌데, 너희들은 당과 나라를 배신한 거다."

덩치는 우리들 한 명 한 명에게 차례로 질문했다.

"왜 탈옥하려고 했지?"

나는 대답을 해야 할지 말아야 할지 망설여졌다. 모든 수감자들이 겉으로는 비난을 하지만, 내심 나를 지지한다는 걸 알고 있었다. 침묵하고 있을 수만은 없었다. 중국에 대놓고 직접 말할 수 있는 기회였고, 나의 독립 의지를 보여줄 기회였다.

"이유는 명백하다." 하고 나는 입을 열었다.

수감자들의 굶주림을 포함해서 내가 품었던 불만을 이야기하기 시작했다. 관리들은 매우 불쾌한 기색을 나타냈지만, 수감자들은 나의 도전을 적이 즐기고 있었다. 그들은 모두 내가 탈출한 이유를 알고 있었다. 덩치는 내 대답에 놀라는 것 같았다. 간수들이 그에게 자리로 돌아가라고 명령했다.

"탕체 울빠 앞으로!"

간수들은 다른 수감자를 불러냈다. 탕체 울빠는 라싸 봉기 무렵, 걈체 지역에서 하급관리를 지낸 사람이다. 계급 때문에 감옥에 오게 된 그는 어떻게 해서든 중국인들에게 쓸모 있는 인간임을 증명하려고 애썼다. 감옥에서 그는 수감자들을 폭행하는 것으로 악명이 높았다. 그런 그가 내게 다가오자 나는 겁이 더럭 났다.

"공산당 만세! 사회주의 만세!"

한차례 찬양을 마치고 나서 탕체가 내게 물었다.

"무엇 때문에 탈옥해야만 했나?"

"굶어 죽게 될까봐 두려워서 탈출했다."

탕체가 내 왼쪽 뺨을 후려쳤고, 나는 땅바닥에 쓰러졌다. 그는 이어서 내 목을 움켜쥐고 진흙 속에 얼굴을 짓이겼다.

"당은 땅과 같고 인민은 푸른 하늘과 같다. 그 파란 하늘 아래서 네가 어디로 도망간단 말이냐!"

탕체는 내 동료들에게 다가가 머리를 잡아 흔들거나 얼굴에 침을 뱉는 등 미친 사람처럼 행동했다.

"때리지 마라."

경비가 탕체에게 경고하는 척했다. 하지만 그것은 단지 당이 지극히 관대하며, 이 모임에서 무슨 일이 일어나도 당의 정책과는 무관한 것임을 보여주기 위해 의도된 자선행위에 불과했다. 만일 어떤 이가 두들겨 맞는다면 그 또한 순전히 공산당의 권위라는 이름 아래 맞아야 마땅했다.

인민재판은 갑작스럽게 끝났고, 고위 관리가 선고 내용을 읽어주었다. 우리는 이제 중죄를 저지른 죄인이 됐다. 그는 내 선고 내용을 가장 먼저 낭독했다.

"빠남 지방에서 온 팔덴 갸초! 기존 7년 형에 8년 형 가중, 앞으로 3년간 모든 정치적인 권리 박탈!"

그때 어떤 기분이었는지 알지 못한다. 나는 죽음을 면하게 된 것이 기뻤다. 하지만 이제 도합 15년을 감옥에 갇혀 있어야 했다. 다른 사람들도 비슷한 선고를 받았다. 노인 걀포는 이미 20년을 복역 중이었으므로 더 이상 형이 추가되지 않았다. 하지만 그의 발목에는 여전히 사슬 두 개로 연결된 무겁디 무거운 쇠족쇄가 채워져 있었다.

"앞으로 4년 더 족쇄를 차야 한다."

중국인 관리는 불쌍한 걀포를 향해 선고했다.

나는 붙잡혔다고 해서 다시 탈출하려는 소망까지 없애지는 않으리라 결심했다. 중국은 인도와 벌인 전쟁에서 승리하여 환호성을 올리고 있었다.

"명심해라. 푸른 하늘 아래 너희들이 도망갈 곳은 없다."

중국인들은 이 말을 입에 달고 살았다.

선고가 있은 지 며칠 뒤 팡 유안이 찾아왔다.

"너를 왜 가두어 두는지 알아? 널 교화시켜 새로운 사회의 부분이 되게 만들기 위해서야."

나는 아무 말도 하지 않았다.

"교육시간에 빠짐없이 출석해라. 그래야 공산당은 오로지 인민의 복지만 생각한다는 걸 알게 될 거다."

팡 유안은 의기양양하게 말했다.

하지만 나는 중국인들이 말하는 교화가 무엇을 의미하는지 알고 있었다. 그것은 중국의 모든 것을 받아들이고, 티베트의 모든 것을 포기한다는 것을 뜻했다. 나는 거절했다. 그런 교화는 필요 없었다. 나는 중국의 요구를 거부하리라 다짐했다.

며칠이 지나자 중년의 신경질적인 간수가 나를 찾아왔다. 일반적으로 수감자들이 중국인 관리와 접촉하는 일은 그리 흔하지 않았다. 대개는 통역으로 고용된 티베트인들이 우리와 접촉하고 있었다. 나는 중국인 간수와 최초로 얼굴을 맞대고 섰다.

"다시 탈옥할 생각이 있나?"

그가 통역을 통해 물었다.

"아니오." 나는 부인했다.

"다른 할 말은?"

"수갑을 풀어줘요. 너무 고통스러워요."

나는 수갑을 들어 보이며 호소했다.

"그건 안 돼. 인민에 대항한 죄가 얼마나 큰지 알아?"

간수는 긴 연설을 늘어놓았다.

"새로운 기술을 배우고 싶은 생각은 없나? 젊은 사람이 사회주의 건설에 기여해야지."

나는 아무 말도 하지 않았다.

"대답해. 대답하란 말야."

간수가 통역을 돌아보며 소리쳤다.

"나는 짬빠 한 숟갈도 내 힘으로 떠먹지 못해요. 손발이 이렇게 묶여 있는데 뭘 배운단 말이오?"

통역의 말을 전해 들은 간수는 평정을 잃었고, 경비에게 나를 데려가라고 말했다.

나중에 나는 동료들에게 이 이야기를 해주었다.

"간수의 제의를 받아들이지 그랬어요?"

그들은 내 행동이 어리석었다고 이구동성으로 말했다. 동료들은 모두 고개를 절레절레 내저었다.

"왜 인생을 그렇게 꼬이게 만들어?"

감방장 예쉬가 안타까워하며 말했다.

그다음 날 두 명의 간수가 통역과 함께 찾아왔다.

"운 좋은 줄 알아라. 이제부터 넌 전통 모직 카펫 짜는 훈련을 받는다."

간수가 수갑을 풀어주자 마치 내 살의 한 부분이 없어지는 것 같은 느낌이 들었다. 나는 뒤로 모아진 팔을 앞으로 돌리려 했지만 헛수고였다. 수갑을 찬 자세로 뼈가 굳어버린 것 같았다. 다시 시도해보았다. 팔은 뻣뻣하게 굳은 채 좀처럼 앞으로 돌려지지 않았다. 나는 모든 에너지를 어깨에 모아 팔을 앞으로 밀어냈다. 끔찍한 고통이 어깨를 지나 팔을 훑었다.

내 손이 쓸모없어졌다는 생각이 들자 가슴이 옥죄어 오기 시작했다. 하찮은 일도 할 수 없는 신세로 감방 동료들에게 온몸을 의탁하며 지낸 지난 7개월은 수감 생활 동안 가장 끔찍한 시간이었다. 나는 흙에 입맞추고 허리띠를 풀고, 무성하게 자란 머리카락을 손가락으로 빗고 이를 잡는 행동을 얼마나 꿈꾸어 왔던가. 그런데 막상 손을 쓸 수 없다니, 공포가 밀려왔다.

"팔을 문질러줘라." 간수가 동료들에게 명령했다.

하지만 그건 고통만 더해줄 뿐이었다. 의료진을 만나도 좋다는 허락이 떨어졌다. 중국인 의사가 주사를 놓고 팔을 문질러주었다. 어설프게나마 손을 쓰기까지 거의 보름이 걸렸고, 내 마음대로 움직이게 되기까지는 7개월이 걸렸다.

나는 랍살 조라라는 노인에게서 카펫 짜는 법을 배웠다. 랍살은 걘체 지역에서 직물의 대가로 불리고 있었다. 그는 내 족쇄를 보자마자 간수에게 말하였다.

"발에 쇳덩어리를 차고는 일할 수 없소. 족쇄를 풀어줘요."

랍살이 여러 번 사정해 보았지만, 간수는 내가 중죄를 저지른 죄수라는 말만 되풀이했다.

발목에 족쇄를 차고서는 직물 짜는 일을 제대로 할 수 없었다. 전통 티베트식 목조 베틀을 벽에 기대어 놓으면 다리를 꼬고 바닥에 앉아서 일해야 한다. 하지만 나는 다리를 꼴 처지가 못 됐다. 따라서 랍살과 나는 바닥에 앉기 위한 장치를 만들어야 했다. 마침내 우리는 폭 60센티미터에 깊이 90센티미터쯤 되는 구덩이를 파서 내 다리를 그곳에 넣는 방법을 생각해냈다.

직물 짜는 일은 손재주와 민첩함이 요구되는 일이어서 일 배우기가 몹시 더뎠다. 매듭을 짓는 일은 고통스러웠고, 손가락 힘은 점점 약해졌다. 실을 줄 맞춰 단단하게 묶으려면 나무 망치를 두드려야 하는데 도통 기운을 쓸 수 없었다. 랍살은 잠자코 참아주었다. 그는 한 번도 서툴다고 화를 내지 않고, 그저 "다시 해보게"라며 지켜보았다.

1963년 말이 되자 감방생활은 일상생활이 되었다. 중국은 점점 더 조직화되어가고 있었다. 인도와 전쟁이 끝난 뒤 간수들은 확신에 찬 모습으로 바뀌었고, 집회는 중국의 업적에 대한 자부심을 부추기고 오만함을 과시하는 경연장이 되었다. 우리는 인도에 있는 티베트 난민들이 거지처럼 생활하고 있으며, 곧 달라이 라마가 중국으로 돌아올 거라는 말을 귀에 못이 박히도록 듣고 지냈다.

일하고, 모임에 나가고, 잠자는 것이 나의 일과가 되어버렸다. 해가 떠오르면 바로 일어나서 아무리 추워도 감방 밖으로 달려나갔다. 새로운 공기를 마시는 그 순간, 우리는 날아갈 것 같은 자유를 느꼈다. 그러나 그 신선한 공기가 감방 안으로 불어오면 화장실 양동이의 악취와 섞여 고약한 냄새로 변했다.

수감자들은 두 명씩 짝을 지어 번갈아가며 변기통을 비웠다. 그들은 장대를 양동이 손잡이에 밀어 넣고 어깨로 짊어지고 나갔다. 족쇄가 안겨준 유일한 특혜가 있다면 이 일을 하지 않아도 된다는 것이었다. 감옥 한쪽 구석 거대한 웅덩이에 채워진 인분을 봄이 되면 밭에 거름으로 뿌렸다. 기상 나팔이 울린 다음부터 두 시간 동안은 노동자 신분으로 바뀐 수감자들이 묽은 홍차 두 주전자를 날랐다.

수감자들은 각자 한 달에 짬빠 약 11킬로그램을 배급받았다. 저녁마다 하루치 식량이 지급되면 그것으로 온종일을 버텨야 했다. 채석장에서 일하는 수감자들은 육체 노동의 강도가 컸으므로 별도의 식량을 더 받았다. 중국·인도 전쟁이 끝난 뒤에는 식량 사정이 조금 나아졌다. 가까운 곳에 친지가 있는 수감자는 한 달에 한 번 사식을 받을 수 있었는데, 그마저도 경비병들이 가로채기 일쑤였다.

한낮에 점심 식사 종이 울리면 우리는 감방으로 돌아왔다. 수감자들이 좀 더 많은 홍차를 날라왔다. 따끈하다는 걸 빼면 그리 반가울 것도 없는 차였다. 기껏 한 줌 넣은 찻잎이 색깔이야 내겠지만 우러나는 맛은 거의 없었다. 그래도 황금 같은 두 시간이었다.

간수들도 그 시간에는 늘어지게 낮잠을 잤다. 우리는 짧은 시간 동안 온 정신을 모아 편안해지는 법을 익혔다. 나는 바닥에 놓인 침대 끝에 앉아 기억을 되살려 기도를 올리고 경전을 외웠다. 다른 수감자들은 더러는 잠을 자고, 더러는 옛 이야기를 하고, 더러는 가족 이야기를 주고받았다.

서로를 잘 알 수 있을 만한 기회가 좀처럼 없었기 때문에 감방 안에서 우정을 쌓기란 무척 어려운 일이었다. 수감자들은 석 달에 한 번씩 일제히 감방을 바꾸었다. 모의할 기회를 주지 않기 위해서였다. 어렵사리 쌓은 우정은 금방 무너져버리고, 매일 아침 다른 얼굴과 마주쳐야 했다. 언제 낯익은 친구를 다시 만나게 될지 알 수 없었다. 수감자 가운데 감시자 역할을 하는 이들도 있었다. 그들은 빈틈이 없었고, 사회주의를 비난이라도 할라치면 예민하게 반응했다. 감시는 계속되었다. 누군가 음식 투정만 조금 해도 사회주의에 대한 모욕으로 보고되었다.

일주일에 엿새 일하고 일요일 하루는 쉬는 것이 원칙이었지만 한 번도 지켜지지 않았다. 설사 일요일에 작업이 없다 해도 온종일 모임과 학습이 이어졌다. 이 모임은 함정이었다. 감독관은 우리들이 하는 한마디 한마디를 빠짐없이 기록하고 개인 기록에 추가했다. 학습시간은 세뇌 그 자체였다. 모두들 이런 모임보다는 작업 시간을 더 좋아했다.

감옥에 전기가 들어오지 않아서 작업은 해를 기준으로 진행됐다. 해질 무렵이면 밝은 오렌지빛 햇살이 감옥을 가득 채웠다. 경비들은 감방은 당연히 어두워야 한다고 믿었다. 우리는 침대에 올라 빗장 잠그는 소리가 차례차례 가까워지는 소리를 하릴없이 듣고 있었다. 마침내 우리 감방의 문을 잠그고 빗장을 내리면, 햇빛은 사라지고 감방 안은 암흑이 되었다. 이제 남은 건 잠들거나 아침이 와서 빗장 여는 소리가 들리기를 기다리는 일밖에 없었다.

나는 내 작업이 좋았다. 직물 짜는 일은 다른 일에 비하면 수월한 편이었다. 동료 수감자들은 대개 공사장에서 일해야 했다. 겨울이 오면 눈이나 찬바람에 직물이 상하지 않도록 베틀을 안으로 옮겼다. 하지만 겨울이 되면 쇠족쇄가 마치 얼음 문고리처럼 변해서 살갗에 쩍쩍 들러붙었다. 나는 임시방편으로 털실을 족쇄 사이에 쑤셔 넣었다.

1964년 중반, 걘체 감옥을 없애고 수감자들을 다른 티베트 지역으로 이감시킬 것이라는 소문이 떠돌았다. 어느 날 아침 우리는 베틀을 해체하라는 명령을 받았다. 직공들은 모두 시가체로 옮겨간다고 했다. 이튿날 침구를 꾸려서 한 시간 안에 군용 트럭에 올라타라는 갑작스러운 명령이 떨어졌다.

길을 따라 가면서 얼핏 가동을 보았다. 3년 넘게 내가 본 것이라고는 감옥을 둘러싼 흙벽뿐이었다. 그러던 내 눈앞에 한 시절을 보낸 사원이 나타나고, 수평선을 따라 늘어선 산자락이 펼쳐졌다. 참으로 오랜만에 보는 탁 트인 풍경은 차라리 낯설었다. 가동은 수백 년 동안 그랬듯이 그곳에 서 있었다. 멀리서 보면 그 계곡 가득 들어찬 슬픔 같은 것은 느껴지지 않았다. 사원에 나부껴야 할 깃발이 없다는 사실만이 모든 것이 잘못되고 있다는 유일한 표시였다.

걘체 감옥에 있는 동안 가끔씩 가족 소식을 들었다. 모진 매질을 당하거나 가산을 몰수당했다는 소식이었다. 아버지와 새어머니는 집을 빼앗기고, 창고로 쓰던 작은 방을 배정받았다고 한다. 지주였다는 이유로 그들은 수감자보다도 못한 임금을 받았다. 마을 사람들과 소작인들은 몹쓸 병자 대하듯 피해 다녔다. 새로운 사회주의 사회에서 지주는 가장 낮은 계급에 속했다. 누구든 이들을 때릴 권리가 있었고, 특히 과거 '농노'였던 이들의 권리는 막강했다.

우리는 어두워진 뒤에야 시가체에 도착했다. 등불을 치켜든 경비병들이 우리를 널따란 운동장으로 데려갔다. 그곳이 우리가 밤을 보낼 숙소였다.

다음 날 아침, 우리는 창문도 없이 나지막한 문 하나만 나 있는 방으로 이동했다. 바닥은 거칠고 울퉁불퉁했다. 매트리스도 없었다. 닳아빠진 담요조각을 매트리스와 이불로 대신해야 했다.

새로운 감옥에서 나는 카펫 공장에 배정되었다. 시가체에 도착하고 얼마 지나지 않아 이곳이 그리 나쁘지만은 않다는 것을 알게 되었다. 1964년 10월 중국은 첫 번째 원자폭탄 투하 실험을 실시했다. 어느 날 아침 수감자들을 모두 불러 모은 자리에서 뉴스가 발표되었다. 중국인 관리들은 기쁨과 자만에 차 있었다. 헐렁헐렁한 바지에 푸른색 모직 셔츠를 입은 중국 관리가 야심차게 선언했다.

"중국은 위대한 힘을 가지고 있다! 이제 제국주의자들의 손에 치욕을 당할 일은 결단코 없을 것이다!"

관리는 이제까지 미 제국주의와 소련 수정 사회주의가 원자 폭탄 하나로 세계를 볼모로 삼고 있었다고 목청껏 비난했다.

일주일 뒤 나는 〈티베트 데일리〉 신문을 읽고 있었다. 수감자들은 반드시 그 신문을 읽어야 했다. 모임에 가면 그날의 사설을 두고 토론했다. 나는 '판첸 도당'이라는 대담한 머릿기사에 충격을 받았다. '도당'이라는 단어는 모욕적인 경우에만 쓰였고, 특히 공산당을 전복하려는 목적으로 조직된 그룹을 가리킬 때 쓰이는 말이었기 때문이다. 기사는 판첸 라마를 비난하는 내용이었다. 그가 프롤레타리아 독재에 반대하고 티베트를 모국에서 갈라놓으려는 '검은 집단'을 세우려 한다며 거칠게 몰아세웠다.

나는 판첸 라마의 거처 바로 아래에 살았던 터라 매우 충격을 받았다. 우리가 있었던 감옥은 타쉴훈포 사원 아래 옛 곡물창고 자리였다. 나는 혼란스러웠다. 어찌하여 '애국자'로 일컬어지던 판첸 라마와 애국적인 사원으로 불리던 그의 사원이 이렇듯 심한 비난을 받기에 이르렀단 말인가? 1960년대에 모든 사원이 토지를 몰수당했지만, 타쉴훈포 사원의 토지만은 예외였다.

어느 날 아침 나는 마당에 서서 군인들이 사원을 에워싸는 모습을 보았다. 작업이 없다는 말은 곧 모임이 있다는 뜻이었다. 우리는 운동장에 모여 중국인 관리가 도착하기를 기다렸다.

그들은 판첸 라마를 비난하는 데 온 시간을 할애했다.

"판첸 라마는 반역죄를 짓고 당의 신임을 저버렸다!"

중국인 관리는 판첸 도당이 무슨 수로 군중을 현혹시키고, 무슨 수로 '달라이 라마 반동분자 도당'과 같은 편이 되었는지 떠들어댔다. 중국 관리는 짐짓 부드러운 목소리로 판첸 라마 때문에 상처받은 자신의 심경을 토로했다. 하지만 우리는 아직도 판첸 라마가 무슨 의도로 그런 행동을 했는지 짐작할 수 없었다.

맨 처음 든 생각은 그가 달라이 라마와 만나기 위해 인도로 탈출했을지도 모른다는 것이었다. 중국인들은 달라이 라마와 판첸 라마를 '인도의 지원을 받는 노예 소유자들'이라고 지칭했다. 한참 뒤에야 중국 신문은 판첸 라마가 중국 정부에 보낸 7만 자에 달하는 탄원서에 대해 언급했다. 중국은 그가 당과 인민의 정부를 중상모략했다고 비난했다. 그에 대한 비난 구호는 한층 격렬해졌다. 중국 정부가 수많은 타쉴훈포 관리들을 체포하고 시가체 감옥에 가두었다는 사실을 알게 되었다. 하지만 그들을 직접 보지는 못했다.

이 사건은 나에게 큰 고민을 안겨주었다. 달라이 라마가 조국에서 쫓겨난 뒤 우리는 판첸 라마를 티베트 안에 있는 지도자로 여기고 있었다. 그가 한때 중국에 협조했다고 비난하는 티베트인들이 있는 것도 사실이었다. 하지만 빠남 지역에서는 언제나 판첸 라마를 향한 특별하고도 헌신적인 분위기를 느낄 수 있었다. 그의 갑작스러운 몰락이 슬펐다. 우리는 중국 정부가 다른 티베트 지도자들을 어떻게 대했는지 알고 있었다.

"이제 너희들은 판첸 라마에 대한 생각을 바꿔야 한다. 너희들이 어디에 발을 딛고 서 있는지 제대로 알란 말이다."

감옥의 관리들은 핏대를 세우며 다그쳤다. 다시 말하자면 우리가 판첸 라마를 비난하는 데 주저해서는 안 된다는 뜻이었다.

내가 시가체에 있던 기간은 길지 않았다. 어느 날 밤 나는 얼굴을 비추는 불빛에 잠을 깼다.

"팔덴 갸쵸가 누구냐?" 불빛 뒤에서 누군가가 물었다.

"내가 팔덴 갸쵸요." 나는 잠이 덜 깬 소리로 대답했다.

그는 내 눈에 등불을 비추면서 말했다.

"침구를 챙겨 감방 밖으로 나와라."

간혹 당하는 일이라 다시 이감을 하려는 것이려니 싶었다. 나는 다른 작업조나 감방을 상상하며 짐을 꾸렸다. 등불은 잠든 수감자들의 얼굴을 두루 비추었다.

"로덴 칼상!"

남자는 내 친구의 이름을 불렀다. 로덴이 부시시 일어나 무슨 일이냐는 얼굴로 나를 바라보았다.

"침구를 챙겨 감방 밖으로 나와라."

남자는 같은 명령을 반복했다.

짐을 꾸리는 내내 발목의 족쇄가 덜그럭거렸다. 침구를 말자 작은 보따리가 되었다. 감옥에서는 아주 작은 것이라도 소중하다는 것을 배우게 된다. 나는 손으로 바닥을 더듬어 빠뜨린 것이 없는지 확인했다. 아직도 등불을 들고 있는 이가 누구인지 알 수 없었지만, 목소리로 미루어 티베트인 통역임을 짐작했다. 밖으로 나가자 그는 등불을 들어 우리가 앉아 있을 곳을 가리켰다. 그리고는 따뜻한 물을 마시라고 건네주었다. 머그컵을 들어 막 한 모금을 홀짝이는데 그가 말했다.

"너희들은 라싸로 간다. 답치 감옥에 카펫 짜는 조가 구성되었는데, 너희들이 다른 수감자들을 가르치게 됐다."

나는 처음으로 내가 옮겨가는 이유와 장소에 대해 설명을 들었다.

"새벽에 라싸로 가는 버스를 탈 거다."

좋은 소식은 계속해서 이어졌다. 중국 경비병 네 명이 관리와 함께 도착했다. 통역의 태도가 돌변하더니 묵묵히 관리의 지시를 기다렸다. 중국인 관리가 통역에게 뭔가를 이야기하자 그는 고개를 끄덕였다. 놀랍게도 내 발에 채워진 족쇄가 풀어졌다.

심장이 고동치기 시작했다. 사슬은 2년이 넘는 세월 동안 내 몸의 일부로 변해 있었다. 나는 사슬의 길이만큼, 딱 그 만큼씩만 움직이는 보폭에 길들여져 있었고, 걸핏하면 돌에 사슬이 걸리는 일에도 이력이 나 있었다. 아침마다 다른 수감자들처럼 임시 변소로 우르르 뛰어갈 수 없는 처지에도 익숙해져 있었다. 오래 묶여 있는 동안 나는 속박 속에서도 최대한 자연스럽고 편안한 걸음걸이를 개발해낸 터였다.

로덴과 나는 짐을 들고 버스 정거장으로 가라는 명령을 받았다. 경비둘이 앞장서고 뒤에도 두 명이 따라붙었다. 그 뒤를 중국인 관리와 티베트인 통역이 따라왔다. 버스 정거장까지는 한 시간 남짓 걸렸는데, 한 걸음 한 걸음에도 나는 온 정신을 집중해야 했다. 사슬 없이 걷는 일에 쉬 적응할 수 없었기 때문이다. 누구라도 내가 걷는 모습을 봤다면 오랫동안 족쇄에 갇혀 있었다는 사실을 눈치챘을 것이다.

한 무리의 티베트인과 중국인이 정거장에 모여 있었다. 그들은 우리가 중죄를 지은 죄인임을 단번에 알아보았다. 우리는 짐을 바닥에 내려놓고 군인들에 에워싸인 채 다른 여행객들과 몇 미터 떨어진 곳에 서 있었다. 잠시 관리가 사라졌다가 여행 허가서로 보이는 종이를 들고 나타났다.

"얌전하게 굴어야 해."

관리는 통역을 통해 나지막하게 윽박질렀다. 그는 가방을 열고 수갑 두 개를 슬쩍 내보이며 말했다.

"항상 족쇄를 채우는 게 내 지침이지만, 버스를 타고 가니 너희들 체면을 봐서 특별히 봐준다. 대신 말썽부리면 안 돼."

우리는 경비병과 버스 뒤편에 올라타 다른 여행객들과 섞였다. 시가체에서 라싸까지 여행이 시작되었다. 길은 울퉁불퉁하고 먼지가 풀풀 일어났다. 창문으로 들어온 먼지가 옷과 얼굴에 내려앉았다. 여자들은 스카프로 머리를 감싸고 있었다. 평평한 길에 이르자 한 여행객이 비스킷 바구니를 돌렸다. 바구니가 나와 로덴에게 왔을 때 중국어를 하는 젊은 티베트 여인이 경비에게 허락을 구했다. 그가 손을 흔들어 허락을 하자 나는 작은 비스킷 한 조각을 집어들었다. 로덴도 똑같이 따라했다.

"좀 더 집으세요." 여인이 권했다.

나는 유혹을 억누르며 사양의 뜻으로 바구니를 밀쳐냈다. 그러자 여인은 비스킷을 한 움큼 집어 나와 로덴의 무릎에 놓아주었다. 나는 사려깊은 그녀의 행동에 크게 감동했다. 4년 만에 맛보는 너무나 맛난 음식이었다. 감옥에서 음식을 아껴 먹는 습관이 밴 탓에 비스킷을 남겨 두었다.

그날 저녁 해가 산등성이 너머로 질 무렵, 시가체와 라싸의 중간 지점인 양파첸에 도착했다. 나는 전에 두 번째 라싸로 가면서 이 마을을 지나간 사실을 기억했다. 트럭들이 길게 꼬리를 물고 길가에 서 있었고, 거리에는 새로 지은 중국식 건물이 가득 들어차 있었다. 지역 전체가 거대한 군부대 같았다.

우리는 트럭 운전자를 위한 휴게소 역할을 하는 커다란 강당으로 갔다. 나는 경비가 가져다준 삶은 국수를 걸신들린 듯 먹었다. 로덴도 그저 먹는 일에만 열중했다. 우리가 난생 처음 음식을 대하듯 먹어대자 국수를 더 가져다주었다. 나는 이것도 나중을 위해 남겨 두었다.

양파첸에서 밤을 보내고 다음 날 새벽 다시 라싸로 향했다. 낯을 익힌 여행객들이 많은 질문을 던졌다. 나는 이 나라에 무슨 일이 일어났는지 묻고 싶었다. 감옥에서 듣는 바깥소식이라고는 중국 쪽에서 나오는 것이 대부분이었기에 믿을 만한 것이 못 되었다.

우리는 먼지를 뒤집어쓰고 라싸에 도착했다. 로덴과 내가 트럭에서 내리려 할 때 몇몇 여행객이 중국 돈을 쥐어 주었다. 나는 돌려주려 했지만, 그들은 트럭에서 내려 인파 속으로 사라져버렸다.

정거장은 티베트 각지에서 온 사람들로 붐볐다. 내가 감옥에 있는 동안 커다란 변화가 있었던 게 틀림없었다. 사람들이 달라 보였다. 대다수 젊은이들은 전통 복장인 추빠를 벗고 푸른색 인민복을 입고 있었다. 남녀 모두 똑같은 복장이었다. 처음에는 모두 군인인가 싶었지만, 얼마 지나지 않아 권력이 장려하는 유행이라는 걸 깨달았다.

우리는 지프를 타고 도시를 관통하여 답치로 갔다. 이 건물도 예전과는 달라 보였다. 군부대라기보다는 현대식 감옥처럼 보였다. 로덴은 불안해하는 것 같았다.

"여기에 틀림없이 데붕에서 온 친구들도 있을 거야. 어쨌든 우린 직물 짜는 일을 가르치면 될 테니 걱정할 것 없어."

나는 그를 안심시키려 애썼다.

1964년에 답치는 모범적인 감옥의 대명사가 될 만큼 유명세를 떨치고 있었다. 수감자들은 모두 산뜻한 죄수복을 입고 있었다. 전기도 들어왔다. 전등갓도 없이 전등만 감방 천장에 달려 있었다. 나는 전깃불이 신기해 눈을 크게 뜨고 천장을 바라보았다. 다른 수감자들이 웃어대며 '촌뜨기'라고 놀려댔다. 전등불은 밤새 켜져 있었다.

답치는 티베트에서 가장 유명한 수감자 몇 명과 반체제 인사들을 수용하고 있었다. 감옥은 다섯 개 구획으로 나뉘어져 있었다. 다섯 번째 구획에는 티베트 정부 관리들이 수용되어 있었는데 티베트의 마지막 수상이었던 롭상 따시를 비롯해 덕망 높은 라마들, 최후의 티베트 수상과 티베트 군대 지휘관들이 포함되어 있었다. 첫 번째 구획은 종신형을 선고받은 수감자들이 갇혀 있었고, 두 번째는 할아버지 구획이라는 별명이 붙어 있었다. 세 번째 구획에는 여자들이 갇혀 있었다. 나는 네 번째 구획으로 가게 되었다.

각 구획에는 다시 열두 명에서 열여섯 명 단위로 나뉘어 수감된다. 감방마다 감방장이 있었는데, 감옥 시스템에서 가장 중요한 인물이었다.

이튿날 나는 털실로 가득 찬 커다란 창고로 갔다. 사람들이 양모를 고르거나 실을 감고 있었다. 감옥이 아니라 공장 같은 풍경이었다. 숙련된 직공으로 소개된 로덴과 나를 수감자들은 공손한 태도로 지켜보았다.

몇 주일이 지난 뒤, 관계 당국은 답치 공장을 가동하지 말라는 명령을 내렸다. 막 답치에 온 수감자들은 다시 돌려보낸다고 했다. 호명이 있었고, 직물 짜는 일을 배우기 위해 답치에 온 수감자들은 침구를 꾸리라는 명령이 떨어졌다. 로덴과 나는 이 명단에서 빠졌다.

무슨 일이 벌어지고 있는지 도무지 알 수 없었다. 감옥의 분위기는 사뭇 느슨했고, 정기적인 모임도 없었다. 관리들이 몹시 바쁘거나, 당의 정책을 신뢰하지 않는다는 걸 뜻하는 징조였다. 감옥에 행정적인 변화가 꽤 일어나는 것 같았지만, 이것이 우리의 불확실한 미래에 어떤 영향을 끼칠지는 전혀 알 수 없었다.

7
꿈을 꾸는 것조차 죄가 된다

1965년 초 판첸 라마를 향한 비난 구호가 한층 더 격렬해졌다. 감옥 안에는 그의 운명을 놓고 구구한 소문이 떠돌았다. 우리 구획 사람들도 전시회에 동원되었는데, 아마도 전시품 안에는 판첸 라마와 동조자들의 혐의를 고발하는 내용이 있었던 듯하다. 판첸 라마가 어떻게 사병을 조직하고, 재산을 모았는가를 보여주는 것이었다. 어느 흑백 사진 밑에 '판첸 도당과 비밀리에 접선하는 인도 제국주의 스파이'라고 적혀 있던 것을 기억한다.

나는 사진 속 스파이를 알아보았다. 마른 체구의 젊은이, 체왕 남걀이었다. 그는 1959년 어머니와 함께 인도로 피난 갔다가 나중에 나와 함께 간체 감옥에 갇혔다. 체왕은 어머니가 세상을 뜬 다음 해에 시가체로 돌아왔다. 체왕의 모친이 마지막 소원으로 평소 신앙 생활을 하던 타실훈포 사원에 가서 공양을 올리고 싶어했기 때문이다. 그가 티베트로 되돌아온 유일한 이유는 바로 그것이었다. 그러나 그는 돌아오자마자 체포되어 스파이로 몰렸다. 그 사진을 보고 나는 판첸 라마를 고발한 내용이라는 것이 순전히 허구임을 깨달았다. 그런 식으로 이제 티베트의 새 지도자는 중상모략을 당하고 있었다. 나는 중국 정부의 움직임을 바라보는 새로운 시각을 갖기 시작했고, 그들이 어떻게 사람들을 이용하는지 알아차리게 되었다. 판첸 라마는 그동안 쓸모가 있어서 살아남을 수 있었지만, 이내 파멸에 이르렀던 것이다.

감옥 안이라고 별반 다르지 않았다. 수감자들은 중국 당국을 위해 오래 일할수록 보상받고 칭찬을 들었다. 인민재판이나 학습이 있을 때마다 중국인들은 수감자들끼리 서로 비판하라고 지시했고, 뭔가 잘못된 일이 있을라치면 가차없는 비난을 퍼붓게 했다.

감옥 생활은 점점 조직적이고 판에 박힌 생활이 되었다. 식량 사정이 아주 조금 개선되어 매일 식단에 야채가 추가되었다. 이 시기에는 인민재판과 비난도 줄어들고, 좀 더 관대하고 느슨한 분위기였던 것 같다. 웬만한 일에는 적응하게 되었다. 체념했기 때문이리라.

원래 나는 직물 짜는 법을 가르치러 답치에 왔었다. 중국 당국은 어마어마한 양털을 보유하고 있었다. 공장을 세우기 위해 티베트 각지에서 사람들이 모였다. 그러나 바로 그때 당이 마음을 바꿨다. 카펫 공장이 없어진다고 했다. 상냥한 경비들에게 접근해 물어보았지만 언제나 같은 말만 되풀이할 뿐이었다.

"당의 정책이 그래."

감옥에 오랜 기간 있다 보면 아무것도 모르는 상태에서 의미 없는 임무를 수행하는 일에 익숙해지기 마련이다. 그러나 내 처지를 돌아보면 많은 점이 나아지긴 했다. 더 이상 수갑을 차지 않았고, 관절을 이리저리 움직여보면 이제는 내 몸 같다는 생각이 들었다. 여느 사람들처럼 걷고

뛸 수 있었다. 더 이상 족쇄를 차지 않았기에 밤에 고통 없이 잠들 수 있어 다행이었다. 사람이 아무리 적응을 잘하는 존재라고 하지만, 사슬을 차고 자는 일만은 결코 익숙해지지 않았다. 어떻게 하면 더 편할까 밤마다 궁리하기 마련이었고, 발을 꼬거나 몸을 틀면 찌르는 통증이 덮쳐왔다.

이제는 사슬도 없었다. 하지만 카펫 공장 계획이 무산되는 바람에 직공은 필요 없게 되었다. 공사장이나 채석장으로 보내질까봐 걱정이었다. 하루는 데붕에서 온 노스님에게 우연히 얘기를 털어놓게 되었다.

"아직도 작업을 배정받지 못했어요."

그랬더니 노스님이 뜻밖의 제안을 했다.

"나랑 목수 일을 해보는 게 어떻겠나?"

감옥 당국은 너무 바빠서 이런 작은 일에는 신경을 쓸 겨를이 없었다. 하지만 목수 일은 오래가지 못했고, 대신 재단 일을 배우게 되었다. 잘된 일이었다. 다시 한 번 힘든 노동에서 면제받은 것이다.

그러나 마냥 기쁜 일만은 아니었다. 중국이 티베트를 움켜쥐려 하고 있었고, 상황이 나아지고 있다는 신호라고는 찾아볼 수 없었다. 중국인들은 티베트 지배의 정당성을 확신하고 있었다. 그들은 끊임없이 인민들의 생활 수준이 얼마나 빠르게 향상됐고 진전이 있었는지 떠벌리고 다녔다. 그러나 새로 들어온 수감자들이 가져오는 소식에는 온통 티베트 사람들이 겪는 고난의 이야기만 넘치고 있었다.

어느 날 아침 작업장으로 걸어가다가 한 여자가 다가오는 것을 보았다. 누군지 금방 알아볼 수 있었다. 예전에 노부쿵체에서 나를 취조했던 라싸 소녀 돌카였다. 그녀는 푸른색 유니폼을 입고, 머리를 두 가닥으로 갈라 짧게 묶고 있었다. 나는 그녀가 했던 말을 생생하게 기억하고 있었다.

"난 조금도 망설이지 않고 널 쏘아 죽일 거야."

그녀에게서 흘러나오던 차가운 경멸이 다시 한 번 떠올랐다. 나는 몸을 떨었다. 돌카는 여성 감옥의 상급 간수였다. 답치에 수감된 사람치고 그녀를 모르는 사람은 없었다. 뭘 모르는 속인들은 그녀가 얼마나 매력이 있는지 떠들어댔다. 돌카의 명성과 힘은 정상에 달해 있었고, 모두들 그녀를 두려워했다. 돌카는 중국 당국의 귀염둥이였으며 모범으로 삼을 만한 간부였다. 그즈음 돌카는 우리가 '속사포'라고 부르는 중국 관리와 결혼했다. 마치 기관총처럼 빠른 속도로 쉬지 않고 얘기한다고 해서 붙인 별명이었다.

1965년 초 수감자들은 다시 심문당했다. 중국 당국이 진술을 기록했다가 예상치 못한 순간에 허를 찌르듯 사용한다는 것을 알고 우리는 더욱 입조심을 했다. 당에 대한 찬사를 늘어놓는 것이 가장 무난하고 안전한 진술이었다.

단지 캄에서 온 남자만이 용감하게 불만을 토로했다. 그는 감방에서 정기 수색을 하는 동안 어느 간수가 '쯔비'를 훔쳐갔다고 고발했다. 쯔비는 티베트 사람들이 귀중히 여기는 돌이었는데, 사람들은 그런 보석이 여러 가지 기적적인 힘을 지닌다고 믿었다.

"우리 집안에 대대로 내려온 물건이오. 우리 어머니가 주신 거란 말이오."

그는 돌카를 도둑으로 지명했다. 운동장이 숨소리 하나 없이 고요해졌다. 우리는 모두 돌카의 중국인 남편 속사포를 돌아보았다. 그의 얼굴이 주먹을 꼭 쥔 것처럼 굳어졌다.

　그 남자의 용기가 놀라웠다. 답치에서 간수에게 불평하다니, 전대미
문의 사건이었다. 여느 때라면 엄청난 보복을 당했을 터였다. 하지만 이
번에는 달랐다. 중국 당국이 관용을 베푼 데에는 이유가 있었다. 그 무렵
그들은 티베트 자치 지역을 만들기 위해 인민들에게 대규모 축제마당을
열어주고 있었다. 티베트 자치 지역이 된다는 것은 티베트가 중국의 한
부분이 되었다는 것을 선언하는 것이었다. 그래서 베이징의 고위급 관리
들이 라싸로 와서 감옥을 방문하고 있었다. 당국에서는 수감자들을 달래
느라 긴장했고, 축제 기간 동안 말썽이 나지 않도록 몸을 사리고 있었다.
바로 그런 까닭에 젊은 캄빠인의 불만이 진지하게 접수될 수 있었던 것
이다. 그의 용기는 다른 수감자들에게도 영향을 미쳤다.

　돌카에 대한 불만이 쏟아져 나왔다. 여성 수감자들은 식품을 몰래 빼
냈다고 불평했다. 또 다른 사람들은 감옥에 딸린 목장에서 가외로 신선
한 우유를 요구했다고 불만을 터뜨렸다. 당국은 전에 없이 신속하게 대
처했다. 돌카는 당장 낮은 직급으로 강등되었다. 감옥의 소를 돌보는 수
감자들을 감시하는 일이 주어진 것이다.

　며칠이 지나자 돌카의 태도는 완전히 달라졌다. 평정심을 잃고 수감
자들의 눈을 피하기 위해 빠른 걸음으로 다녔다. 더 이상 신임을 뽐내며
감옥 주변을 이리저리 걸어다니지 않았다. 그녀가 꿈에서 깨어난 것은
기뻤지만 조금은 딱한 생각이 들기도 했다. 하지만 그녀의 추락은 거기
까지였다.

　항상 그렇듯 그 사이에도 우리의 생각은 달라이 라마에게 향해 있었
다. 그가 티베트의 자유를 위해 일하는 한 아직 독립을 얻을 기회가 있을

거라 믿었다. 중국 정부에서 발행하는 〈티베트 데일리〉에서 달라이 라마
가 미국에 사무실을 얻었다고 분개하는 기사를 보면, 그 희망이 더욱 기
세 좋게 타오르고 있는 게 분명했다.

미국이라니! 미국이 티베트인들을 지원한다는 사실을 확인하는 것은
사뭇 흥분되는 일이었다. 우리는 이 기쁜 소식을 서로에게 귓속말로 전
달했다. 얼마 지나지 않아 감옥 전체에 그 소식이 퍼졌다.

텐다 나고라는 수감자가 있었다. 그도 미국의 지원 소식을 듣고 흥분
한 사람 가운데 하나였다. 어느 날 텐다 나고가 니마 텐진이라는 사람에
게 물었다.

"자네 그 소식 들었나?"

니마는 텐다가 무슨 말을 하려는지 눈치채고 빙긋 웃으며 답했다.

"들었지. 조금만 더 참으면 돼. 이제 세상에서 가장 강대한 미국이 달
라이 라마를 도와주고 있으니 우리가 해방될 날도 멀지 않았어."

이것은 매우 위험한 대화였다. 감옥에서 가장 먼저 배워야 할 사항 가
운데 하나가 바로 자신의 생각을 밝히지 않는 거였다. 우리는 기쁨이나
슬픔에 휘둘려 기색이 변하는 일이 없도록 위장하는 기술을 배워야 했
다. 그 무렵 티베트에서는 인간의 자연스러운 감정을 내 뜻대로 표현할
수 없었다. 단지 당에서 적절하게 받아들일 때만 기뻐하거나 화를 낼 수
있었다. 우리는 절친한 동료 앞에서도 심중을 밝히지 않았다.

세상 어느 곳이나 지배자 편에 붙어서 이익을 추구하는 사람들이 있
기 마련이었다. 텐다와 니마가 주고받은 대화가 새어 나갔다. 그 정보를
입수한 사람은 공교롭게도 돌카였다.

그녀가 기다리고 기다리던 회심의 기회였다. 돌카는 텐다와 니마의

대화를 당국에 보고했고, 직접 조사하라는 지시를 받았다.

이튿날 아침 돌카가 우리 감방으로 불쑥 들어왔다.

"모두 벽으로 붙어!"

돌카의 명령은 날카로웠다. 그녀 말고도 세 명의 간수와 고위 중국인 관리가 함께 왔는데, 책임자가 누구인지 의심의 여지가 없었다.

다른 감방의 수감자들도 마당으로 끌려 나왔다. 우리는 점호를 받는 것처럼 줄지어 섰다. 돌카가 화를 내며 말했다.

"너희 중에 반혁명주의자의 선전을 퍼트리는 자가 있다. 허황된 희망을 심어주고 모국을 배반하는 반동이 있단 말이다."

'허황된 희망'이란 말은 공산주의자들이 새로 만든 문구였다. 이 말은 티베트의 독립이나 달라이 라마가 돌아오기를 기대하지 말라는 뜻으로 집회에서 자주 쓰였다.

돌카는 우리 앞에서 왔다 갔다 하며 비난을 퍼부었다.

"당과 인민에 반대하는 범죄자가 교화된 척 가면을 쓰고 있다. 음모를 꾸미고 있는 게지. 범죄자는 앞으로 나와 죄를 고백하라!"

그녀는 말을 마친 뒤, 기대에 찬 시선으로 수감자들을 노려보았다. 우리는 침묵 속에서 기다리고 있었다. 돌카가 말하는 '범죄자'가 누군지 짐작조차 가지 않았다. 우리가 왜 갑작스럽게 소집되었는지 알지 못한 상태였다. 아무도 앞으로 나오지 않았다. 우리는 그저 조용히 서 있었다. 두려움에 떠는 우리를 바라보며 간수들은 즐거움을 만끽하는 것 같았다. 안 되겠다고 생각했는지 돌카는 좀 더 자세한 설명을 늘어놓았다.

"어제 진료소에 다녀오면서 몇몇 죄수들이 당에 반대하는 음모를 꾸몄다."

안도의 한숨소리가 들렸다. 대다수가 어제 진료소에 간 적이 없었기 때문이다. 그런데 니마 텐진이 머뭇머뭇 앞으로 나오는 게 아닌가.

"제가 어제 진료소에 있었습니다."

그 순간 간수 두 명이 달려나와 니마를 붙잡고 우리 쪽을 향해 돌려 세웠다.

"죄를 자백할 텐가?"

돌카가 소리쳤다. 나는 그가 강한 의지를 지닌 사람이어서 가벼운 위협에 맥없이 무너지는 사람이 아니라는 걸 알고 있었다. 돌카가 얼마나 알고 있는지 확인될 때까지 섣불리 고백해선 안 된다는 걸 모르지 않을 터였다. 돌카는 자신이 '사악한 반동무리'라고 부르는 집단을 근절하는 데 성공했다고 생각해 기뻐하는 듯했다.

심문과 인민재판은 심문하는 이와 수감자 사이의 신경전이라고 할 수 있다. 심문자의 목적은 무조건 수감자의 고백을 이끌어내는 데 있었다. '자백'은 이런 모임에서 쓰는 단골 용어였다.

"내가 무슨 일을 저질렀단 겁니까?" 하고 수감자가 질문할라치면 심문자는 "순순히 자백해라. 너에 대해 산처럼 많은 증거를 확보해 놓았다. 순순히 자백하는 게 좋을걸"이라고 대답할 것이다. 이때 수감자들은 머리를 짜내어 어떻게 당에 대항했는지, 어느 대목에서 무심코 비난의 한마디를 꺼냈는지 생각해내야 했다. 어떤 행동이 범죄로 몰릴 만한 상황에 이르면 경험 많은 수감자들은 간수들이 원하는 자백이 뭔지 알아차릴 실마리를 기다렸다. 그러나 미처 실마리를 얻기도 전에 압력을 받기 일쑤였고, 상황에 몰려 쉽게 자백해 버리곤 했다. 이렇게 해서 수많은 수감자들이 저지르지도 않은 죄를 자백했다. 또 구타를 피하기 위해 다른 사람에게 비난을 돌리기도 했다.

그래서 니마는 돌카가 얼마만큼 알고 있는지 짐작할 때까지, 그리고 실수한 행동이 생각날 때까지 대충 얼버무리며 시간을 끌려고 했다. 하지만 그가 얼버무릴수록 돌카는 점점 화가 났다.

"어서 자백해라."

그녀는 허공에 주먹을 휘두르며 소리쳤다.

감옥에 근무하는 상급 당 간부가 이 모든 것을 지켜보고 있었다. 나중에 알게 된 것이지만 텐다 나고가 일하고 있는 건설단에서도 비슷한 일이 벌어지고 있었다. 결국 니마는 탐색을 포기하고 텐다에게 했던 말을 자백하고 말았다. 돌카가 승리한 것이다.

"사악한 반동분자 텐다와 니마는 음모를 꾸미고 반혁명주의자들을 선동했다."

그녀는 이렇게 선언하였다.

"너희들은 조국의 적을 칭송했다."

니마는 그때까지도 자백을 거부하고 있던 텐다에게 끌려갔다. 조사는 며칠 동안 계속되었다. 우리는 텐다와 니마를 비난하는 모임에 참석해야 했다.

그러던 어느 날 밤, 문을 잠그는 시간에 커다란 소동이 일어났다. 게둔 소남이라는 승려가 사라져서 난리가 난 것이었다. 경비병들이 대대적인 수색에 나섰다. 나는 감옥 정문으로 굴러가는 지프차 소리를 들었다. 망루에서 경보가 울렸다. 경비병이 승려 이름을 부르며 찾아다녔다. 승려가 문 잠글 시간이라는 걸 잊어버리고 어딘가에 있을지도 모른다는 것이었다.

나는 소남이 정말로 탈출을 감행했는지 확신할 수 없었다. 데붕에서 온 소남은 나보다도 훨씬 나이가 들었고, 내가 속한 구획 부엌에서 요리를 담당하고 있었다. 그는 유쾌하고 친절하고 매우 박식한 사람이었다. 경비병은 부엌 뒤편 담에서 그를 찾아냈다. 소남은 고기 써는 칼로 목을 그어 싸늘하게 식어 있었다.

게둔 소남의 자살은 니마와 텐다 사건을 새로운 방향으로 몰고 갔다. 당국자들은 이 사건이 서로 연결돼 있으며 니마와 텐다는 소남의 죽음에 책임이 있다고 발표했다. 그들은 종신형을 선고받았다. 일주일 뒤 니마도 자살했다. 그와 같은 방에 있던 사람이 자초지종을 들려주었다.

"니마가 뭉툭한 철선을 찾아내더니 조용히 침대로 가져가더라구. 그리곤 담요를 머리끝까지 뒤집어쓰고 잠자리에 들었어."

아침이 와도 그가 일어나지 않자 감방장이 담요를 걷어냈다. 담요는 피범벅이 되어 있었다. 아무 소리도 없이 목을 찔러서 옆에 누운 이조차 알아차리지 못했던 것이다.

많은 수감자들이 자살했다. 그들을 두고 겁쟁이라고 말하는 사람도 있었고, 용기 있는 행동이라고 말하는 사람도 있었다. 나는 감히 뭐라고 말하지 못하겠다. 극도의 절망감에 빠져 스스로 목숨을 끊는 사람의 심정을 온전히 이해할 수 있는 사람이 몇이나 될까.

그러나 불교 승려로서 나는 사람의 생명이 이 세상에서 가장 소중한 것이라고 여겨왔다. 불교에서는 사람의 몸을 받고 태어나기 힘들다고 가르친다. 그러기에 자살이든 타살이든 생명을 해치는 일은 커다란 업보를 지게 된다고 가르쳤다. 하지만 감옥 안에서 종종 일어난 자살 사건에 대해 내가 뭐라고 말할 수 있을까. 죽음까지 불사하는 동료들의 절망이 내

가슴을 아프게 했다. 나는 죽은 이들을 위해 기도를 올렸다.

자살 사건이 일어나면 한동안 감옥 안은 뒤숭숭했다. 하지만 나는 아무리 괴롭힘을 당해도 굴복하지 않는다는 사실을 알려주고 싶어 강한 정신력을 지켜 나갔다. 그리고 여전히 살아갈 용기를 가지고 있었다.

텐다와 니마가 무슨 죄를 지었을까. 굳이 죄목을 따지자면 단지 해방의 가능성에 대해 상상했다는 것뿐이었다. 공산주의자들은 사람들이 그런 꿈을 꾸는 걸 끔찍하게 싫어했다. 하지만 우리는 해방에 대한 희망으로 견딜 수 있었다. 그 희망은 달라이 라마와 함께하는 자유, 바로 그것이었다.

중국인들은 모임에서 "너희들은 헛된 희망을 포기해야 한다"는 말로 시작하길 좋아했다. 우리는 종종 이런 말도 들었다. "백발이 되면 이뤄지겠지." 머리가 하얘질 때까지 티베트 해방을 기다려 보라는 비아냥이었다. 희망을 품고 표현하는 일은 모조리 중죄로 여겨졌다.

니마와 게둔 소남의 자살 이후 돌카는 명예를 되찾았다. 그녀는 사회주의의 성실한 수호자라는 칭찬과 함께 상을 받았다. 다시 한 번 여성 감옥의 책임자가 되었고, 마치 그곳이 개인 영지라도 되는 양 돌아다니는 걸 볼 수 있었다. 그녀는 다음 희생자를 찾고 있었다. 우리는 될수록 돌카를 피해 다녔다. 그러나 언제까지나 안전지대에 머물 수는 없는 일이었다. 우리가 정직한 행동이라고 생각해도 당국자들 눈에는 옭아맬 만한 빌미를 주는 일이 허다했다.

1965년 10월, 공산당의 중국 장악을 기념하는 행사가 열렸다. 나는 일하러 식당으로 갔다. 데붕 시절부터 알고 있던 요리사가 있었으므로 기쁜 마음으로 벙글거리며 찾았다.

"오늘은 오리를 먹게 될 거야. 굉장하지 않아?"

요리사는 식단을 미리 말해주었다.

나는 티베트에서 가장 낭만적인 시인이라고 일컬어지는 6대 달라이 라마의 시 구절을 인용하는 것으로 대답을 대신했다.

"그대가 사랑하는 것을 영원히 소유할 수 없다면 단 하루를 산 무슨 소용이 있을까?"

더 이상의 말은 없었다.

그러나 몇 주 뒤 열린 정기 모임에서 요리사는 나를 배신했다. 이 모임은 죄를 찾아내기 위해 감방마다 열렸다. 우리는 침묵 속에서 앉아 있었다. 심장이 빠르게 고동쳤다. 모두들 모임의 희생자가 되는 것에 공포를 안고 있었다. 물론 나는 내가 죄를 짓지 않았음을 알고 있었다. 그러나 모든 수감자들은 당을 기쁘게 하는 자백을 만드는 데 선수였다. 나는 사소한 위반 상황을 시인하고, 이 고백을 대단한 이데올로기로 포장하는 기술을 습득해야 했다.

"작업을 피하기 위해 야외 이동 화장실에 너무 자주 들락거렸습니다. 이러한 행동은 사회주의를 타락시키는 것이자 생산을 방해하는 행동입니다. 앞으로는 생산 증진에 힘쓰겠습니다."

그날 모임은 우리를 근심스럽게 만드는 것에 대해 비난하고 평가하는 시간이었다. 그 자리에서 데붕 출신 요리사는 누군가를 비판하라는 요구를 받자 나를 지목했다. 그는 내가 주방에서 가벼운 마음으로 했던 행동을 사회주의에 대한 중상비방과 그 옛날 봉건시대 지도자에 대한 찬양으로 바꾸어버렸다.

"팔덴은 옛 봉건제도를 그리워하며 열정적으로 시를 읊었습니다."

나는 일어나야 했다. 교도관이 과장되게 놀라며 나를 바라보았다.

"거 참 건방진 반동주의자일세!"

"어떻게 감히 새 사회와 지나간 봉건시대를 비교할 수 있지?"

중국인 교도관은 계속해서 우리를 다그쳤다.

"어때? 우리가 와서 너희들 처지가 훨씬 좋아졌다고 생각하지 않아? 옛날 죄수들은 쫄쫄 굶으며 지하 감옥에 갇혀 있었지. 허나 새 사회에서는 당에 총을 겨눈 작자라도 교화될 기회를 얻잖아?"

나는 침묵을 지켰다. 나 자신에 대해 설명할 길이 없었다. 한 번 비난받기 시작하면 변호란 있을 수 없었다. 교도관은 내 생각과 행동을 다시 한 번 돌아보라고 지시했다.

"앞으로 지켜볼 거다. 반드시 봉건주의에 대한 향수를 깨끗하게 정리하고 새 사회를 받아들여라."

그 뒤 8일 동안 나는 진정으로 봉건사회가 사회주의보다 좋다고 생각하냐는 심문을 받았다.

벌써 투옥된 지 5년이 지났지만 아직도 감옥 체제에 익숙해지지 않았다. 자유를 잃어버렸다는 사실은 결코 무뎌지지 않는 현실이었다. 답치에서 내가 하는 작업이 육체적인 것은 아니었지만, 비난받을지도 모른다는 두려움에 늘 고통스러웠다. 설상가상으로 나는 연락할 가족도 없었다. 편지를 주고받을 수도 없었다. 바깥 세계와 접촉하는 일은 즉각 의심받았기 때문이다.

동시에 우리 가족은 나를 비난하라는 압력을 받고 있었다. 정치범과 접촉하면 범죄로 간주되었다. 당 간부가 가족을 방문한다면 그건 '재교육'의 대상이 되었음을 뜻했다. 그는 가족들에게 질문을 던졌다.

"사회주의와 노동자와 함께할 거요? 아니면 당에 반대하는 반동들과 함께 조국을 분열시킬 거요?"

물론 그들이 원하는 대답은 정해져 있었다.

감옥에 있는 이나 밖에서 사는 가족들이나 서로를 잊고 사는 것이 가장 안전한 방법이었다. 사랑이 오히려 서로를 위험하게 만들 수도 있었다. 우리는 부모형제도 없는 고아인 양 생각하며 살아야 했다. 다른 이들에 비해 승려인 나에게는 쉬운 일이었다. 나는 혼자 있는 것에 익숙해져 있었다. 나에게는 강한 결속감도 없었고, 아내와 아이들과 함께한 가슴을 치는 기억도 없었다. 남편이 감옥에 있는 아내는 반동 남편을 용서할 수 없다는 표시로 재혼하는 경우가 빈번했다. 당은 이런 식의 대중적인 선언을 좋아했다.

1966년 2월 나는 다시 한 번 다른 감옥으로 이송되었다. 짐을 꾸리라는 명령을 듣고 혹시라도 남동쪽 버마 국경 근처의 콩포 교도소로 가게 될까봐 걱정했다. 라싸와 꽤 떨어진 그곳은 숲 한가운데 덩그러니 자리 잡고 있었다. 간수가 구타나 벌을 마음대로 줄 수 있도록 허용된 곳이어서 우리에겐 공포의 감옥이었다.

수감자들은 대개 무슨 이유로 옮겨가는지 설명을 듣지 못했다. 수감자를 옮기는 것은 행정적인 이유뿐만 아니라 단결된 집단이 되는 걸 막기 위한 목적도 있었다. 당은 모든 곳에서 음모를 발견하기 때문이었다.

몇 달에 한 번씩 방을 바꿔야 했으므로 한방에 오래 머무는 일은 없었다. 만일 수감자 둘이 친밀해진 걸 알게 되면 당국은 즉시 이들을 갈라놓았다. 인간적으로 조금만 친절을 베풀어도 얼굴을 찌푸렸다.

"우정이란 설탕 발린 총알이다."

공산주의자들의 주장은 그랬다. 특히 노동자 계급과 지주 계급 사이에 우정이 생길 경우 더욱 그러하다고 했다. 실제로 티베트 귀족 출신 수감자가 죄수에게 담배를 주었다고 해서 인민재판이 벌어진 적이 있었다. 노동자 계급의 환심을 사려는 행동이었다는 것이다.

우리는 사회주의 혁명을 방해하는 계급이 발사하는 '설탕 발린 총알'을 조심해야 했다. 수감자들은 모두 불필요한 접촉을 꺼렸다. 가난한 계급 출신 수형자와 정치범들은 지주 계급에게 적대감을 드러내어 사회주의 혁명에 동참하라는 교육을 받았고, 일부는 그대로 실천하기도 했다.

나는 여러 번 옮겨다녔다. 감방을 이리저리 옮기는 것은 물론이고 가끔씩 다른 지역으로 옮겨 가기도 했다. 1966년 2월의 어느 추운 날 아침이었다. 나는 쌍입이라는 곳으로 이송됐다. 그곳은 라싸에서 북동쪽으로 약 24킬로미터 떨어진 협곡의 하류 쪽 마을 이름을 따서 지은 감옥이었다. 쌍입은 계곡이 좁고 가팔라서 다행히 바람을 피할 수 있었다. 계곡에 널찍한 복합 감옥 단지가 들어서 있었다. 인민 군경 훈련학교 말고도 별도 감옥이 세 개나 있었고, 티베트의 모든 수감자들을 담당하는 중앙 행정기관이 자리잡고 있었다.

그러나 내가 그곳에 갔을 때 중국 정부는 단지 1번과 5번 감옥 두 개만 사용하고 있었다. 나는 5번 감옥으로 보내졌는데, 그곳은 다시 다섯 개 구획으로 나뉘어져 있었다. 내가 속한 구획은 빈터에 자리잡고 있어서 우리의 노동력을 필요로 하는 곳이면 어디든지 가서 일을 해야 했다.

수감자들은 모두 가시 철조망이 에워싸고 있는 텐트에 수용되었다. 경비들이 경계선 근처를 밤낮으로 감시했다. 각 텐트에는 열다섯 명의 수감자가 살았고, 그게 하나의 조를 이루었다. 내가 속한 조는 공사현장에서 페인트를 칠하거나 돌을 깨고, 벽돌을 만드는 잡다한 일을 했다.

밤이 되면 기온이 영하로 내려갔다. 우리는 추위를 이기기 위해 서로 안고 잤다. 때때로 텐트 너머로 불어오는 거센 바람이 무서워서 잠을 이루지 못할 때도 있었다. 아침에 일어나면 텐트의 방수천이 얼어붙어 딱 딱했다.

중국 정부는 쌍입을 통치할 감옥을 짓느라 분주했다. 더 많은 죄수들이 도착할 것에 대비하는 게 분명했다. 나는 처음에는 무거운 망치로 큰 바위를 조각내는 일을 했지만, 나중에는 창문틀 칠하기 같은 더 쉬운 일을 맡았다.

매주 텐트에서 열리는 모임은 걱정거리만 안겨줄 뿐이었다. 감옥에서 보낸 6년은 자백할 거리를 만들어내기 위해 끙끙거리는 나날의 연속이었다. 모임 전날이면 실수라고 인정할 만한 것들을 생각해내야 했다. 대부분 나는 일을 회피하고 게을리 했다고 고백했다. 그럼으로써 사회주의 생산 활동에 방해가 되었다고 자아비판을 했다. 운이 좋을 때는 감방장들이 내 고백을 들어주고 징계를 면해주기도 했다. 때때로 그들은 몇 분간 내가 저지른 반 사회주의적인 행동에 대해 비난하기도 했지만, 더 이상은 심각한 중죄로 발전하지 않았다.

1966년 봄 당의 일부 정책이 바뀌었다. 매일 점심 식사 후 〈티베트 데일리〉의 사설을 읽고 토론하는 시간이 생겼다. 대부분 제국주의 미국, 소련의 수정주의자들이나 인도의 확장주의 같은 특별한 주제의 사설에 대해 비난하는 토론이었다. 우리는 신문에 실린 견해는 무엇이든 그대로 좇았다.

그러나 그 봄에 실린 사설은 조금씩 모호해지기 시작하였다. 사설은 계급주의의 적과 수정주의자들에 대한 애매한 비판으로 가득 차 있었다. 중국 관리들은 분명한 기준도 없고 누구를 공격하는 것인지도 모르는 사설을 두고 혼란스러워했다. 훗날 공산당이 어떻게 운영되어 왔는지 알게 되었을 때에야 그 이유를 알 수 있었다. 그 무렵 당 지도부 사이에 권력다툼이 있었고, 안개 속 정국 때문에 사설이 명쾌하지 못했던 것이다. 이런 혼란이 바로 문화혁명의 시작이었다.

5월 어느 날 작업을 중단하고 텐트를 걷으라는 명령을 받았다. 우리는 트럭을 타고 쌍입 감옥으로 돌아왔다. 다섯 개 구획 가운데 단지 세 구획만이 감옥을 가지고 있었으므로 오후가 되면 사람들로 넘쳐났다. 티베트 관리가 우리에게 마당에 텐트를 설치하라고 명령했다. 각 조는 자리를 차지하기 위해 달려갔고, 곧 새로운 텐트촌 마을에 흙먼지가 자욱해졌다. 하지만 5월에 이런 풍경은 보기 드문 일이었다. 대부분 수감자들은 겨울에나 한자리에 모였고, 그럴 때 중국인들은 한 달 내내 상벌 모임을 열었다. 내 경험으로 봐서 이것은 험난한 시기가 닥쳐오리란 걸 암시하는 것이었다.

텐트가 빽빽하게 들어선 터라 무너질지도 모른다는 공포감에 제대로 잠들 수가 없었다. 이튿날 아침 기상 시간이 되었지만 평소처럼 분주하지는 않았다. 텐트 밖으로 우리를 몰아내는 간수도 없었다. 대신에 우리는 축 늘어져서 마당으로 갔다. 모든 감방의 문이 열려 있었다.

그때 한 무리의 관리들이 마당으로 들어섰고 각 구획의 책임자들이 줄지어 달려왔다. 중국인 상급 관리가 회의를 소집했다.

"마오쩌둥 수상께서 중국인이라면 남녀를 불문하고 문화대혁명에 참여할 것을 친히 지시하셨다."

관리는 이렇게 말하며 수정주의자를 숙청해야 한다고 목청을 높였다. 우리는 마오가 쓴 '16가지 지시 사항'이 담긴 작은 책자를 받았다.

"오늘부터 지시 사항을 모두 외워라. 그래서 당에 맞서는 적들과 싸워야 한다." 하고 관리가 지시했다.

나는 중국 정부에서 그렇게 빨리 책자를 만들고 티베트어로 번역까지 한 것에 놀라지 않을 수 없었다. 이처럼 서두른다는 것은 새로운 캠페인이 그만큼 심각하다는 뜻이었다.

"의심나는 사항이나 비판할 게 있으면 말해라."

상급 관리는 부드럽고 낭랑한 목소리로 짐짓 진심인 것처럼 말했다. 마오는 자신의 의견을 표현한다고 해서 처벌받는 자는 아무도 없을 거라고 분명히 표명해 왔던 터였다. 하지만 나는 확신이 서지 않았다. 이제는 의문을 품기에도 너무 익숙해져버린 글귀가 떠올랐다.

"자백하면 당은 관대하게 용서할 것이다."

관대한 약속이 어쩌나 달콤하던지 수년 동안 비밀스럽게 간직해 왔던 감정과 불만을 얘기하고 싶어 못 견딜 정도였다. 그러나 우리는 자유의 상실과 매주 열리는 모임에서 받는 협박, 감방장의 무자비한 행태에 대해 끝내 얘기하지 못하고 침묵을 지켰다. 두려움 없이 얘기할 수 있다면 얼마나 좋을까. 말이 이상하게 꼬여서 당이나 사회주의에 대한 비난으로 바뀌지 않을까 하는 두려움이 우리의 혀를 얼어붙게 만들었다. 하지만 관대한 약속은 더 이상 덫이나 중국인들이 훗날 말하듯 '구멍 속 뱀을 유인하는' 전술이 아니었다. 그 약속은 문화대혁명의 시작이었고, 혁명은 10년 동안 티베트를 지옥으로 만들었다.

8
문화대혁명이 파괴한 티베트의 영혼

그해 여름 어느 날 아침, 나는 답치 근처에 새로 지은 집으로 페인트 칠을 하러 나갔다. 칠 작업을 오랫동안 하지 않았던 터라 군중들이 붉은 깃발을 들고 다가오자 마음이 어지러웠다. 감옥 안에서야 색채라고 할 만한 것이 없었다. 간수들의 인민복 아니면 황토빛 메마른 들판이 고작 이었으니까. 바람에 힘차게 휘날리는 붉은 깃발이 짙푸른 푸른 하늘과 좋은 대조를 이루었다. 심벌즈가 챙챙 울리고, 드럼이 그 뒤를 이어 두두 둑 박자를 맞췄다. 악기 연주음 너머로 구호 소리가 요란하게 들렸다.

"마오여, 만수무강하소서! 마오여, 만수무강하소서!"

깃발을 들고 행진하는 사람들을 보자니 마치 축제에 참가하고 있는 아이들 같다는 생각이 들었다. 실제로 열다섯 살 이상은 없는 것 같았다. 이 아이들은 훗날 혁명의 선봉대라고 불리게 된다. 꼬마들까지 흥분에 휩싸여 손을 흔들며 그 뒤를 따랐다. 행진하는 아이들은 모두 홍위병을 상징하는 붉은색 군악대 유니폼을 입고 있었다. 그들은 행진을 지켜보는 수감자들에게는 눈길 한 번 주지 않고 지나쳐 갔다.

그날 저녁 나는 비슷한 젊은이들이 감옥까지 찾아와 공산당 간부들도 문화대혁명에 참여하고, 모든 반동분자들을 숙청할 것을 요구하는 성명서를 내밀었다는 소식을 들었다. 홍위병은 훗날 대단한 파괴를 야기하는 주인공이 되는데, 바야흐로 그 전조가 시작된 것이다. 젊은이들은 '저항은 훌륭한 것'이라고 한 마오의 표어에 사로잡혀 있었다. 한창 외부 영향에 휩쓸리기 쉬운 나이의 젊은이들은 도로를 점령하는가 하면, 혁명에 방해된다고 여겨지는 것들은 가차없이 파괴해버렸다. 감옥에 갇혀 있는 게 오히려 다행이라는 생각이 들 지경이었다. 기구하게도 수감자 신세가 홍위병의 야만적인 행동에서 우리를 지켜준 것이다.

한번은 세투에서 홍위병들이 행정부 사무실의 벽돌을 모조리 약탈해 가는 걸 본 적도 있다. 그들은 종이를 말아서 우스꽝스러운 원뿔형 모자를 만들어 상급 관리들에게 씌우고는 건물 밖으로 끌어낸 뒤 옷을 찢어버렸다. 관리들은 하얗게 회칠한 건물 앞 작은 마당에 줄지어 모였다. 언제나 위풍당당하던 그들이 무릎에 손을 얹은 채 고개를 숙이고 있는 광경은 무척 낯설었다. 그들은 공포에 질린 채 어색한 자세로 서 있었다.

"일동 차렷! 다 같이 절을 한다, 실시!"

홍위병들이 명령했다.

처음에 나는 이 관리들이 응분의 대가를 받고 있다고 생각했다. 우리한테 저지른 것과 똑같이 나이 어린 홍위병에게 당하고 있었다. 이런 복수심은 내가 배운 종교의 가르침과는 상반되는 감정이었지만, 한편 솔직하고 강렬한 인간적 본능이기도 했다. 그들을 증오한 것이 아니라 인과법칙의 공정함을 다시 한 번 절감한 것이다.

감옥 관리와 경비들은 명령 체계 사슬에서 가장 아래에 속해 있었지만, 그들이 행한 잔인함은 우리를 너무도 고통스럽게 만들었다. 어떻게 보면 수감자들이 이들을 향해 분노를 품는 것은 너무도 자연스러운 반응일 터였다.

"당신들은 반역자들을 적발하지 못했어. 그러니 혁명을 방해한 게 아니고 뭔가!"

홍위병은 관리들을 비난하며 모욕을 줬다.

다음 날 관리들은 어깨를 축 늘어뜨리고 감옥 담장을 따라 걸었다. 초라한 행색에 정신적인 동요를 겪고 있는 게 역력해 보이는 얼굴이었다. 홍위병의 지시대로 관리들은 회의를 소집해 자아비판 시간을 가졌다. 혁명을 지지하는 데 적극적이지 못했다는 것이다. 이제는 그들도 우리처럼 학습에 참여해야 했다.

우리 구획은 1966년 5월 중순쯤부터 한 달 내내 자체 학습을 실시했다. 마오의 지시사항을 공부하고 〈티베트 데일리〉 사설에서 말한 바대로 혁명의 진행을 따라가야 했다. 마오가 베이징 천안문 광장에서 천 명이 넘는 홍위병을 사열하는 영화도 관람했다. 문화대혁명은 마오 주석과 린뱌오가 직접 이끄는 것이라고 설명하였다. 린뱌오는 전에 들어본 적이 없는 이름이었다. 그는 '사랑하는 마오 주석의 첫손 꼽히는 추종자'로 유명했다. 우리는 그로부터 2년 동안 두 사람의 이름을 귀에 못이 박히도록 들었다.

우리는 문화대혁명이란 사회주의 발전을 방해하는 요소를 근절하고, 혁명을 전복시키려는 적들을 제거하기 위해서 마오 주석이 주도한 것이라고 배웠다. 따라서 혁명을 진지하게 받아들이고 사고방식과 태도를 개혁해야 한다고 들었다.

"누구든지 앞길을 방해하면 벌레처럼 박멸할 것이다."

사회주의 구호가 대개 그랬지만, 이 시기에 나온 구호는 유난히 섬뜩했다. 티베트에서 이런 일을 해야 하다니. 나는 정말이지 이해할 수 없었다.

어느 날 아침, 그날은 작업이 없다고 했다. 나는 가슴이 철렁했다. 우리는 끝없이 이어지는 정치 모임보다는 차라리 일이 더 좋았다. 노동하는 시간에는 당과 마오를 찬양하는 임무를 잠시라도 잊을 수 있었다.

그날 아침 우리는 운동장에 집합했다. 감옥 관리와 당국자들이 높다란 단상 위에 앉아 있었다. 이 자리에서 사십대 후반에 체구가 홀쭉한 감방장이 근엄하게 선언했다.

"그 옛날의 봉건시대는 죽고 사회주의가 유일한 길이 되었다. 여러분은 반드시 자신을 교화시키고 당과 인민을 사랑하는 법을 배워야 한다. 그러기 위해선 가장 먼저 네 가지 케케묵은 봉건 유물을 버려라."

그 네 가지란 우리의 오랜 문화, 관습, 습관과 사고라고 했다.

"프롤레타리아의 무쇠 주먹에서 도망칠 방법은 없다."

그는 주먹을 휘두르며 이렇게 말했다.

연설이 몇 차례 더 이어지다가 의미 없는 모임은 해산을 고했다. 그러나 휴식이 찾아온 것은 아니었다.

"숙소로 돌아가서 오늘 제기된 문제에 대해 토론하라."

관리가 이렇게 명령했다.

감방장은 이미 안에 들어와 있었다. 우리는 아침 모임에서 들었던 이야기를 다시 꺼냈다. 감방장이 한참 말하고 있는데, 바깥에서 요란스런 소리가 들려왔다. 모두 문으로 달려갔다. 마당에 느닷없는 담요 뭉치와 책, 신발이 잔뜩 쌓여 커다란 기둥을 이루고 있었다. 수감자들이 소지품을 그 위로 던지고 있었다.

그들은 네 가지 옛것을 버리는 중이었다. 옛것이라는 의심이 들 만한 것은 모두 버려야 했다. 기둥에 불이 붙자 곧 장작 더미처럼 타올랐다. 나는 여분의 이불로 사용하기 위해 승복을 갖고 있었더랬다. 그러나 승복도 불쏘시개 신세를 면치 못했다. 다른 수감자들도 종교서적과 상징물을 포함해 고이 간직해 오던 것들을 불 속으로 던졌다. 불꽃 위로 검고 진한 연기가 피어올랐다. 한 젊은 병사가 감방으로 성큼성큼 들어오더니 가죽 신발을 발견했다.

"저것도 던져버려."

병사가 신발을 가리키며 말했다.

"하지만 이건 아직 새 건데요? 옛날 것만 태우면 되지 않아요?"

신발 주인이 곤혹스러워하며 말했다.

"인도의 확장주의자들이 만든 거잖아. 냉큼 갖다버려."

병사의 대답은 거침없었다.

그러고 나서 병사는 내 가죽 주머니를 보면서 물었다.

"넌 왜 옛것에 집착하는 거야?"

티베트에서 '탕고'라고 부르는 가죽 주머니는 무척 유용한 것이었다. 목동들은 가축을 몰고 멀리 나갈 때 여기에 짬빠를 넣어 다녔다. 성지 순례자들은 주로 허리끈 아래에 넣어 다녔다. 탕고는 그릇 역할도 톡톡히 해내곤 했다.

"이건 노동자 계급이 좋아하는 물건이라오."

나는 병사가 이해하지 못하는 것이 안타까웠다.

"이런 건 봉건주의의 잔재야. 우리 프롤레타리아는 이런 거 필요 없어. 당장 갖다버려."

그의 대답은 거칠었다.

"당의 친절에 고마워해야 돼. 너희 같은 죄수한테까지 신식 접시를 사용하게 해주잖아. 예전엔 착취계급에게나 가능했던 특전이지."

나는 밖으로 나와 봉건주의 잔재라는 딱지가 붙은 탕고를 불 속에 던졌다. 탕고가 불 속에서 오그라드는 걸 보면서 울 수도 웃을 수도 없었다. 보잘것없는 조그만 가죽 주머니가 타도 대상이라니.

거의 모든 것이 '옛 봉건주의 잔재'이거나 '새로운 사회주의의 대상'으로 분류되었다. 어떤 수감자는 티베트식 나무 식기도 불에 넣어야 했다. 소지품을 샅샅이 수색한 뒤에야 병사는 우리가 아무것도 숨기지 않았음을 확인했다. 밤색이나 노란색 물건도 모두 없애야 했다. 그 두 가지 색깔은 공산주의자들이 질색하는 종교를 상징했기 때문이다. 불에 타는 신세를 면하려면 인민 군대의 군복 색깔인 빨간색이나 진한 초록색으로 물들여 사용해야 했다. 나는 모든 소지품을 물들이기로 결심했다. 사람들은 혁명에 대해 열렬한 관심을 증명하기 위해 소지품을 불태웠다. 감옥 안은 사뭇 혼란스러웠다.

며칠이 지난 뒤 나는 세라 사원 쪽에서 연기가 나는 걸 보았다. 티베트에서 세 번째로 큰 세라 사원은 감옥에서 동쪽으로 몇 킬로미터 떨어져 있었다. 거의 일주일 동안 주변에서 연기가 피어오르는 걸 지켜봤다. 그것은 극도의 광란으로 지펴진 불이었으며, 책과 승복, 신발과 가죽 주머니처럼 우리가 소중히 여기는 모든 것이 파괴되고 있음을 알리는 봉화였다. 나는 출옥하고 나서야 내 조국의 유산이 철저히 파괴되었음을 알게 되었다.

마당을 가로질러 중앙 홀로 걸어간 기억이 떠오른다. 까맣게 탄 책의 낱장들이 가을 낙엽처럼 땅에서 떠돌고 있었다. 종이를 집어들었다. 그것은 사미승 시절에 암기했던 예불서의 한 페이지였다. 새까맣게 그을린 경전이 내 손바닥 위에서 부서져 내렸다. 나는 흐느끼며 잿더미로 변한 경전을 바라보았다. 그리고는 누가 볼세라 황급히 소매로 눈물을 닦아냈다. 감방으로 돌아온 나는 벽에 걸린 마오의 거대한 초상화를 보았다. 뼈아픈 상실감이 가슴을 후벼댔다.

나는 오랜 문화나 관습, 케케묵은 사고를 간직하고 있다는 비난을 사는 것이 두려워 입도 벙긋할 수 없었다. 행동도 호랑이굴 앞을 지나듯 조심스러울 수밖에 없었다. 옛것을 모두 없앴으니 이제부터 사회주의 관습과 풍습에 적응하는 일만 남아 있었다. 우리는 새로운 프롤레타리아 문화에 어울리는 표현 양식으로 말하고 쓰는 법을 배웠다. 그리고 살아남으려면 고분고분한 모습을 보여야 했다.

매일 열리는 모임은 점점 위협적으로 변해갔다. 작업이 끝나고 숙소에서 저녁을 먹고 나면 바로 짧은 학습시간이 이어졌다. 그 시간에 우리는 〈마오쩌둥 어록〉이나 〈티베트 데일리〉의 사설을 읽었다. 일주일에 한 번씩은 자아비판을 하는 특별한 시간도 가졌다.

내가 애용하던 자아비판의 편법은 더 이상 감옥 당국을 만족시키지 못했다. 나는 종종 나태함과 다른 사람의 게으름을 비판하며 어물쩍 넘어가곤 했다. 감방장은 수감자들이 서로를 향해 비판의 화살을 쏘아대도록 부추길 책임이 있었다.

어느 날 나는 침대에 앉아 내 차례를 기다리며 자백할 것을 생각해내려 애쓰고 있었다. 드디어 순서가 돌아왔을 때 내 망설임에 짜증이 난 감방장이 비웃으며 말했다.

"팔덴은 이제 완벽하게 교화돼서 풀려나기만 기다리고 있나 보군. 안 그래?"

감방장이 약 올릴 때는 침묵이 최고의 대응이었다. 그러나 감방장은 가차없는 사람이었다. 나는 이내 도망갈 곳이 없음을 깨달았다.

"당에 위배되는 걸 말해봐. 그래야 보고할 게 생기지."

감방장은 집요하게 강요했다. 그러나 아무 생각도 떠오르지 않았다. 마침내 그는 내가 자백하기를 거부했으며, 교화된 사람이라고 철썩같이 믿고 있는 거만한 자라고 기록했다.

이튿날 저녁, 두 명의 감옥 책임자가 감방으로 찾아왔다. 나이가 든 사람이 문가에 앉아 담배를 입에 물었고, 젊은 사람은 감방을 따라 걷다가 멀리 구석에 서 있었다. 다른 수감자들은 말없이 앉아 있었다. 나이 든 책임자가 팔장을 끼고 내게 다가왔다.

"몇몇 죄수들은 스스로 새 사회의 시민이 되었다고 착각하고 있지. 하지만 반동분자 죄수는 단번에 변할 수 없다. 솜으로 싼 돌멩이 같은 존재라고나 할까. 겉은 부드럽지만 속은 딱딱하거든."

그는 몸을 돌리며 나를 지목했다.

"팔덴, 우리가 널 내보내줄 거라 생각하나?"

나는 아무 말도 하지 않았다. 그는 희미하게 웃으며 말했다.

"자백을 거절하는 자는 사회주의를 경멸하고 있는 거야."

갑자기 그는 목소리를 높이며 화를 냈다.

"방 가운데 가서 똑바로 서!"

그는 마치 어린아이를 나무라듯 나를 몰아세웠다.

"너 같은 작자한테는 방법이 따로 없지."

감방장이 신호라도 하듯 주먹을 쥐고 외쳤다.

"반동을 처단하라!"

나이 든 책임자가 고개를 끄덕였다. 다른 수감자들도 합창하듯 소리 쳤다.

"처단하라! 처단하라!"

간수와 감방장이 나를 때리기 시작했다. 나는 손으로 얼굴을 가렸다. 두들겨 맞는 그 순간이 영원처럼 느껴졌다. 하지만 뭇매가 쏟아진 시간은 고작 이십 분 남짓이었다. 간수가 떠난 뒤 나는 침대로 간신히 기어가 신음소리를 삼키며 잠들었다. 아침에 일어나자마자 셔츠를 들어올려 어깨와 갈비뼈에 든 멍을 살펴보았다. 뒤뚱뒤뚱 불안한 걸음으로 화장실에 들어가자 다른 수감자들은 나와 눈을 마주치지 않으려고 중요한 일이라도 하는 양 부산을 떨었다.

문화대혁명은 그로부터 10년 동안 마오 주석이 죽을 때까지 계속됐다. 그 기간에 나는 40여 차례 구타를 당했다. 인민재판에서 제외된 수감자는 한 명도 없었다. 인민재판은 언제나 다른 수감자들이 개입해 이뤄지는 형식을 띠었으므로 당은 어떤 책임도 지지 않았다. 우리는 제 한 몸도 지키지 못하는 꼭두각시가 돼가고 있었다. 만일 당국에서 해가 서쪽에서 뜬다고 우겨도 우리는 군말없이 따랐을 것이다.

티베트는 이제 반역자와 동맹자 두 파로 나뉘어 서로 대립하며 갈라지게 됐다. 모든 사무실과 작업장 심지어 가족끼리도 갈라져 서로를 비난했다. 감옥 관리들과 경비들이라고 이런 패싸움에서 예외는 아니었다.

하급 관리들은 상관을 혁명의 진전을 방해하는 지배자라고 비난했다. 〈티베트 데일리〉사설은 전임 부주석이었고, 지금은 당내에서 자본주의 침투의 선봉장이 된 류사오치의 앞잡이를 제거하라고 촉구했다. 그 무렵 류사오치와 덩샤오핑은 사회주의 건설 방법에서 마오쩌둥과 이견을 가지고 있었다. 이들은 실용주의를 바탕으로 기술을 중요시하고 물질적인 보상을 주장해 수정주의자라는 대대적인 비판을 받고 공직에서 물러났다.

공산당 내부 갈등으로 인해 지내기가 더 팍팍해졌다. 예전과 마찬가지로 모임과 처벌도 계속됐다. 새 수감자들이 꾸준히 들어왔는데, 대대수가 젊은 티베트인들과 중국 공산당 간부들이었다. 대개 이전 정부 관리나 당 간부였으나 티베트 내에서 류사오치와 덩샤오핑의 앞잡이로 비난받던 사람들이었다.

1967년 여름까지 반역자와 동맹자 사이의 갈등이 전국을 마비시켰다. 군대만이 유일하게 제 기능을 하는 기관이어서 감옥의 하루 업무는 군인들이 수행했다. 우리는 군인들을 '조국의 수호자'라고 불러야 했다.

어느 날 나는 공동 취사장으로 들어서던 참이었다. 그 순간, 상황이 얼마나 혼란스러운가를 똑똑히 자각하게 됐다. 중국인 수감자들이 앉아서 따사로운 햇빛을 즐기고 있었다. 깨끗한 입성으로 보건대 새로 온 수감자인 것 같았다. 그 가운데 한 명이 낯이 익다 싶었다. 그는 담배를 피우며 다른 사람과 얘기하고 있었는데, 내가 지나가자 내 쪽을 똑바로 바라보았다. 아는 사람이었다.

"반갑소, 차이 소장." 내가 말했다.

그는 벌떡 일어나 따뜻한 웃음을 짓고 손을 흔들며 다가왔다. 차이는 내가 1960년에 투옥됐던 노부쿵체의 소장이었다. 나를 심문한 적은 없었지만 그를 아직도 기억하고 있었다. 둥글둥글 얼굴에 살이 오른 그는 결코 나쁜 사람은 아니었다. 단지 성질이 급할 뿐이었다. 버럭 화를 냈다가도 금세 평정을 되찾았고, 법석을 떨다가도 곧 잊어버렸다. 나는 감옥 소장이 수감자 신세로 전락한 것을 보고 충격을 받았다.

놀라움은 거기서 그치지 않았다. 차이의 개인 통역을 맡았던 티베트 젊은이 왕걀도 있었다. 왕걀은 중국의 특혜를 많이 받은 편이었다. 가난한 집안 출신이었지만 당의 후원으로 중국까지 가서 교육을 마쳤다. 왕걀은 혼란스러워 보였고, 낙담한 듯 보였다. 그도 날 알아보았지만 아무 말도 하지 않았다. 아마도 창피하거나 반동 수감자와 어울린다고 비난받을까봐 두려웠을 것이다. 차이는 1976년까지 감옥에 있었다. 그와 왕걀은 공금 횡령의 의심을 받았다.

시간은 느리게 지나갔다. 그저 작업에 몰두할 때만 비난받을까봐 두려운 마음에서 벗어날 수 있었다. 비판하고 자백하라는 압력이 더욱더 가차없이 내려졌다. 그 결과 우리는 서로를 감시하지 않을 수 없었다. 백 개의 눈이 몸짓 하나하나를 지켜보고 있었다. 비록 마음속 깊숙이 중국 당국과 그들의 비열한 잔혹함을 지독하게 혐오하고 있다 해도 공포가 우리를 고분고분하고 유순한 순종자로 만드는 것 같았다.

수감자들 사이에 서로 이해하고 동정하는 마음이 싹텄다. 우리는 모두 똑같이 끔찍한 형벌을 받는 존재였다. 처음에는 동료에게 터무니없이 비판받으면 원한을 품었지만, 이내 서로를 용서했다. 어떤 고발이 이뤄진다 해도 더 이상 유감 같은 것은 품지 않았다. 그러기에는 우리가 처한 상황이 너무나 기막히고 어두웠다. 아무리 싫다고 해도 벗어날 수 없는 일이었다. 자아비판 모임에 참가하지 않으면 반 사회주의자이며 반란으로 간주되었기 때문이다. 모임이 진행되는 동안 군인들이 오가는 대화를 꼼꼼히 기록했다. 만일 진심으로 참여하고 있지 않다는 생각이 들면 지체없이 지적했다.

"혁명에 대한 열정이 부족하구만."

그러면 동료들은 마치 최악의 적이라도 만난 양 달려들었다.

착취 계급 출신에다 반동분자인 나는 가장 손쉬운 목표가 되었다. 바깥과 마찬가지로 감옥에서도 문화혁명으로 가장 이익을 보는 사람은 '가난한 소작인'으로 분류된 사람들이었다. 무산계급 출신 범죄자들은 훨씬 관대한 처분을 받았다. 그들은 새로 만들어진 계급 안에서 자못 우쭐해했다. 우리는 그들을 '굵은 목'이라 불렀다. 이 가난한 소작인들은 깨끗한 정치적 배경을 가졌다고 인정받았다. 봉건주의 시대의 특권을 되찾고자 하는 욕구로 더럽혀지지 않았다는 것이었다. 굵은 목들은 마치 선거에서 뽑힌 사람처럼 활개를 치고 다녔다. 그들도 자아비판에서 예외는 아니었지만 되도록 조심해야 할 존재들이었다. 작업장에서 하찮은 시비만 붙어도 노동자 계급을 괴롭히려 했다고 말하면 꼼짝없이 걸려들 수밖에 없기 때문이다.

감옥 어디를 가나 이제 수감자의 위치는 계급 배경에 따라 규정되었다. 제아무리 파렴치한 범죄를 저질렀다 하더라도 열심히 일하고, 정기적으로 다른 사람을 비판하고 계급 투쟁에 대한 열정을 표명하면, 곧 사면받고 풀려날 수 있었다.

1967년 말이 되자 모임은 사소한 비난과 하찮은 실수의 인정으로 점철돼 지루하게 이어졌다. 그러나 처벌은 예전과 마찬가지로 잔인하고 격렬했다. 심지어는 앉는 자세까지도 비판의 대상이 되었다. 명상하는 부처의 자세처럼 가부좌를 하고 앉으면 즉시 비난받았다. 부처에 대한 봉건적인 존경을 표현했다는 거였다. 대신에 인민군 병사의 자세를 본떠서 바닥에 쪼그리고 앉아야 했다. 쪼그리고 앉는 자세는 매우 불편했다. 나뿐만 아니라 다른 티베트인 수감자들도 바보 같은 착상이라고 여길 게 분명했다. 쪼그리고 앉는 데 익숙하지 않아서 그렇지 않아도 약한 다리가 더 부들부들 떨렸다. 몇 분 지나지 않아 나는 뭘 가지러 가는 척 딴청을 피우며 일어나곤 했다.

1968년 봄 나는 감옥 근처 벽돌 공장에 나가게 됐다. 몇 달 동안은 구타도 비판도 없이 지나갔다. 저녁에는 학습을 하며 보냈다. 학습이란 변함없이 마오가 쓴 책자 읽기였다. 어느 저녁 책을 읽고 있는데 두 군인과 '충라'라는 이름을 가진 우리 구역 책임자가 숙소로 들어왔다. 충라는 얼굴빛이 검고 성미가 급한 사람이었다. 상급 관리로 보이는 군인이 앞으로 나서며 말했다.

"당은 오랫동안 친절을 베풀며 참아왔다."

그는 지나치게 분개한 음성으로 말했다.

"당은 반동 죄인들에게 스스로 개선할 기회를 주었지. 허나 여전히 당과 인민에 반대하고 있다. 이런 범죄자는 염소 고기를 양고기로 속여 파는 정육점 주인과 같다."

이 군인은 통속극에 재능이 있었다. 하지만 우리는 이 갑작스러운 야단법석이 무엇을 뜻하는지 알았다. 우리 가운데 하나가 가차없는 벌을 받을 거라는 암시였다. 감방장도 떨고 있었다. 미미한 위반 사항이라도 보고를 누락하면 공모자로 몰릴 수 있기 때문이었다. 상급 관리가 다른 군인을 바라보자 그가 즉시 이름을 불렀다.

"팔덴 갸초."

나는 얼어붙고 말았다. 내 이름이 불리는 순간 동료들은 안도하는 빛이 역력했다. 가벼운 한숨 소리가 여기저기서 새어 나왔다. 어떻게 해야할지 아무런 생각도 나지 않았다. 나는 일어나서 방 한가운데로 걸어갔다.

"자백해라! 이 헝겊에 싸인 폭발물 같은 놈. 그동안 잘도 위장해 왔겠다?"

내심 은밀하게 지켜오던 비밀을 무심코 발설했다가 몹시 후회하는 수감자가 있었다. 관리들이 자연스럽게 죄상을 말할 때까지 침착하게 침묵하고 있는 편이 현명했다. 내가 침묵을 지키자 그들은 화가 나는 모양이었다. 관리는 감방장에게 다른 수감자를 시켜 내 손을 붙잡으라고 지시했다.

"머리를 숙여라!"

관리가 소리쳤다. 수감자 하나가 내 고개를 숙이게 하더니 팔을 잡고뒤로 비틀기 시작했다.

"이 무례한 반동 같으니."

"자백하라! 자백하라!"

나를 에워싸고 수감자들이 이구동성으로 소리치기 시작했다. 그러나나는 아무 말도 하지 않았다. 수감자 한 명과 간수 한 명이 더 들어왔다. 감방장은 내 머리를 휙 잡아 위로 끌어올렸다. 그리고는 방금 들어온 수감자를 가리키며 물었다.

"저 자를 알겠나?"

나는 그를 알아보았다. 이름은 릭진, 라싸 출신의 사내였다. 한때 같은 구획에 수감되어 있었던 터라 꽤 자주 마주친 적이 있었다. 그도 벽돌 공장에서 일하고 있었다. 하지만 나와 릭진이 무슨 상관이란 말인가.

"예, 압니다."

나는 관리에게 대답했다. 감방장은 여전히 내 머리를 짓눌렀고, 릭진이 나를 비난하기 시작했다.

"팔덴같이 사악한 반동은 봉건주의의 패배를 인정한 적이 없어요. 비밀리에 봉건주의의 싹을 틔우려는 꿈을 꾸고 있었습니다."

그러고 나서 릭진은 내 행동을 고발했다. 어느 이른 오후에 내가 물 공양을 올렸다는 것이다. 물 공양이란 과거 티베트 사람이라면 누구나 했던 종교 행위였다. 손가락을 물에 담궜다가 신들에게 바치듯 공중에 뿌리는 것인데, 나는 문화대혁명 이래 한 번도 이 의식을 올리지 못했다. 그런 일을 했다가 누구 눈에 띄기라도 하면 어떤 결과가 닥칠지 뻔히 알기에 엄두를 내지 못했던 것이다.

"릭진의 고발을 인정하는가?" 관리가 물었다.

"그런 일 한 적 없소."

나는 화가 나서 대답하였다. 관리는 릭진을 돌아보며 내 범죄에 대해 더 자세하게 말해보라고 종용했다. 나는 내 귀를 의심했다.

"분명히 봤다니까요. 냇물에 손을 담갔다가 공중에 뿌렸어요."

내 기억은 달랐다. 작업을 마치면 우리는 가느다랗게 흐르는 맑은 냇가를 따라 감옥으로 돌아오곤 했다. 어느 날 장갑이 물에 떨어지는 바람에 주우려고 허리를 굽힌 적이 있었다. 넘어진 김에 쉬어간다고, 장갑을 건져 올리고 손을 모아 시원한 물을 마셨던 것이다. 노동 끝에 마시는 물이라 가슴이 후련해서 나는 얼굴에 물을 끼얹었다. 그런 다음 손을 말리기 위해 물기를 털어냈다.

그런데 이 단순한 행동이 릭진 눈에는 종교 의식으로 보였던 모양이다. 왜곡도 그런 왜곡이 없었다. 하지만 내 변명 따위는 소용없었다. 인민재판을 가하라는 명령이 떨어졌다. 동료 수감자들이 앞으로 달려나와 등과 옆구리를 주먹으로 때리기 시작했다. 걷어차는 사람도 있었다. 감방장은 내 팔을 옆구리에 딱 붙여 놓고 굵은 밧줄로 나를 칭칭 묶었다. 나는 움직일 수가 없었다. 가슴, 팔, 어깨, 갈비뼈에 계속해서 주먹이 날아들었다. 그들을 이해 못할 것도 없었다. 만약 건성으로 때리는 시늉만 했다가는 사회주의 지지를 주저한다고 죄를 뒤집어쓸 터였다. 온몸이 묶여 있어서 머리를 보호하기 위해 손을 올릴 수조차 없었다.

나는 인민재판을 당하면서 죽어가는 수형자를 본 적이 있다. 숄캉 욘텐이라는 점잖은 노인이 바로 그 주인공이었다. 그는 전직 13대 달라이 라마의 서기였는데, 달라이 라마를 모욕하라는 명령을 거절했다가 구타당했다. 숄캉은 의식을 잃고 쓰러졌고, 병원으로 가던 길에 사망했다. 나는 어서 죽었으면 싶었다.

"차라리 죽여주시오."

나는 간수에게 간청했다. 나의 대담한 태도에 분개한 간수들은 이성을 잃고 머리며 갈비뼈에 무차별 구타를 퍼붓는 것으로 답했다. 마침내 구타가 끝났을 때 경비들은 개처럼 헐떡거렸다. 그들이 흘린 땀에서 악취가 풍겼다. 나는 바닥에 쓰러졌다. 감방장이 밧줄을 풀어주자 그제야 제대로 숨을 쉴 수 있었다. 간수들이 방을 떠나자 관리가 뒤에서 나를 지켜보며 말했다.

"끝났다고 생각 마라. 죄를 고백할 때까지 계속 수사할 테니까."

나는 침대로 기어갔다. 서서히 통증이 가라앉자 잠이 들었다. 다음 날은 내가 공동 취사장에서 차를 날라 올 차례였다. 그러나 얼굴은 퉁퉁 부어올랐고 늑골과 팔은 멍투성이가 되어 있었다. 동료들 모두 내가 극심한 고통에 빠져 있다는 걸 알아차렸다. 마음이야 기꺼이 내 일을 대신해주고 싶겠지만, 그랬다가는 '반동분자와 교제'한다고 비난받거나 '반 사회주의 범죄자를 동정'하는 인물로 낙인찍힐지도 모르는 일이었다. 동료들은 내가 통을 들고 밖으로 나가려고 애쓰는 모습을 하릴없이 바라만 보았다.

그날도 여느 때처럼 우리는 벽돌 공장으로 행진해 갔다. 내가 어떤 시련을 당했는지 웅변해주는 증거를 모두들 봤지만 그들은 시선을 돌려버렸다. 일을 안 하면 상황이 더 나빠질 수 있기에 나는 최선을 다했다. 오후가 되자 점점 더 걱정이 됐다. 나는 두려움에 떨며 감방으로 돌아왔다. 감방장은 벌써 방에 들어와서 담배를 피우며 기다리고 있었다. 내가 침대로 올라가려 하자 감방장이 노려보며 말했다.

"지금 뭐하는 거야?"

"그냥 좀 누울랍니다."

감방장은 고함치기 시작했다.

"이런 머저리를 봤나!"

곧이어 우리 구획 책임자인 충라가 어제의 그 간수들과 함께 들어왔다. 그는 어제와 똑같은 질문을 던졌다.

"그런 행동을 하면 안 된다는 걸 알면서도 물을 뿌렸단 말이지?"

"그런 적 없습니다."

나는 부정했다. 다시 감방장은 인민재판을 시작했다. 나는 머리를 숙였다. 다른 수감자들이 또다시 때리기 시작했고, 차례로 비난을 퍼부었다. 몇몇 수감자들은 아무런 저항도 못하는 나를 차마 때리지 못하고 옷만 잡아 흔들었다.

이런 일이 13일 동안 매일 밤 계속됐다. 나는 먹을 수도 없었다. 기묘하게도 작업만이 유일한 유예 시간이었다. 그러나 저녁에 호각이 울리고 모두 줄지어 감방으로 행진해 갈 때면 위가 오그라붙는 듯 조여들고, 내 마음은 두려움과 불안으로 가득 찼다.

내가 시련을 겪고 있는 동안 다른 수형자가 자살하는 일이 벌어졌다. 메이 메톡이라는 사람이었는데, 얼굴에 커다란 사마귀가 있었다. 남걀 사원의 승려였던 그는 1959년 라싸 봉기에 참여했다가 체포된 사람이었다. 그는 인민재판에 대한 부담으로 자살을 선택했다. 그는 나와 함께 벽돌 공장에서 일했다. 공장에서 감옥 정문까지 나 있는 진흙길을 따라 작업장에 가곤 했는데, 가는 길에 트럭들이 먼지를 일으키며 지나가곤 했다.

어느 날 저녁 감방으로 돌아오는 길이었다. 그날 메이는 나보다 세 줄 앞에서 걷고 있었다. 메이는 줄을 벗어나 막 정문을 출발한 트럭에 몸을 던지고 말았다. 트럭이 멈췄지만 때는 이미 늦었다. 메이의 발이 맹렬하게 경련하다가 끝내 진흙 길 위에서 움직임을 멈추던 것을 기억한다. 나는 멀리서 바라보고 있었다. 경비병들은 우리를 재빨리 감방으로 몰아넣었다.

아무도 메이의 죽음에 대해 얘기하지 않았다. 짐작하지 못한 건 아니었지만 그 사건은 그렇고 그런 일상사처럼 지나갔다. 우리는 진심이 드러날까봐 너무 두려워했다. 그를 위해 흘리는 한 방울 눈물조차 비밀로 간직해야 했다.

하루하루 살아가는 일이 너무나 가슴 미어지는 일이어서 우리는 구타와 고문에 무심한 것처럼 위장하는 법을 배우게 됐다. 하지만 나는 팽팽하게 긴장했다. 정신적인 부담감과 걱정거리가 날마다 새롭게 나를 압도했다. 나는 메이 메톡 덕을 단단히 보았다. 감방 안에서 인민재판이 다시 시작되었지만 이번에는 구타의 강도가 훨씬 약해졌다. 심지어 충라마저 얼마간 부드러워진 것 같았다. 열나흘 동안 나는 한 마디도 자백하지 않았다. 마침내 관리는 이렇게 말하며 포기하고 말았다.

"팔덴 갸초. 그 일은 연례 평가 모임에서 다룰 거다."

감방 동료들은 내 고집에 혀를 내두르며 칭찬을 아끼지 않았다.

연례 평가 모임은 매년 겨울에 열렸다. 수감자들이 모이면 구획 책임자가 기록을 낭독했다. 성실한 수감자들은 마오의 사진이나 마오의 어록 복사본을 상으로 받았다. 교화에 실패했다고 낙인찍힌 죄수는 형량이 늘어났다. 해마다 수많은 수감자가 교화되지 않았다는 이유로 사형을 선고받았다.

1970년 11월의 어느 날 아침, 우리는 커다란 철제 정문이 삐거덕거리는 소리에 잠이 깼다. 감옥 정문이 열리는 경우는 거의 없었다. 이윽고 구획 책임자들이 경비병에게 고함치는 소리가 들려왔다.

"죄수들을 깨워라!"

감방 문이 벌컥 열리고 경비가 뛰어들어와 우리를 깨웠다.

"집합, 집합!"

우리는 마당에 모였다. 아직도 밖은 어두웠고 하늘에는 별이 총총하게 빛났다. 얼음장 같은 바람이 얼굴을 때렸다. 감옥 안으로 트럭 들어오는 소리가 들렸다.

"상벌 모임에 참석하러 답치로 돌아간다. 알겠나?"

감방장은 매년 열리는 그 모임을 상기시키며 말했다. 우리는 알고 있었다. 이것은 곧 사형집행과 다름이 없다는 것을.

답치에 도착했을 때 바깥은 여전히 어두웠다. 우리는 트럭에서 뛰어내렸다. 경비가 진흙 바닥에 앉으라고 지시했다. 트럭이 꼬리를 물고 도착했고, 수백 명의 수감자들이 차에서 뛰어내렸다. 라싸 주변 감옥의 수감자는 모두 이 모임에 소환됐다. 바닥에 각 감옥과 구획 번호가 분필로 적혀 있었다.

한 관리가 이 모임의 규칙 세 가지를 일러줬다.

말하지 말 것, 잠자지 말 것, 화장실 가지 말 것.

떠오르는 새벽 햇빛이 그렇게 반가울 수 없었다. 사법 사무실 관리들이 밖으로 나와 우리 앞에 놓은 긴 의자에 앉았다. 관리가 신호를 보내자 경비는 사형집행 예정인 수감자를 데려왔다. 사람의 본능이란 그렇게 모진 것일까. 순간 나는 내가 아닌 것에 안도했다. 동시에 앞으로 벌어질 일이 불쾌하리라는 예감에 마음이 좋여 왔다.

무장한 군인들이 밧줄로 꽁꽁 묶은 죄수들을 한 명 한 명 끌고 왔다. 죄수들 목에는 한자가 가득 적힌 나무판이 달려 있었는데, 무슨 뜻인지 알 수 없었다. 아마도 죄수들 이름과 죄목이었으리라. 점점 더 많은 수감자들이 똑같은 나무판을 목에 달고 마당으로 끌려나왔다. 순식간에 50명 넘는 수감자들이 우리 앞에 섰다.

경비가 감방장에게 신호를 보냈다.

"반 혁명주의자를 죽여라! 죽여라!"

구호가 시작되었고, 이윽고 천 명의 목소리가 이 외침에 합류했다. 우리 구획의 수감자 두 명도 사형 집행을 앞에 두고 줄지어 서 있는 게 보였다. 이틀 전 디쿵 팔다와 랍축이 소환된 기억이 났다. 그들이 사형 당하리라는 암시가 없었기에 풀려난 게 틀림없다는 소문이 나돌던 터였다. 하지만 오늘 아침, 여기서 그들을 보다니. 아는 사람의 죽음 직전 모습을 가만히 앉아서 바라본다는 건 견딜 수 없는 일이었다.

"팔덴 갸쵸!"

연단에서 관리가 내 이름을 부르는 소리가 들렸다. 나는 죽음을 기다리며 무릎을 꿇은 채 꼼짝 않고 있는 죄수들 앞으로 나갔다. 사형수 가운데 하나가 머리를 잡힌 채 끌려와 내 앞에 얼굴을 들이밀었다. 이가 몽땅 빠진 채 주름이 자글자글 깊은 노파였다. 얼굴은 빵처럼 부어올랐고, 여기저기 멍투성이였다. 여인은 숨도 제대로 쉬지 못했다.

오늘 이 시간까지도 그 여인의 기억이 나를 오싹하게 만든다. 경비 두 명이 나를 붙잡더니 머리를 아래로 숙이게 했다. 여인의 이름이 호명되고, 어떤 범죄를 저질렀는지 설명이 이어졌다. 조국을 배신하고 반 사회주의 운동에 가담해 프롤레타리아 독재를 전복하려 했다는 것이다. 그러나 내 귓가에는 여인의 죄목이 들어오지 않았다. 여인의 이름이 내 가슴을 고동치게 했기 때문이었다.

여인은 쿤달링 쿤상이었다. 오래 전부터 수없이 들은 이름이었다. 쿤달링은 티베트의 유서 깊은 귀족 가문 출신으로 중국에 맞선 용기 때문에 크게 존경받고 있었다. 그이는 1959년 3월 12일 라싸에서 대규모 여성 시위를 조직하고 이끌었다. 인민재판을 당하면서도 티베트는 독립 국가라고 선언했다는 얘기를 들은 적이 있었다. 그이는 1959년 티베트 봉기의 주인공이었다.

우리는 서로를 물끄러미 바라보았다. 쿤달링의 눈에 물기가 어리더니 빨갛게 부풀어 올랐다. 뭔가 할 말이 있는 듯한 표정이었다. 말을 할 수 있다면 내게 기도를 부탁하고 싶었으리라. 죽음을 앞둔 사람을 위해 기도하는 것은 승려의 의무였다. 그러나 나는 꼼짝할 수 없었다. 겨울 햇살이 마당에 환하게 내리쬐고 있었고, 그 열기 때문에 어지러웠다. 나는 구름 한 점 없는 하늘 높이 독수리가 날고 있는 모습을 상상했다. 부디 독수리가 나를 잡아채서 죽음이 눈앞에 와 있는 이곳에서 멀리멀리 데려갔으면 하고 바랐다.

군인 하나가 내 옆으로 다가오자 나는 깜짝 놀랐다. 그가 내 어깨에 손을 올려놓았다. 우리 구획 책임자가 앞에 나타나 내 이름을 불렀다.

"팔덴 갸초."

내 목은 타들어갔다. 그러나 내 대답 따위는 상관없다는 듯 그가 말했다.

"알다시피 넌 절벽 위에 대롱대롱 매달려 있는 신세다. 너와 저 사형수들 사이에는 이만큼의 차이밖에 없어. 알아들었어?"

그는 엄지손가락과 약지를 벌려 보이며 사형수들을 가리켰다. 나는 너무나 두렵고 역겨워 그의 위협이 들리지 않았다.

모임은 지리하게 계속됐다. 오후까지 사형수들의 죄목을 읽어댔다. 그리고 마침내 이렇게 선언했다.

"당은 이 자들의 생존권을 박탈한다."

"반 혁명주의자를 처단하라! 인민의 적에게 죽음을!"

218

수감자들의 목소리가 천둥처럼 울렸다.

수감자들이 트럭 뒤로 끌려 올라갔다. 트럭은 천천히 달리며 수감자들 앞을 지나 감옥 정문 밖 구덩이까지 갔다. 수감자들이 이미 1.5미터 깊이로 파놓은 곳이었다. 자세히 보겠다고 감옥 담 위로 올라간 관리들도 있었고, 몇몇은 쌍안경까지 동원했다.

사형수들은 구덩이 가장자리에 무릎을 꿇고 앉았다. 그 시간이 영원처럼 길게 느껴졌다. 눈앞에서 동포의 죽음을 목격해야 하는 기구한 처지가 가슴을 후볐다. 이윽고 발사대가 총을 쏘았고, 총알의 힘에 떠밀려 사형수들이 구덩이 속으로 굴러떨어졌다. 발사대는 구덩이 가까이에 다가가 일제 사격으로 아직 숨이 끊어지지 않은 사형수들을 향해 총을 난사했다. 사격이 끝난 뒤 무서운 정적이 감돌았다. 그날 열다섯 명이 총살당했다. 그리고 그 열다섯 명은 세월이 지나도 내 가슴속에 그대로 묻혀 있다.

사형수 가족은 총알 개수와 밧줄 길이를 적은 청구서를 받고서야 사형이 집행됐음을 알게 된다. 사형 집행에 쓴 총알과 몸을 결박했던 밧줄 값을 물면서, 가족들은 사회주의가 부과한 죽음의 비용에 치를 떨었다. 죽음은 우리와 가장 가까운 친구였다. 죽음을 선고하고 집행하는 것, 이것은 당의 힘을 극대화해서 나타내는 수단이었다. 우리는 저마다 다른 형태로 죽음과 마주했다.

1971년 가을, 사람들이 한 명씩 조그만 사무실로 소환되던 기억이 난다. 사무실 문은 왼쪽으로 활짝 열려 있었는데 커다란 창문을 통해 안에서 일어나는 일을 지켜볼 수 있었다. 잠빠 초펠이라는 승려가 나보다 앞서서 들어갔다.

잠빠는 샹 페톡 사원의 주지였으며 간덴의 위대한 학승이었다. 풍채 좋은 몸집에 둥그스름한 얼굴을 한 그는 지독하게 얻어맞고 고문당해도 종교 서약을 포기하지 않았다. 그러나 아무도 그가 어떤 식으로 사형 선고에 반응할지 예상하는 사람은 없었다. 뜻밖에도 잠빠는 자비를 구하며 울부짖었다. 그는 예전에 스승이나 덕망 높은 스님들 앞에서 그랬던 것처럼 중국 관리 앞에 엎드렸다. 그리고는 걷잡을 수 없이 눈물을 흘렸다. 군인들이 우르르 달려나와 그를 탁자로 끌고 갔다. 그러더니 손가락을 가져가 강제로 서류에 지문을 찍게 하더니 마대자루 내던지듯 방구석으로 던져버렸다.

페마 돈덴이 다음 차례였다. 페마는 달라이 라마가 어렸을 때 티베트를 통치하던 탁바 섭정의 집사장을 지냈다. 감옥 안의 모든 이들이 그를 좋아했다. 페마도 사형선고를 목전에 두고 있음을 모르고 있었다. 관리가 탁자 앞에 서 있는 그에게 판결을 내렸다.

"당은 너의 생존권을 뺏기로 결정했다."

"투체체."

그는 기뻐하며 말했다. 그것은 '감사합니다'를 뜻하는 티베트말이었다. 나도 놀랐고, 중국 관리도 화들짝 놀랐다. 그러나 페마의 다음 말이 우리를 더욱더 놀라게 만들었다. 그는 티베트의 옛 속담을 읊었다.

"행복하게 오래 사는 건 좋은 일이다. 그러나 짧고 불행한 삶이 훨씬 더 좋다."

그러면서 자신만만한 태도로 손가락에 잉크를 묻혀 서류에 찍었다.

돌이켜 생각해보면 페마가 명상 수행이나 불교 철학을 공부하지 않은 평범한 사람이었다는 점이 충격으로 다가온다. 일생을 죽음에 대해 명상하고, 육체란 아무 소용없고 영원하지도 않다는 믿음에 헌신한 학식 높은 승려는 그토록 미친 듯이 자비를 구하는데, 어떻게 평범한 그가 죽음 앞에서 그처럼 용감할 수 있었을까? 페마의 반응은 중국의 힘을 하찮고 무력하게 만들었고, 태연한 모습은 그들의 잔인함을 무의미하게 해버렸다.

또 다른 수감자는 마오의 초상화를 훼손했다는 이유로 사형을 선고받았다. 그의 잘못이 불거져 나온 것은 주례 모임에서였다. 감방장은 늘 해오던 대로 모임을 이끌었다. 한 수감자가 일어서더니 고발할 것이 있다고 했다.

"누군가 위대한 지도자를 깊이 증오하고 있는 게 틀림없습니다. 제가 가지고 있는 마오 주석 초상화에 손톱자국을 냈지 뭡니까? 분명히 악질 반동의 소행입니다."

감옥 안은 발칵 뒤집혔다. 그 자리에서 초상화에 난 손톱 자국의 치수를 놓고 정밀한 검사가 이뤄졌다. 당국은 고발했던 수감자에게 어떻게 손톱자국이 났는지 말하라고 캐물었다. 그러나 그는 설명하지 못했고, 결국 사형선고를 받았다.

그 무렵 당은 중국에서 공자와 린뱌오를 공격하는 운동을 벌이고 있었다. 한편 티베트에서는 달라이 라마와 판첸 라마를 겨냥해 운동이 일어났다. 중국은 달라이 라마를 당과 새 사회주의의 가장 위협적인 적으로 비난하기를 바랐다. 우리는 그걸 잘 알면서도 티베트 귀족을 비난하는 것으로 곤경을 피해갔다. 공산당 간부는 되풀이해 묻곤 했다.

"누구 때문에 티베트에 비극이 생겼지?"

어느 날 모임 중에 툽텐 쿤가라는 수감자가 일어섰다. 툽텐은 1959년 봉기에 참가한 죄목으로 20년 형을 선고받고 복역 중이었다. 그런 그가 아주 태연하게 우리가 그토록 조심스럽게 피해왔던 말을 하는 게 아닌가.

"달라이 라마가 티베트 비극의 원인입니다."

우리는 귀를 의심했다. 하지만 그는 거기서 멈추지 않았다.

"달라이 라마는 조국을 배신한 노예 주인입니다. 우리는 달라이 라마의 죄를 폭로해야 합니다."

쿤가의 형기는 7년으로 줄었고, 나중에는 감방장까지 됐다.

1970년 말이 되자 당파적인 논쟁은 대부분 끝을 맺었다. 군대는 이제 더욱 굳건한 힘을 가졌다. 모든 사원과 암자는 폐쇄되거나 파괴됐다. 티베트 사람들은 이제 인민공화국 안에서 살게 됐다. 이게 바로 '최상의 발전 단계'의 현실이었다.

9
배반과 용서의 나날

1970년 말, 내가 감옥에 갇힌 지 꼬박 10년이 됐다. 살아 있는 동안 자유를 보지 못할 거라는 생각이 들기 시작했다. 정신과 육체 모두 매우 약해졌고 계속해서 숨이 찼다. 구획 책임자에게 감옥 의무실에 보내달라고 간곡히 요청했지만 묵살당하고 말았다.

우리들 2백 명은 라싸 남쪽 톨룽에 있는 수력발전소 건축현장에서 일했다. 수력발전 설비는 티베트가 현대 사회로 발전했다는 표시라고 했다. 우리는 강물을 끌어오는 수로를 팠는데, 너무 열심히 일한 나머지 일주일 걸릴 일을 사흘 만에 끝내버렸다. 전력 사무실의 상급 관리들이 축하한다고 하더니 상으로 비누와 수건을 하나씩 주었다. 우리는 때로 너무도 치열하게 일에 몰두했는데, 그래야 정신적인 괴로움에서 잠시나마 벗어날 수 있기 때문이었다. 일이야말로 고통을 덜어주는 진통제였다.

쌍입으로 돌아오자 내 건강은 훨씬 더 악화되었다. 의무실 진료 허가를 다시 한 번 받아보려 했지만 이번에도 거절당했다. 간수들은 일을 하지 않으려고 꾀병을 부리는 거라고 했다. 나는 가장 고된 노역인 채석장에 배정되었다.

그곳에서 일하던 어느 날 나는 마침내 일하다가 정신을 잃고 말았다. 다시 정신이 든 곳은 인근 의무실이었다. 병실은 흠잡을 데 없었는데 소독약 냄새가 코를 찔렀다. 의사가 병원이라고 말해주었다.

"왜 진작 병원에 오지 않았소?"

의사가 추궁하듯 물었다.

"구획 책임자가 허락하지 않았어요."

의사는 펄쩍 뛰었다. 내 병이 깊어서 더 큰 병원으로 옮겨야 한다는 것이었다. 그래서 다시 답치로 가게 됐다. 생전 처음으로 건강 진단이라는 걸 받았다. 왕이라는 젊은 중국인 의사가 나를 진찰했다. 이 의사는 티베트어를 좀 알고 있었는데 진찰하면서 줄곧 고개를 갸우뚱했다.

"심각하네, 심각해."

나는 아무 말도 하지 않았다. 진찰이 끝나자 의사는 젊은 티베트인 간호사를 불러 의학 용어를 통역하게 했다. 의사 말로는 내가 심장병이 있다고 했지만, 상세한 진단은 통역하는 과정에서 생략됐다.

수감자들로 미어터지는 감방에서 벗어나 혼자 쓰는 침대에 누워있자니 기분이 이상했다. 깨끗한 흰색 면 이불이라니, 믿기지 않을 만큼 사치스러운 것이었다. 나는 깨끗한 새 옷도 받았다. 매일 세끼 밥을 먹었고, 간식도 먹었다. 아침마다 환자들은 제대로 만든 티베트식 버터차를 받았고, 쌀밥에다 심지어 야채도 자주 나왔다.

의사 왕은 진심으로 자기가 돌보는 환자들이 편안히 지내도록 신경썼다. 하지만 당은 쉬지 않고 작동되는 기계 같았고, 심지어 병원 의료진을 통해서도 영향력을 행사했다. 내 기록 파일을 넘겨받고 사건 내용을 알게 된 의사가 자주 이런 질문을 던졌다.

"반동적인 신념을 고집하는 이유가 뭐요? 사회주의를 받아들여요."

그는 사회주의가 전 세계의 진보를 의미한다며 충고했다.

의사와 간호사의 상냥한 간호에 마음이 약해져 몇 년 동안 지켜온 비밀을 누설해버리는 수감자도 많았다. 나는 이런 함정에 결코 걸려들지 않으리라 마음먹었다. 그렇기는 했지만, 어느 날 뜻하지 않게 계략에 걸려들어 그만 사회주의를 비방하는 발언을 하고 말았다. 당국은 감옥이건 작업장이건 병실이건 모든 장소에 믿을 만한 감시자를 심어놓아 수감자들 사이에 일어나는 일을 항상 보고하도록 해놓았다. 감시자는 보통 '깨끗한' 계급 출신의 죄수로, 보고 들은 것을 모두 당국에 알리라는 지시를 받고 있었다. 또한 당은 감시자가 개개인을 직접 지목해서 고발하도록 장려하고 있었다.

병원으로 이송된 다음 날, 나는 병실에 이런 연락책이 있다는 걸 알게 되었다. 티베트 북동 지역의 낙추 출신 젊은이가 내 옆 침대로 옮겨왔는데 특별히 아픈 곳이 있는 것 같지 않은 환자였다. 이 젊은이는 자기소개를 하더니 놀라울 정도로 태연자약하게 자신은 아내를 죽였다고 말했다. 그리고는 자신의 출신 계급은 '가난한 유목민'이라고 덧붙였다. 이 말은 곧, 이 젊은이가 중국의 티베트 점령으로 상당한 혜택을 받았음을 뜻하는 것이었다. 다들 이 젊은이를 빨갱이라는 뜻을 가진 '말도'라고 불렀는데, 그의 혁명적인 성향 때문이었다.

나는 말도를 경계하고 또 경계했다. 이 사람이 출신 계급을 언급한 것은 일종의 경고라고 생각했다. 어지간하면 이 사람한테 화내지 말아야지, 나는 그렇게 마음먹었다. 하지만 젊은이는 지치지도 않고 끊임없이 성가시게 굴었다. 하루는 말도가 내 새 파자마를 달라고 억지를 부리는 통에 그만 자제력을 잃고 파자마를 베개 밑으로 쑤셔 넣어버렸다.

"자네는 가난한 유목민인 만큼 당이 모든 것을 베풀어주지 않았나. 하지만 난 착취 계급 출신이라 모든 걸 빼앗겼단 말야."

나는 소리를 질렀다.

자제력을 잃은 내 고함소리에 말도는 기뻐하는 것 같았다. 나의 경솔한 말이 사회주의에 대한 뿌리 깊은 반감이라는 것을 증명하기 위해 얼마나 왜곡되고 조작될지 불 보듯 뻔했다. 아니나 다를까, 구획 책임자가 득달같이 내 침대로 찾아와 '봉건주의 타파에 불만을 품은 반동분자들'에 대해 일장 연설을 늘어놓았다.

그다음 2주일 동안 나는 인민재판에 나가야 했고, 죄를 자백하라는 지시를 받았다. 보통 그렇듯 주먹으로 탕탕 탁자를 내리치지는 않았지만, 간수들은 욕설이란 욕설은 다 퍼부었다. 병원에 입원해 있던 동료 수감자들은 진짜 분개하는 것처럼 보이기 위해 최선을 다했다. 그들은 어쩔 수 없이 나를 비난해야 했다. 결국 나는 자백했다. 말도는 매우 뿌듯해했고, 자신의 의무를 다하여 반동분자를 적발해냈다는 사실에 감격스러워하는 듯했다.

일단 건강이 회복되어 가자, 나는 병원에서 청소를 한다든가 붕대와 면봉을 만드는 것과 같은 가벼운 노역을 하라는 지시를 받았다. 하지만 숨이 차는 느낌은 여전했고 가슴 부위에 심한 통증이 나타났다. 1971년 초, 나는 퇴원하여 쌍입 교도소로 돌아왔다. 그리고 감옥 안에서도 험하기로 이름난 제1 감방에 배치되었다.

3일 동안 노역을 면제받은 뒤 다시 채석장에 배정되어, 수백 명의 수감자들과 함께 둥그스름한 바위를 깨뜨려 미끈하게 네모난 벽돌을 만드는 일을 했다. 처음에 나는 벽돌 모양을 다듬는 작업을 했으나, 곧 맨 등에 바위를 짊어지고 채석장에서 건축현장까지 90미터쯤 오가며 나르는 일을 했다.

둘째 날, 채석장에서 젊은이가 커다란 바위를 등에 지다가 바위에 몸통이 짓눌려 꼼짝 못하고 쓰러져 있는 걸 보았다. 간수와 관리들의 잔인함은 끝이 없었다. 한 달 뒤, 수감자 하나는 감방장 왕갈에게 철봉으로 얻어맞아 머리가 깨졌다.

피부가 점점 딱딱해졌고, 손가락과 손바닥에 못이 박혔다. 몇몇 수감자는 버려진 신발 밑창을 구해 와 손 보호대를 만들었다. 나도 보는 대로 밑창을 모으기 시작했다. 여섯 개 정도를 모아 철사로 엮었다. 그 덕에 날카로운 돌에 손을 다치지 않게 되었고, 이 보호대는 나의 가장 귀중한 재산이 되었다.

그해 9월, 병사 두 명이 린뱌오의 초상화를 떼어냈다. 린뱌오는 전국인민대표대회에서 마오쩌둥 주석의 후계자로 지목됐던 인물이었다. 우리는 5년 가까이 아침저녁으로 '린뱌오여, 만수무강하소서'라고 외쳤었다. 그런데 사진을 치워버린다는 것은 뭔가 심각한 일이 벌어졌다는 얘기였다.

며칠 후 집회에 불려갔다. 교도소장이 사태를 설명했다.

"린뱌오가 마오쩌둥 주석을 암살하려 했지만 실패했다."

린뱌오와 그 공모자들이 타고 있던 비행기가 추락하여 전원 사망했다는 것이다. 중국인 관리들은 이 사건에 당혹스러워하는 것 같았다. 한때 그 힘이 미치지 않는 곳이 없다가 공산당 내부 권력 투쟁에서 밀려나 실각하면 그야말로 지는 태양이 따로 없었다.

린뱌오를 깎아내리기 위해 새로운 운동이 시작됐다. 우리는 〈티베트 데일리〉를 연구해 적절한 비판거리를 만들어냈다. 이런 식의 비판은 이제 제2의 천성처럼 몸에 배게 되었다. 당의 문헌에서 린뱌오에 대해 언급된 부분은 전부 삭제됐다. 린뱌오를 그린 벽화와 그림은 다른 것으로 교체하거나 없애버렸다. 책에서 그의 이름이 나와 있던 페이지는 여지없이 찢겨나갔다.

어느 날인가 또다시 집회가 열렸을 때 텐빠라고 하는 젊은 티베트인 관리가 헨리 키신저의 중국 방문 소식을 알려주었다. 하지만 키신저라는 이름은 내게 별 의미가 없었다. 텐빠는 키신저라는 사람이 누구인지 설명해주었다.

"키신저가 왜 오겠나? 미국 대통령을 모국에 데려오려는 게지. 이제 두고 보라구. 미국하고 중국 관계가 훨씬 돈독해질걸?"

텐빠의 말은 흰소리가 아니었다. 몇 달 뒤에 정말로 미국의 닉슨 대통령이 중국을 방문할 거라는 소식이 들렸다. 닉슨의 방문은 중국과 노동 계급의 혁명에 승전보를 안겨주는 것처럼 보였다. 우리는 크게 낙담했다. 1960년 이후로 우리는 미국이 티베트 해방을 도와주길 바라고 있었다. 1961년 답치에 있을 때 나는 티베트 군대가 인도에서 조직되었고, 미국 CIA가 이들을 훈련시킬 거라는 이야기를 들은 적이 있었다. 이 이야기를 해준 수감자가, 비행기를 타고 미국에 가서 훈련을 받은 뒤 다시 낙하산을 타고 티베트에 들어온 당사자였다.

그 무렵 중국이 미국을 맹렬하게 비난하는 걸 보고 우리는 더더욱 기대를 걸었던 터였다. 중국인들은 미국을 세계 정복에 여념이 없는 반동분자로 묘사했다. 미국은 중국의 으뜸가는 적이었다. 우리는 연달아 집회를 열어 미국의 제국주의를 비난했다. 그랬는데 이제 미국이 중국에 머리를 숙였다는 소식이 들려온 것이다. 우리는 모두 몹시 실망해 활기를 잃었다. 중국인들은 닉슨 방문을 두고 '동풍이 서풍을 제압했다'는 표현을 즐겨 썼다. 우리는 영원히 끝나지 않을 것 같은 기나긴 승리의 연설을 강제로 들어야 했다.

"미 제국주의자들의 지원을 받겠다는 희망은 이제 물거품이 됐다. 너희들이 믿고 있는 신만큼이나 도움이 안 된단 말이다."

당 관리들은 의기양양하게 선언했다.

연설이 끝나면 베이징에서 열린 닉슨 환영식을 찍은 뉴스 영상을 보여주었다. 몇 주 동안 감옥의 확성기에서 흘러나오는 얘기라고는 중·미 우호관계에 대한 것뿐이었다. 또 중국인들은 미국 대통령이 꼬리를 다리 사이에 감춘 개처럼 베이징으로 왔노라고 떠들어댔다. 그리고 다음 해, 중국은 국제연합의 일원이 되었다. 티베트의 해방 가능성이 점점 희박해지고 있는 것 같았다.

우리에게 위안이 되는 것이라곤 달라이 라마가 아직 자유로운 몸으로 인도에 있다는 것뿐이었다. 정말이지, 오직, 그 사실만이 우리의 심장을 뜨겁게 만들었다.

예전 그 어느 때보다도 내가 풀려날 기미는 보이지 않았다. 반드시 석방되기를 바라는 것만은 아니었다. 나는 '담'이라고 하는, 청동 제사도구를 만들던 훌륭한 장인에게서 죽음이 무엇인가를 배웠다. 이 사람은 1960년에 체포되어 10년 동안 옥살이를 했다. 1970년 자신이 살던 마을로 돌아갔는데, 주민들이 맞아주는 것처럼 보였던 환영식이 사실은 인민재판이었다. 그 자리에 모인 마을 사람들 전부, 심지어 가족마저도 비난의 증언을 쏟아냈다. 사람들은 담을 계급의 적이요, 반동분자라고 몰아붙였다. 바깥에서 며칠 동안 '자유'를 누린 뒤, 담은 자살하고 말았다.

당국은 이 이야기를 통해 우리에게 경고했다. 인민 대중의 분노를 면하려면 자신을 완전히 개조해야 한다는 것이었다.

"티베트 사람들은 지금 혁명에 대한 열정이 활활 타오르고 있다. 마오쩌둥 주석이야말로 어둠을 밝혀주는 빛이란 걸 깨달은 게지. 그러니 사회주의를 완전히 받아들이지 못하면 설사 운 좋게 여길 나간다 해도 무사하지 못할 거다."

중국인들의 이 말은 감옥 담장 밖 세상도 감옥이나 다름없다는 것을 암시하고 있었다.

1975년, 순리대로라면 내가 선고받은 15년 형기가 거의 끝나가는 상황이어야 했다. 12월 24일 아침, 나는 일하러 가지 말고 행정본부에 보고하라는 지시를 받았다. 나를 석방시키는 게 아니라 다시 다른 곳으로 이송시키려 한다는 사실쯤은 알고 있었다. 수감자들 몇 명이 행정본부 사무실 밖에서 기다리고 있었는데, 이들도 가족이나 친구들과 행복한 재회를 하리라는 꿈을 꿀만큼 순진하지는 않았다. 공식적인 형기가 끝나면 수감자들은 사상개조를 위해 노동수용소로 보내지는 경우가 많았다. 다시 말해 감옥을 바꿔 또 다른 감옥으로 가게 되는 것이었다.

"팔덴 갸쵸!"

티베트인이 사무실에서 나와 내 이름을 불렀다. 사무실 안에 들어가보니 교도소장과 구획 책임자가 기다리고 있었다. 두 사람은 분위기를 누그러뜨리려 애쓰는 듯했다. 나에게 곧 석방될 거라면서 짐짓 기운을 북돋아주기까지 했다. 그러더니 구획 책임자가 말했다.

"팔덴, 넌 네탕 주안와 창으로 간다."

"주안와 창이라고요!"

나는 고함을 질렀다. 하마터면 웃음이 터져 나올 뻔했다. 그곳은 노역
이 고되기로 악명 높은 곳이었다. 간수들조차 우리에게 겁을 주려고 할
때는 주안와 창으로 가게 될 거라고 말할 정도였다. 그 노동수용소는 티
베트에서 가장 큰 강인 창포 강 기슭에 위치해 있었는데, 라싸에서 24킬
로미터쯤 떨어진 곳이었다. 전국에서 가장 규모가 큰 공장이 이곳에 있
어 어머어마한 양의 타일과 벽돌을 만들어냈다. 익히 예상했던 행선지였
다.

나는 소지품을 챙기러 갔다가 1960년에 몰수당한 몇 가지 물품의 영
수증을 발견했다. 영수증을 들고 행정본부 사무실로 갔더니, 20분쯤 지
나서 간수가 보따리를 가져왔다. 그런데 보따리를 살펴보니 아무리 뒤져
봐도 시계가 보이지 않았다. 나는 다시 사무실로 돌아가 중국인 장교에
게 영수증을 보여주면서 시계 얘기를 했다.

"밖에서 기다려."

나는 지시대로 밖에서 기다렸다. 몇 분 뒤에 구획 책임자가 나타났다.
그는 내 시계가 이미 처분됐다고 말했다.

"시계 주인이 살아있는데도 말입니까?"

나는 볼멘 소리로 항의했다. 죽은 수감자의 소지품만 처분할 수 있었
다. 관리가 다시 사무실로 들어갔고, 안에서 말다툼하는 소리가 들렸다.
티베트인 관리가 오더니 영수증을 보여달라고 했다.

"롤렉스 금시계입니다. 세상에서 가장 품질 좋은 시계죠. 불이나 얼음

속에서도 끄떡없이 간다는 얘길 들었어요."

내가 말했다. 그러자 그 관리는 도리어 내게 물었다.

"세세한 항목을 모르는데 우리가 어떻게 시계를 찾아줄 수 있겠소?"

"제 기록 파일에 이 영수증의 원본이 있을 텐데요."

어느새 나는 당당해졌다. 우리는 사무실로 다시 들어갔다. 간수가 교도소장에게 영수증을 보여주었다.

"시계 값을 물어주겠다."

교도소장이 담담한 목소리로 말했다. 나는 거기서 물러서지 않고, 그 시계는 아주 비싼 거라고 얘기했다.

"공식적인 금 시세를 알 수 있지."

교도소장은 대답했다. 나는 이 상황을 즐기기 시작했다.

"하지만 우리 형님이 그 시계를 샀을 때는 그 가격이 아니었겠죠. 그리고 어찌 됐건 간에 나는 돈보다는 내 시계를 찾고 싶습니다."

나는 화가 난 체했다. 이들의 절도 및 감옥 규정 위반 행위를 비난한다는 듯이. 나는 몇 년 동안 인민재판에 참여하면서 당에 대한 충성심과 이념 상태를 의심하는 것이 최선의 공격 방법이라는 교훈을 얻었다.

"마오쩌둥 주석께서는 인민해방군에게 행동규범을 지키라고 가르치셨죠. 이를테면 인민의 것은 핀 하나라도 취하지 말라는 규범 말입니다."

나는 말을 이었다.

"수감자들의 물건을 훔치는 병사가 있다면 그 병사는 반동분자일 겁니다."

내 말에 소장은 움찔 놀라는 듯했다.

"알았다. 조사해볼 테니 그만 가봐라. 시계를 찾아서 주안와 창으로 보내주겠다."

마침내 소장은 이렇게 약속했다. 트랙터가 우리를 데려가려고 기다리고 있다고 해서, 나는 보따리를 챙겨서 그쪽으로 뛰어갔다. 나는 중국인 장교들과 한바탕 전쟁을 치르느라 한껏 들뜬 상태였으며, 승리감으로 얼굴이 달아올랐다. 트랙터는 쌍입을 떠나 라싸로 향했다.

세 시간 남짓 달려 타일 공장에 닿았다. 나와 함께 가는 사람들은 수감자 둘과 중국인 한 명이었다. 한때 회계사였으며 전에 시가체에서 승려 생활을 하던 사람도 있었다. 우리는 포탈라 궁전 바로 옆을 지나갔다. 1964년 이후로 보지 못한 격조 높은 궁전이었다.

공장 사무실은 양철 지붕이 달린 새 건물이었다. 관리 두 명이 사무실 책상 앞에 앉아 있었는데, 한 명은 틴레라는 티베트인이었고 한 명은 중국인이었다. 틴레가 내 기록 파일을 자세히 들여다보고 있었다. 중국인 관리는 담배를 꺼내면서 우리를 쳐다보고만 있었다. 틴레가 대화를 주도했다. 이 사람은 내 이름과 다른 세부사항을 묻고는 내 대답을 기록 파일에 적힌 것과 대조 확인했다.

"당신은 이제 죄수가 아니로군."

틴레가 말했다.

나는 대답을 어물어물 흐려 그 말에 동의하지 않는다는 것을 확실하게 표현했다. 하지만 틴레는 신경 쓰지 않았다. 그는 장갑 한 켤레와 의사들이 쓰는 것 같은 하얀색 면 마스크를 주었다. 그리고는 공장 안에서 내가 할 일에 대해서 말해주고, '레미'로서 내가 가지게 되는 권리와 의무를 간략하게 알려주었다. 레미란 '노동을 통한 사상개조'를 받는 수감자를 말했다.

레미는 인근 지역을 벗어나 멀리 여행할 수 없었다. 라싸를 찾아가는 것도 허락되지 않았다. 협동조합 상점에서만 물건을 살 수 있었는데, 그것도 구획 책임자의 허락이 있어야만 했으며, 다른 레미와 동행해서 서로의 행동에 대해 보증인 역할을 해야 했다.

수용소 생활은 감옥과 별 다를 것이 없었다. 여전히 진흙 벽에, 울퉁불퉁한 진흙투성이 바닥이었다. 방구석에 괸 웅덩이에 얼음이 얼어 희미한 빛을 뿌리고 있었다. 또 벽마다 마르크스, 엥겔스, 스탈린, 마오쩌둥의 초상화가 걸려 있었다. 나무 옷걸이가 있고, 침대 구실을 할 볼품없는 단 하나가 길고 낮게 누워 있었다. 이불 꾸러미가 다섯 개 있는 것으로 보아, 나와 한방을 쓸 사람이 다섯 명인 듯했다.

때는 다들 일터로 나간 늦은 오후였다. 나는 몇 시간 잠이 들었다가 쿵쾅거리는 발소리와 소란스런 말소리를 듣고서야 눈을 떴다. 일터에서 돌아온 사람들은 못 보던 얼굴을 발견하고 놀랐지만 곧 나에게 웃음을 지어 보였고, 우리는 서로 인사를 나눴다. 질문이 꼬리에 꼬리를 이었다. 데붕 출신의 승려가 두 사람 있어서 대화가 통했다. 그 사람들 가운데 있으니 집에 온 듯한 느낌이 들었다.

이곳 분위기는 감옥보다는 긴장감이 훨씬 덜했다. 이곳에서도 강습회와 인민재판은 있었지만, 사람들은 더 개방적이었다. 이를테면 좀 더 자유롭게 대화를 나눌 수 있었다는 말이다. 두 승려가 나를 보호해주며 레미 생활에 대해 모든 걸 가르쳐주었다.

매일 새벽, 동이 트기도 훨씬 전부터 레미들은 한 명도 빠짐없이 일어나서 커다란 바구니를 등에 지고 어두컴컴한 밖으로 나갔다. 각자 한 바구니 가득 비료로 쓸 가축 똥과 사람 똥을 모아야 했다. 똥을 손에 넣으려는 경쟁이 매우 치열했다. 매일 아침, 2백 명의 레미들은 할당량을 채우기 위해 비료를 찾아 인근 산을 헤집고 다녔다.

체텐 왕축이라는 사람이 있었는데, 그는 비료 모으는 작업을 거부했다. 바구니 무게를 달 때, 체텐은 빈 바구니를 들고 서서 똥이 없더라고 우겼다. 당연히 체텐은 인민재판을 당하게 됐다.

체텐은 이전에 어느 귀족 집에서 토지 관리인 노릇을 했기 때문에 '착취계급의 대변인'이라는 꼬리표가 붙어 있었다. 이 사람은 생각보다 입이 먼저 나가는 형이라 언제나 말대꾸를 했다. 체텐이 전에 관리하던 땅이 1.6킬로미터밖에 떨어지지 않은 곳에 있어서, 그곳 농민들은 그가 땅에서 똥 찾는 모습을 흉내내며 조롱했다. 하루는 체텐이 이들의 조롱에 이렇게 대꾸했다.

"참 놀라운 시대일세. 맛난 빵이라도 되는 것처럼 똥을 모으니 말일세."

이 말은 곧 당국에 보고되었다. 체텐은 사회주의를 모욕했다는 이유로 또다시 인민재판을 당하게 되었다.

다음 날 아침, 체텐은 일어나기를 거부했다. 동료 수감자들이 체텐에게 사정했으나 손가락 하나 꿈쩍하지 않았다. 구획 책임자가 간수 여럿을 대동하고 와서 체텐을 꾸짖었다.

"산으로 들로 전부 다녔는데 똥 그림자도 못 봤어요."

체텐은 똥을 찾지 못했다고 말했다.

"그럼 더 부지런히 길가라도 뒤져봐야 할 거 아냐?"

구획 책임자가 말했다.

"트럭도 똥을 누는 줄은 몰랐는데요. 사회주의 트럭이 자본주의 트럭에 비해 훨씬 뛰어난 게 틀림없군요."

체텐은 비아냥거리며 대답했다. 우리는 체텐의 대담한 대답에 가슴이 오그라붙듯 긴장해 어쩔 줄을 몰랐다.

그날의 작업은 전격 취소되었다. 레미와 인근 주민 모두가 집회에 참가하라고 소환되었다. 체텐이 전에 관리하던 땅의 소작인들에게는 체텐을 비난하라는 지시가 내려졌다. 수감자들 역시 체텐을 비판해야 했다. 체텐은 기나긴 설교를 듣고 두들겨 맞았다. 그러고 나서 처형당했다.

비료 할당량을 다 모으고 나면 공장으로 가서 타일 모양을 만들 수 있을 정도로 부드러워질 때까지 진흙을 저어 섞어야 했다. 그런 다음 가마에서 타일을 구웠다. 가마 안은 먼지가 자욱해서 숨쉬기가 힘들었다. 그리 많지는 않지만 일한 대가로 월급을 받았는데, 이것으로 한 달치 곡물을 사도 좋다는 허락을 받았다. 또, 매년 옷감 12미터와 설탕 5킬로그램을 구입할 수도 있었다. 월급 수준은 정치적인 경력에 따라 결정되었다. 말할 것도 없이 내 월급은 가장 낮은 수준에 해당했다.

식사 시간에 우리가 중앙강당 쪽문 앞에 줄을 서면 음식이 전달되었다. 빵을 몇 개 먹을 것인지 얘기해야 했고, 간수가 각 이름 옆에 그 사람이 얘기한 빵의 갯수만큼 가위표를 했다. 이름 옆에는 또 그 사람이 먹을 권리가 있는 최대량이 얼마인지 적혀 있었다. 그 달에 할당된 분량을 다 먹으면 더 이상 주지 않았다. 매달 간수들은 우리들이 먹을 빵이 총 몇 개가 될지를 계산하고 월급에서 뺐다. 뿐만 아니라 전기, 수도, 소금, 차, 야채 및 요리용 연료비도 기본급에서 뺐다.

노동수용소는 재정을 자체 해결하도록 돼 있었다. 그러자니 수용소 운영 비용을 수감자들의 월급으로 메꿔야 했다. 덕택에 국가는 노동수용소라는 대규모 조직을 운영하는 데 거의 돈이 들지 않았다. 당국의 좌우명은 '좀 더 적게 쓰고 좀 더 많이 생산하자'는 것이었다. 형편이 이랬으니 솜을 누빈 유니폼 한 벌을 받아서 여름, 겨울 할 것 없이 일 년 내내 입어야 했다. 내 신발은 누더기가 되었고, 옷은 워낙 누덕누덕 기워놓아 원래의 옷감이 안 보일 지경이었다.

이제 티베트 전역이 집단농장으로 편성돼 있었다. 사유지는 전부 몰수되어 재분배되었다. 농업은 급속도로 쇠퇴해갔고, 주민들의 배급량은 턱없이 부족했다. 나라 전체가 감옥으로 변해갔다. 아무도 멀리 여행할 수 없었고, 허가를 받지 않고는 아무것도 살 수 없었다.

이럭저럭 하는 사이에 노동수용소는 두 가지 목적을 달성하는 데 이바지했다. 계급의 적을 격리시키고, 값싼 노동력을 제공하는 것. 그게 바로 수용소의 존재 이유였다. 여기에서 벗어나는 길은 단 하나, 열의를 가지고 노동에 참여해 부지런히 사상을 개조하는 것이었다. 감옥에 있을 때와 마찬가지로 우리는 매주 집회에 참석해 자아비판을 하고, 동료들을 비판했다. 너 나 할 것 없이 모두들 비판을 피해갈 수 없었고, 나도 누군가를 비판해야 했다.

동료를 비난하는 데서 오는 고통은 아무리 거듭해도 무뎌지지 않았다. 하지만 이 끝없는 배반을 잊어버리지 않으면 마음은 더욱더 큰 혼란과 어둠으로 가득 차버릴 터였다. 아무도 원하지 않는 강요된 배반이었고, 우리는 서로를 자비롭게 용서해야 했다. 수감자들 사이의 동지애는 진실하고 분명한 것이었다. 그래서 우리는 상대가 심한 형벌을 받거나 사형에 이를 만한 고발은 하지 않으려고 노력했다.

하지만 결과를 개의치 않고 고발해서 충성심을 증명하려는 수감자들은 언제나 있기 마련이다. 우리는 이들을 '부쫀첸'이라 불렀는데, 부지런한 사람들이라는 뜻이다. 네탕에 온 지 얼마 지나지 않아 패상이라는 수감자가 3주간에 걸친 혹독한 인민재판 끝에 자살하는 사건이 일어났다. 패상은 모두가 좋아하던 사람이었다.

집회가 열리던 그날 소남 팔덴이라는 수감자가 벌떡 일어서더니 고발할 것이 있다고 선언했다. 소남은 새로운 사회를 얼마나 열성적으로 받아들였는지 입증할 기회를 호시탐탐 노리고 있던 부쫀첸이었다.

"패상을 고발합니다. 그는 아직도 달라이 라마와 지나간 봉건시대를 못 잊고 있는 반동입니다."

소남은 패상이 달라이 라마 사진이 들어있는 조그만 뱃지를 겨우겨우 숨기고 있다는 것을 알아채고 이 비밀을 폭로한 것이었다. 패상은 소지품을 수색당한 뒤 모진 비난을 듣고 구타당했다. 맞고 또 맞고, 그렇게 3주일이 지나자 패상은 스스로 목숨을 끊고 말았다. 당국은 패상이 자살한 것은 새로운 공산주의 사회에 적응하지 못했기 때문이라고 발표했다.

10

붉은 책을 태우고 벽보를 쓰다

노동수용소는 감옥과 새로운 사회주의자 협회의 중간 지점에 있었다. 명목상으로야 교화 수용소는 재교육 기관이었지만, 실상은 공산당에게 단순히 싼 노동력을 제공하는 집단이었다. 티베트의 자유와 독립을 꿈꾸는 위험한 이들을 사회에서 떼어놓는 일종의 격리 수용소 역할을 했던 것이다. 노동수용소로 온 수감자들에게는 희망이 없었다. 그들은 그곳에서 마침내 죽게 되리란 걸 너무나 잘 알고 있었다.

네탕 주안와 창의 체제는 감옥과는 달랐다. 악랄하고 비열한 성격의 중국 고위 관리는 항상 공식 직함인 '창장'으로 불렸다. 창장은 공장 감독관이란 뜻이다. 그는 공장을 마치 개인 왕국인 양 운영해서 심지어 간수들조차 그를 슬슬 피했다. 그에게는 왕걀이라는 티베트인 비서가 있었는데, 키가 작고 뚱뚱한 사람으로 늘 우리 처지를 불쌍하게 생각했다.

밤낮으로 순찰하는 경비병이 없어서 우리 막사는 공장 근처의 여타 대형 숙소 건물과 별 차이가 없는 듯 보였다. 그러나 겉보기에만 그럴 뿐이었다. 우리는 자유인이 아니라 노동을 통해 사상을 개조해야 하는 '레미'였다. 경비병이 없다고 해서 감시가 없는 것은 아니었다. 당이 어떤 조직인데 그냥 내버려두겠는가. 그것도 불순한 사상을 가진 위험천만한 레미들을 말이다. 공산당은 좀 더 효과적인 감시 방법을 고안해냈다.

당국은 수감자를 두 부류, 모자를 쓴 사람과 쓰지 않은 사람으로 나누었다. 모자를 쓴 부류는 정치범으로 '반동주의자'라는 꼬리표가 붙은 축이었다. 모자를 쓰지 않은 부류는 형사 사건으로 들어온 범죄자였다. 이것이 바로 상호 감시체제의 기본이 되었는데, 모자를 쓰지 않은 죄수들이 의무적으로 모자를 쓴 죄수를 감시했다. 당국은 또 수감자들 사이에 불신과 분쟁을 조장하기 위해 계급 투쟁이라는 착상을 내놓았다. 모자를 쓰지 않은 죄수들을 사회주의와 혁명의 수호자로 치켜세워준 것이다. 그래서 일반 형사범들은 정치범 위에 군림하며 당국이 내려준 권력을 즐겼고, 수용소 내에서 어깨를 쫙 펴고 활개치며 돌아다녔다. 그리고 보답이라도 하듯 정치범들이 저지른 아주 사소한 일까지 중앙 부서에 일러바쳤다. 그 대가로 형사범들은 새로운 사회로 빨리 보내준다는 약속을 받아냈다.

그 수용소로 막 옮기고 난 뒤, 한낮 휴식시간 동안 식당 밖에 앉아 있을 때였다. 한 무리의 아이들이 서로 밀치며 수용소 정문 앞으로 다가왔다. 그러더니 결국 안쪽까지 들어서는 게 아닌가. 한 아이가 쭈뼛쭈뼛 다가와서는 먹을 것을 달라고 사정했다. 나는 깜짝 놀랐다.

"식구들이 며칠 굶었어요."

아이는 내 손에 들린 빵을 애처롭게 바라봤다.

공산당은 늘 굶주림과 식량 부족이 먼 옛말이 되었다고 말했다. 그러나 아이들의 얼굴은, 내 인생 최악의 시간을 보냈던 톨룽 감옥에서 목격한 모습과 똑같았다. 심하게 부어 올라 창백한 얼굴, 푸르딩딩하게 병약해 보이는 피부. 아이들은 눈 뜰 힘조차 없는지 눈꺼풀이 반 이상 내려와 있었다. 신발도 없고 겨우 걸친 옷이라고는 모두 덕지덕지 기운 것이었다. 중세 봉건시대 거지들도 이보다는 나을 듯싶었다. 적어도 배는 곯지 않고 다녔을 것이다.

나는 이 아이들이 혹시 예전에 지주였던 집안의 자손이어서 방치되고 있는 건 아닐까 궁금했다. 반동 계급 출신 가족들은 극심한 차별을 받고, 가축과 다름없이 취급당하기 일쑤였다.

"애야, 넌 출신 성분이 뭐냐?"

아이에게 어느 계급에 속해 있는지 물었다. 이건 가장 중요한 문제였다. 계급은 등급 카드와 신분증, 의료 카드에 기재되어 있었다.

"가난한 농민 계급이에요."

나는 깜짝 놀랐다. 당은 가난한 농민들이야말로 사회주의 개혁 과정에서 가장 많은 이익을 얻는다고 선전하지 않았던가.

"농민 계급은 살림이 좀 나을 텐데……."

나는 눈앞의 현실을 믿을 수 없었다.

"요새 다 굶고 있어요. 이웃 농장 사람들도 똑같은 걸요."

굶주리다 못해 사람들은 어쩔 수 없이 풀을 먹는다고 했다. 풀을 삶아 걸쭉하고 묽은 죽이 될 때까지 끓인다는 것이었다. 아무리 끓이고 또 끓여도 죽은 소화가 잘 안 되고, 억지로 들이켠 뒤에는 풀독이 올라 온몸이 부어올랐다.

내 몫의 빵을 조금 떼어 아이들에게 주었다. 아이들은 숨도 쉬지 않고 게걸스럽게 빵을 먹어치웠다. 그 뒤로 아이들은 수용소 식당에 규칙적으로 들르는 방문자가 됐다.

티베트 전 지역은 그 무렵 당이 이른바 '최상의 발전 단계'로 부르는 과정에 있었다. 네탕 지역은 12개의 거대한 집단농장 또는 구획으로 나뉘었다. 모든 재산과 가축은 공동 소유가 됐고, 사람들은 복잡한 노동 점수 체제에 따라 보수를 받았다.

그러나 그날 이후 점점 더 많은 사람들이 동냥을 하러 오는 게 아닌가. 나는 그들이 어느 농장에서 왔는지를 기록하기 시작했다. 살펴본 결과 네탕 전 지역이 식량 부족에 시달리고 있는 게 분명했다. 어른들이 동냥하러 왔을 때, 그렇게 심한 기근에 시달리는 이유가 무엇인지 물어보았다.

"천재지변이 일어나서 그런 건 아니죠."

한 남자가 쓰게 웃으며 사연을 들려줬다.

농민들은 수확의 대부분을 중국 정부에 '자발적인 기부' 형태로 바치고 있었다. 식량 부족은 바로 그 때문에 생겨난 터였다. 게다가 엄청난 고율의 세금을 반드시 납부해야 했다. 집단농장은 생산 수치를 향상하라는 압력에 시달리다 못해 심지어 정부에 허위 보고를 올리기도 했다.

공산당은 수확량을 최대한 뽑아내기 위해 농민들 사이에 극심한 경쟁을 부추겼다. 농민들은 당에 얼마를 기부하느냐에 따라 조국과 공산당, 그리고 마오쩌둥 주석을 얼마나 사랑하는지 가늠된다는 협박 아닌 협박에 시달렸다. 이런 명령 아래서 그 누가 나태해 보이고 싶겠는가.

집단농장 간에 비슷비슷한 경쟁이 일어났다. 사회주의 건설에 위대한 기여를 하고 있다는 걸 서로 증명해 보이려 애쓰는 것이다. 이런 과열 경쟁 때문에 생산 수치를 위조하게 되고, 이에 따라 세금 부담도 더 많아진 터였다. 결국 가난한 농민들은 굶주릴 수밖에 없었다.

새로운 사회주의 사회에서 농민들은 이전 봉건사회에서 가축에게 여물로 줬던 곡물 껍질 같은 거나 먹었다. 상황이 소름끼치도록 끔찍하건만 단 한 사람의 관리도 감히 당과 지도자들에게 반문하지 않으리란 걸 사람들은 잘 알고 있었다. 노동수용소는 공산당에 반대했던 사람들에게 어떤 보복이 내려지는지 알려주는 영원한 암시였다.

쇠약해진 어린아이들은 온 나라가 겪고 있는 고통을 목격하고 있었다. 수감자 신세인 우리들이야 좋은 대접을 못 받으리란 걸 예상하고 있었지만, 수용소 밖의 보통 사람들은 보기 좋게 기대를 배반당한 셈이었다. 위대한 프롤레타리아 혁명의 수혜자가 되리라고 믿었던 기대 말이다. 공산당이 늘 주장하듯 가난한 농민과 유목민들을 봉건사회의 예속에서 자유롭게 만든 점이 비록 초기에는 있었는지 몰라도, 과거 20년은 비참함 외에는 아무것도 가져다주지 않았다.

집단농장 관리들은 농민들이 노동수용소를 찾아가 구걸한다는 걸 알고 수용소 당국에 불만 사항을 전했다. 나는 주동자급 수감자로, 그리고 동냥질하는 자본주의 관행을 부추기는 범죄자로 낙인찍혔다. 감독관의 방에 불려 들어가서 내 행동에 대해 설명해야 했다. 그런데 무슨 일이 일어난 걸까. 놀랍게도 내 혐의가 기각되는 게 아닌가. 알고 보니 노동수용소와 바깥의 농민들 사이에 미묘한 경쟁이 있었는데, 그 덕을 본 거였다. 수용소 수감자한테서 빵을 얻어먹어야 할 만큼 농민들 형편이 어렵게 비춰지자 수용소 당국은 오히려 기뻐했다. 비판과 처벌은 면했지만 결코 마음속까지 기쁠 수는 없는 일이었다. 수용소에 있는 내 처지가 바깥 세상의 농민보다 낫다니. 세상이 어떻게 돌아가고 있는 건지 종잡을 수 없었다.

1976년 봄 마침내 빠남에 있는 가족 소식을 들었다. 수감된 이래 처음으로 나를 찾아온 사람이 있다는 전갈을 들었다. 정신을 차리지 못할 만큼 기분이 들떴고, 누군지 무척 궁금했다. 밖으로 나갔더니 통통한 젊은 여자가 서 있었다. 푸른색 두건을 쓰고 누덕누덕 기운 바지와 솜을 댄 초록색 면 윗옷을 입은 여자였다. 몹시 속상한 듯한 얼굴로 눈에는 눈물이 어룽어룽 맺혀 있었다. 손에는 보온병과 작은 바구니가 들려 있었다. 그러나 모르는 사람이었다.

"미안합니다만, 누굴 찾아왔나요?"

혹시 잘못 찾아온 방문자일지도 모른다는 생각에 힘이 쭉 빠졌다.

"저 낭마 믹케예요."

여자가 말했다. 처음 들어보는 이름이었다.

"아마 절 다른 사람하고 착각한 모양이군요. 나는 팔덴 갸초라고, 데뿡 사원에서 온 승려입니다."

그제서야 자신을 못 알아본다는 걸 실감한 여자는 서둘러 자신을 밝혔다. 바로 빠남의 우리 집 요리사 딸이었다. 믹케를 마지막 본 게 15년 전의 일이니, 선뜻 알아보지 못한 것도 무리가 아니었다. 나는 놀랍고 반가워 얼굴에 금방 화색이 돌았다.

"내가 여기 있는 걸 어찌 알았소?"

"공장에서 일하는 걸 우연히 봤어요."

믹케가 말했다. 믹케는 네탕 지역으로 이제 막 이사를 왔다고 했다. 믹케와 남편은 수용소 근처에 건설 중인 도로에서 일하고 있었다.

"바리 조 라께서 1965년에 돌아가셨어요."

처음으로 아버지의 죽음을 알게 된 순간이었다. 믹케는 우리 가족이 당한 이야기를 조근조근 들려주었다. 아버지는 지주로서 마을 사람들에게 끊임없이 고발과 인민재판을 당했다고 한다. 내가 가장 존경했던 맏형은 1968년 인민재판을 받던 중 살해당했고, 가족들은 홍위병이 가장 눈독 들이는 목표가 되었단다. 가족들 모두 때로는 한 사람씩, 때로는 한꺼번에 공공장소에서 매질을 당했다. 잔인하고 고통스러웠던 그 시기에 새어머니는 충격을 받아 몸이 마비되고 말았다고 했다.

믹케가 돌아가고, 그날 밤 잠을 이루지 못했다. 가족들 얼굴이 차례로 스쳐 지나갔고, 그들이 겪을 수밖에 없었던 고통이 마음에 사무쳐 눈물이 났다. 봉건사회의 지주로서 홍위대의 표적이 된 가족들을 떠올리자니 마음이 편치 않았다.

믹케는 자신의 계급 배경을 이용해 정기적으로 나를 찾아왔다. 이전에 하인이었기에 깨끗한 계급 출신으로 인정받았고, 덕분에 아무런 방해 없이 오고 갈 수 있었던 것이다. 믹케는 올 때마다 음식을 조금씩 가져왔다. 어느 날인가는 믹케 남편이 제법 비싼 값을 치렀을 법한 새 누비이불을 가져오기도 했다.

믹케 부부의 방문과 친절은 황량한 겨울 속에서 나를 따뜻하게 감싸주는 큰 위안이 되었다. 나는 낙담한 데다 외로웠다. 그러나 믹케 때문에 잠시나마 행복했던 시절의 기억을 되살릴 수 있었다. 믹케는 노동자 신분이어서 빠남의 가족에게 돌아가는 허가를 받을 수 있었다. 믹케가 나와 가족을 연결시켜 주었다. 가족들은 비로소 내가 살아있다는 걸 알게 된 것이다.

1976년 초 중국 총리였던 저우언라이와 인민해방군 총사령관이었던 주더가 사망했다. 신문에 대대적으로 이 소식이 보도됐고, 수용소 측은 추도식을 치르기로 했다. 관리들은 슬픈 분위기를 연출하려 애썼다. 티베트인 중에서도 당국의 비위를 잘 맞추는 이들은 가까운 친척이라도 잃어버린 듯 연기했다. 당국은 이런 일을 당에 대한 태도를 측정하는 기회로 이용했기에 슬프고 괴로운 듯 연기하는 일은 무척 중요했다.

주더가 죽고 한 달 후, 나는 〈티베트 데일리〉에서 중국이 대규모 지진으로 큰 타격을 입었다는 기사를 읽었다. 중국인들 판단대로 나는 그때껏 구태의연한 봉건 사상을 버리지 않았는지도 모른다. 왜냐하면 지진과 두 건의 죽음을 보고 무슨 일이 벌어질 전조라고 예감했기 때문이다. 8월의 어느 날 밤, 하늘에서 불타며 떨어지는 혜성을 보고 나의 초자연적 사고는 더욱 강렬해졌다.

티베트 사람들은 혜성을 불길한 징조로 여긴다. 분명히 뭔가 일어날 징조였다. 나 이외에도 혜성을 본 사람이 있는지 묻기 위해 곧장 숙소로 돌아갔다. 하지만 그런 질문을 한다면 미신을 부추기고 소문을 퍼뜨린다며 비난받을 게 분명했다. 나는 자제하려고 애썼다.

그즈음 언젠가 중국 어느 곳에 '바위 비'가 내렸다는 신문 기사를 읽은 적이 있었다. 그건 아마도 유성이 아니었을까. 다음 날 아침, 나는 자제하지 못하고 승려 따시 라데에게 유성을 봤는지 물었다. 그는 말없이 고개만 끄덕였다. 입을 열어 공개적으로 말하는 게 무척 두려웠던 것이다. 혜성 소식은 수용소 구석구석에 빠르게 퍼져나갔다. 1950년 10월, 중국이 침공하기 직전에 티베트에 지진이 발생했고, 게다가 혜성도 떨어진 사실을 모두 기억하고 있었다. 거의 20년 동안 공산주의 사상을 주입했지만 유성의 출현은 티베트의 오래된 믿음을 즉시 불타오르게 만들었다.

나는 이러한 징조가 마오의 죽음을 예고한다고 확신했다. 마오가 늙고 병들었음은 삼척동자도 아는 사실이었다. 그러나 공개적으로 얘기하는 사람은 아무도 없었다. 1976년 9월 9일, 내 예상은 맞아떨어졌다. 마오가 북경에서 사망한 것이다. 마치 어제 일처럼 나는 마오의 죽음을 알게 된 그 순간을 기억하고 있다. 비록 그 사람도 목숨 갖고 태어난 것들의 운명을 따라갔지만, 지난 수년 동안 중국인들은 마오가 슈퍼맨이나 불사의 존재인 듯 확신시키려 애썼다.

나는 막 일을 끝내고 손에 찻잔을 쥔 채 식당 밖에서 줄 서서 기다리고 있었다. 수용소 한가운데에 세워 둔 높다란 기둥에서 확성기가 시끄러운 소리를 냈다. 어떤 쓰레기 같은 소리가 나오든지 우리는 확성기 쪽은 신경도 쓰지 않고 떠들고 있었다. 어쨌거나 그런 방송은 항상 중국어로 처음 나오기 마련이었다. 그래서 중국어를 못했던 대다수는 어떤 방송이건 첫 부분에는 들으려 애쓰지 않았던 것이다.

그때 티베트인의 음성이 확성기를 통해 흘러나왔다.

"중앙 인민 정부 라디오국에서 전해드립니다."

그의 목소리는 감정이 북받쳐 오른 듯 떨리고 있었다. 그리고 말을 멈췄다 다시 시작했다 하면서 더듬거렸다. 가까이 있던 사람이 참다못해 물었다.

"무슨 일이오?"

티베트 사람은 다시 한 번 깊게 숨을 들이삼키며, 마오의 이름 앞에 늘상 붙던 최상급 표현 한 묶음과 그 위대한 지도자의 어록을 인용하기 시작했다. 그런 다음 본론을 꺼냈다.

"우리 가슴의 붉은 태양, 사랑하는 마오 주석께서 더 이상 우리와 함께 있지 않습니다."

그 발표에 모두 어리둥절해졌다.

정말 마오가 죽은 걸까? 감히 장난칠 만한 일이 아니기에 진실임이 틀림없었다. 숙소로 돌아가면서 나는 그 뉴스가 점점 실감나기 시작했고, 의기양양해져 발을 땅에 딛고 있는 것 같지 않았다. 그 자리에서 껑충껑충 뛰며 노래 부를 수 있었더라면 얼마나 좋았을까!

거의 20년 동안 나는 마오의 이름을 밤낮으로 되뇌어야 했다. 물을 한 모금 마시려고 턱을 벌릴 수 없었을 때조차 나는 '마오쩌둥이여, 만수무강하소서'라고 익숙한 구호를 말해야 했다. 항상 마오쩌둥 어록을 소지해 읽었고, 그 책을 보관하기 좋게 가방까지 만들었다. 반동으로 낙인찍힌 수감자가 그 책을 더럽히다 들키면 사형 선고와도 같은 처벌을 받았기 때문이다.

마오의 이름은 내가 겪은 모든 고통에 점철돼 있었다. 그동안 죽어간 수천 명의 동포들에게도 마찬가지였다. 그 무렵 마오의 이름을 듣고 무심하게 생각할 사람은 아무도 없었다. 그는 우리 모두와 연결돼 있었다. 나는 그의 죽음을 고통의 고리를 끊는 것으로밖에 볼 수 없었다.

겉으로야 안 그런 척 숨기고 있었지만 동료들도 똑같이 느끼고 있는 게 분명했다. 그러나 표정 관리를 잘하는 게 중요했다. 시름에 잠기고, 깊은 생각에 빠진 척하는 수밖에 없었다. 앞으로 생활이 나아질 것인지 아닌지 모르지만 한 가지만은 확실한 터였다. 어쨌거나 예전과 같지는 않으리란 것이다. 그것만이 희망이었다.

나는 달라이 라마가 티베트로 돌아오는 상상을 하곤 했다. 그러나 마오보다 더한 인물이 정권을 잡을지도 모른다는 생각이 들자 그런 환상은 싹 사라져버리고 입맛이 썼다. 기쁨과 두려움. 마오의 사망 소식을 듣고 우리는 이 두 가지 상반된 감정에 휩싸였다. 위대한 폭군은 죽었다. 그러나 누가 그 왕좌를 물려받을 것인가?

다음 날 우리는 집회에 다시 소집됐다. 수용소 관리들은 모두 검은색 완장을 팔에 두르고, 몇몇은 윗도리 주머니에 흰색 조화를 꽂고 있었다. 한 관리가 말을 시작했다.

"우리의 사랑하는 지도자, 우리 가슴의 가장 밝은 태양, 우리의 안내자, 위대한 마오 주석께서 돌아가셨습니다."

확성기에서 슬픈 음악이 나왔다. 수감자 가운데 일부는 울음을 터뜨렸고 목청껏 울었다. 나는 수감자 하나가 하는 말을 듣고 깜짝 놀랐다.

"마오 주석은 내 부모님보다 더 친절한 분이셨어요."

그러면서 통곡하는 게 아닌가. 다른 수감자들은 샐쭉한 자세로 서 있었다. 관리가 이 슬픈 기간 동안 '올바른 자세'를 취해야 좋을 거라고 경고했다. 나는 뛰어난 배우로 분신해 슬픈 표정을 지으며 침묵으로 일관했다. 수감자들은 곧 울기 시작했고, 심지어 기절하는 척하기도 했다. 바로 이런 자세들이 '올바른 태도'였다. 무대 위에서 관리들은 걷잡을 수 없이 흐느껴 울고 있었다.

두 명의 간수가 검은색 완장으로 가득 찬 가방을 들고 왔다. 완장은 '정치범'으로 이름 붙은 수감자는 빼고 일반 사범들에게만 지급됐다. 슬퍼할 수 있는 특권도 그들에게만 부여된 셈이었다. 반동분자들은 마오의 죽음을 슬퍼할 자격이 없었다. 차라리 잘된 일이었다.

우리 구역에 있던 한 일반 사범이 뻐기는 듯한 얼굴로 팔에 완장을 둘렀다. 그러더니 마치 아이가 사탕을 자랑하듯 나를 향해 팔을 번쩍 들어

보이며 윙크했다. 다음 날 모자를 쓰지 않은 형사 사범들은 모두 위대한 지도자의 죽음을 슬퍼하는 거대한 행렬에 참석하기 위해 라싸로 차를 타고 나갔다.

마오가 죽은 뒤 수용소는 좀 더 관대한 정책을 시행했다. 끝도 없던 집회가 끝난 것이다. 1978년 우리는 충격적인 명령을 들었다. 마오의 어록을 태우라는 것이었다. 거의 20년 동안 아침에 깨서 저녁에 잠들 때까지 생활의 일부분이었던 그 책을 태울 때는 기분이 몹시 이상했다. 변화는 그뿐이 아니었다. 마오를 상기시켰던 아침 의식을 생략해도 된다고 허락한 것이다.

생활이 급속도로 좋아졌다. 나는 실을 짜고, 카펫 만드는 작업을 배정받았다. 수용소 당국은 양 떼를 길렀는데, 예전에는 양모를 수용소 조합에 팔거나 한구석에 처박아 두었었다. 일손을 기다리는 양모가 산더미처럼 쌓여 있었다. 나는 타일 공장에서 벗어날 수 있는 기회 앞에서 환호했다. 문제는 내가 카펫 제작 작업을 아는 유일한 수감자라는 사실이었다. 내 스스로 모든 일을 다 알아서 해야 했다. 양모로 실을 잣는 일이라든가 염색하는 일 따위를 척척 해내야 했다. 지겹긴 했지만 혼자서 해내는 데 별 어려움은 없었다. 더 이상 같이 일하는 동료 노동자의 감시를 받지 않아도 된다는 게 유일한 위안이었다.

신문은 네 명의 패거리(급진파 4인방- 왕홍원, 장춘차오, 장칭, 야오원위안) 가운데, 특별히 마오의 아내였던 장칭에 대한 기사를 대서특필했다. 급진파 4인방은 마오가 죽은 뒤 공산당을 마음대로 주무르려 했기에 비난받았고, 문화대혁명의 폭력사태에 대해 욕을 들었다. 당은 과거 문화대혁명기의 실정을 개혁하겠다고 약속했다. 우리는 곧 수용소 내에도 뭔가 이득이 있지 않을까 하고 생각했는데, 아니나 다를까 수감자들 수당이 늘었다. 심지어는 '바람과 태양'이라고 부르는 고충 수당까지 받았다. 그러나 이 바람과 태양이 세상을 정화해주지는 못했다. 고난은 아직도 끝나지 않았던 것이다.

1977년 겨울에 정치범들은 모두 집회에 소집되어 나갔다. 거기에서 1959년 라싸 봉기에서 어떤 역할을 했는지 다시 심문 받았다. 나는 20년 가까운 세월 동안 했던 얘기를 반복해야 했다. 몇몇 정치범은 봉기 현장에 있었다는 사실조차 부인했다. 왜 이 시점에서 다시 심문 받아야 하는지 어떤 설명도 없었다.

며칠 뒤 아침 점호 시간에 나와 세 명의 수감자가 호명되었다.

"너희들은 지금 바로 라싸로 간다."

설명은 단지 그뿐이었다. 우리는 차에 올라타 도시 변두리의 대규모 군대 병영으로 갔다. 다른 노동수용소에서 온 수백 명의 수감자들이 넓은 홀에 모여 있었다. 홀은 마치 연회장처럼 꾸며져 있었고, 한쪽 벽에 놓인 식탁 위에 음식 접시가 준비돼 있었다. 그렇게 많은 음식은 처음 봤다. 친절한 군인들이 차를 내오며 우리를 마치 고관처럼 접대하는 것이었다. 나는 답치, 세투, 오리티두에서 보았던 낯익은 사람들을 발견했다. 우리는 서로 따뜻한 인사를 나눴다. 마치 그 순간 모두 자유를 얻고 해방된 것 같았다.

이윽고 티베트 공산당 고위 관리인 왕축이라는 사람이 홀 안으로 들어와서 연설했다.

"동지와 친구 여러분."

동지와 친구라니! 믿을 수 없는 일이었다. 왕축은 공산당의 치적을 찬양한 뒤 이렇게 말했다.

"과거 20년 동안 티베트에서는 탈선이 일어났소. 다시 말해 공산당에 반하는 일이 일어났다 이 말이오."

그는 급진파 4인방에 대해 한참 동안 비난을 쏟아부었다. 그러고 나서 부드럽고 맑은 목소리로 말을 이었다.

"이제 동지 여러분이 썼던 모자는 벗어야 하오. 우리는 화궈펑 주석 동지의 지도 아래 새 시대를 맞았소. 이제 동지들은 사회주의 티베트 건설에 공헌을 아끼지 말아야 하오."

우리는 이런 연설에 너무나 익숙해져 있었다. 나는 초펠 타친이라는 노스님 곁에 앉았는데, 그도 데붕 출신이었다. 그는 긴 회색 수염을 지닌 지혜로운 노인이었다.

"노장께선 뭘 하실 겁니까?" 내가 물었다.

"사원으로 다시 돌아가고 싶네."

노스님의 대답을 듣자 나도 데붕으로 돌아가는 게 좋겠다는 생각이 들었다.

다음 날 요구 사항을 적어서 제출하라고 했다. 집으로 돌아가는 허가서를 받을 수 있을 거라고 관리가 말했다. 그리고는 재빨리 이렇게 덧붙였다.

"여러분 가운데 많은 사람들이 교육받은 인재들이고, 글을 읽을 수 있소. 그러니 새로운 사회주의 건설에 기여해야 하지 않겠소?"

그 집회는 사흘 동안 계속됐다. 우리는 밤이면 홀 안에서 잠들었다. 아침에 군인들이 차를 나눠줬다.

"우리 신세가 도살장에 끌려가기 위해 사육 당하는 양 떼 같지 않아요?"

누군가 푸념하는 소리가 들렸다.

사흘째 되는 날 아침, 나는 기쁜 소식을 들었다. 내 요구가 받아들여져 사원에 머물러도 좋다고 했다. 나는 환호성을 지르며 서류를 공중에 흔들어댔다. 그 홀에 있던 2백 명의 승려 가운데 단지 세 사람만이 사원으로 돌아가도 좋다고 허락받았다. 다른 사람들은 요구사항이 쉽게 받아들여지지 않을 거라고 믿었기 때문에 차선책으로 교사를 지원했더랬다. 그편이 더 쉽게 집으로 돌아가는 기회가 될 거라고 여겼던 것이다.

그러나 사람들은 우리 요구가 승인됐다는 걸 알자마자 마음을 바꿨다. 그리고는 허가장 나눠주는 일을 담당한 운 나쁜 관리를 마구 졸라댔다. 허나 그는 아무 권한도 없는 말단직원에 불과했다. 사회주의 공산당 체제에서는 고위 간부가 일단 결정한 일이면 아무도 감히 의문을 제기할 수 없고, 결과를 바꿀 수도 없었다.

석방되리라는 기대로 흥분한 채 네탕으로 돌아왔다. 수감자 몇몇이 내 행운을 축하해 주기 위해 왔다. 가족에게 갖다 달라고 편지를 가져온 성급한 축도 있었다. 나는 즉시 석방되리라 기대했다. 그러나 며칠 동안 아무 일도 일어나지 않았다.

그러던 어느 날 군대 지프차가 수용소로 들어왔고, 나는 두 승려 초펠 타친과 툽텐 둔둡과 함께 사무실로 불려갔다. 초펠은 몇 분 뒤에 싱글벙글 웃으며 허공에 손을 흔들어대며 나왔다. 석방된 거였다.

다음은 내 차례였다. 구획 책임자가 책상에 앉아 두꺼운 서류를 훑고 있었다. 내 기침 소리에 그가 고개를 들었다. 나는 최대한 공손하게 말했다.

"저는 사원에 돌아가기로 돼 있습니다."

그런데 이게 웬일인가. 수용소 측은 없어서는 안 될 일꾼이라며 내 요청을 받아들이지 않았다. 당이 추진하는 새 정책의 하나로 수용소에서는 카펫 생산을 늘릴 계획이라고 했다. 나는 여전히 카펫 작업을 할 수 있는 유일한 수감자였다. 그러므로 나는 남아야 했다. 강력하게 항의했지만, 그들은 모르쇠로 일관했다. 그나마 유일한 위안거리가 있다면 이제는 주말에 라싸를 자유롭게 여행할 수 있게 됐다는 거였다.

롭상 왕축이 수용소에 도착한 것은 바로 그 무렵이었다. 그와는 1964년 초에 답치에서 처음 알게 됐는데, 나는 지금도 그를 조언자이자 친구로서 존경하고 있다. 감옥에 있던 모든 사람들은 그를 겐이라고 불렀다. 기억하건대, 겐 롭상이 한번은 답치에서 집회 중에 굉장한 용기를 발휘해 이렇게 선언한 적이 있었다.

"티베트의 자연 재앙을 막아달라고 보호신들에게 기도문을 썼습니다."

중국인들은 그가 반동적인 소문을 퍼뜨린다고 몰아댔다.

겐은 티베트인 평균치보다 키가 큰 편이었다. 마르고, 예민해 보이는 얼굴에, 연필로 그린 듯한 콧수염을 길렀다. 그리고 내적인 힘이나 학식과 어울리지 않게 꾸밈없는 겸손함을 가진 사람이었다. 겐은 1959년 봉기에 연루되어 다음 해인 1960년에 체포됐다. 그리고 1970년 이후에는 레미, 즉 노동 교화 수용소의 노동자였다.

나는 구획 책임자에게 양모 잣는 작업을 도울 조수를 둘 수 있는지 문의했다.

"이 근처 들판에서 일하는 사람 중에 한 명 골라봐."

관리의 말이 끝나자마자 나는 겐 롭상 왕축을 지목했다. 천 짜는 작업은 나이 많은 사람도 큰 무리 없이 할 수 있는 일이라 생각했다. 겐은 그 무렵 예순넷이었고, 비쩍 마른 데다 쇠약해져 있었다.

우리는 1978년 8월부터 함께 일하기 시작했다. 방 안에서 달랑 우리 둘만 일했는데, 나는 한쪽에서 천을 짜고, 겐은 양모에서 실을 뽑았다. 수감자들은 작업장에 감도는 변화의 기류에 자못 들떠 있었다. 나는 겐에게 이런 변화들을 어떻게 생각하는지 물어보았다.

"길은 옛날 길 그대론데 신발만 한 켤레 바꿔 신은 거지."

겐은 담담하게 말했다.

시간이 지남에 따라 나는 겐의 말을 이해할 수 있었다. 공산당은 두 가지 근본적인 문제에서 바뀌지 않는다는 사실을 깨달은 것이다. 그 첫 번째는 티베트의 독립 문제요, 두 번째는 종교의 자유 문제였다. 그러나 주변 사람들은 모두 과거를 쉽사리 잊은 듯했다. 실제로 우리를 위해 일어난 변화라곤 하나도 없었다. 우리는 여전히 수감자였으며, 감옥 관리와 간수들의 변덕스런 기분에 좌지우지되고 있었다. 현실이 그럴진대 공산당이 새 시대의 도래를 선포한다고 한들 축하할 이유는 없었다.

겐이 양모에서 실을 자아내 건네주면 나는 그걸 받아서 다음 작업을 계속했다. 그동안 얘기를 나누면서 관점을 달리해 나의 감금생활을 바라보기 시작했다. 감금당한 내 처지는 티베트 전체가 갇힌 것에 비하면 아무것도 아니었다. 수천 명의 재소자들과 죄 없는 사람들이 고문 받고 굶어 죽었다. 나의 조국은 점령당했고, 우리는 감옥에 갇힌 것이다. 어떻게 우리가 자유롭다고 말할 수 있을까? 나는 그 어느 때보다도 공산당을 경멸했다. 가난한 이들을 수천 명씩 죽음으로 몰아넣는 그 순간까지도 공산당은 인민을 위해 봉사하노라고 큰소리쳤다. 진심으로 인간의 삶에 관심을 가졌다면 어떻게 그럴 수 있었을까.

1979년 2월 추운 아침에 수감자 전원이 다시 집회에 소집됐다. 이번에는 아무 두려움 없이 마음껏 큰 소리로 비판하는 자리였다. 이런 모임은 대부분 공산당 고위 간부들 사이에 권력 투쟁이 일어났을 때 열렸다. 수감자와 민중들이 거리낌없이 비판하면, 그 내용은 현재의 권력 실세에 대항하는 증거로 활용됐다.

새 시대의 아첨꾼들은 집회에서 공산당을 향한 지리한 찬양의 연설로 시간을 다 잡아먹었다. 얼마나 화가 나던지. 그동안 품었던 불만을 토로하고, 우리가 얼마나 고통스러웠는지 알릴 수 있는 절호의 기회였는데 말이다. 내가 다시 일터로 돌아왔을 때, 겐은 이미 실 더미에 둘러싸인 채 마루에 앉아 있었다.

"그 사람들은 단 며칠 만에 지난 20년 동안 당한 걸 깡그리 잊었나 보네."

겐은 아첨꾼들이 못마땅해 얼굴을 찌푸렸다.

"우리 의견을 적어서 탄원서를 제출해 보세."

겐이 제안했다. 우리는 집회 내내 발언하고 싶었지만 기회를 얻지 못했던 터였다. 나는 그 자리에서 동의했다. 이틀 동안 겐은 기나긴 탄원서를 쓰기 시작했고, 쓰다가 멈추고는 일부를 읽어줬다. 그걸 들으면서 나는 새삼 겐의 해박한 지식과 아름다운 문체에 놀랐다.

그는 달라이 라마의 '진실을 위한 기도문'에서 일부를 인용하면서 구겨진 공책에 탄원서를 써나갔다. 각 문단을 기도에서 발췌한 네 줄의 시로 시작했다. 탄원서 첫 부분에는 최근 몇 년 동안 티베트인들이 당한 고통에 대해 자세하게 설명했다. 두 번째 부분에는 티베트가 2천7백 년의 역사를 지닌 독립 국가였다고 선언했다.

티베트인의 새해 명절 로싸가 다가옴에 따라 간수들과 관리들은 축제 기분에 휩싸였다. 중국인들은 사상 처음으로 티베트식 새해 명절을 축하해도 좋다고 허락했다. 나는 겐에게 이때야말로 탄원서를 제출하기에 좋은 때라고 말했다. 겐은 동의했고, 곧장 사무실로 탄원서를 들고 갔다. 그러나 간수는 귀 기울이지 않았다.

"거기 놓고 가라."

관리는 탁자를 가리키며 지시했다. 사무실을 떠날 때 겐은 뒤돌아보며 물었다.

"사람들이 이 글을 읽을 수 있을까요?"

"그래."

간수는 쳐다보지도 않고 말했다.

겐은 1979년 새해에 라싸에 있는 친척을 방문해도 좋다는 허락을 받았다. 그는 새벽이 오기 전에 일어나 19장짜리 탄원서를 가지고 라싸로 떠났다. 그 탄원서에는 '노동 교화 수감자 팔덴 갸초와 롭상 왕축 쓰다'라는 글이 선명하게 남아 있었다. 마침내 겐은 라싸의 티베트 의료기관 벽에 열아홉 장의 탄원서를 모두 붙였다. 그리고 네탕으로 돌아와서 그때 얘기를 들려줬다.

"탄원서를 붙이자마자 한 무리의 사람들이 몰려들었다네."

겐이 자랑스럽게 말했다.

다른 수감자들을 통해 그 탄원서가 라싸에 커다란 동요를 일으킨 사실을 알았다. 경찰이 우리를 심문하기 시작한 것은 그로부터 열흘이 지나서였다. 처음에는 겐이 소환되었고, 한 시간쯤 뒤에 패상이라는 티베트 경비병이 나를 불렀다.

심문을 받긴 받았지만 당국은 어떤 죄도 덮어씌우지 못했다. 겐과 내가 한결같이 책임자한테 허가를 받았다고 주장했기 때문이다. 사무실에 탄원서 복사본을 한 부 남겨두었던 것이다! 당국은 머지않아 좋은 시절이 올 테니 믿고 기다리라며 짐짓 관대한 척했다. 그래서 처벌받지는 않았다. 그러나 겐을 다른 노동 구획으로 보내면서 다른 수감자들에게 우리 둘을 감시하도록 지시했다. 그때부터 우리는 비밀리에 만나야 했다.

1979년 9월 고위 공산당 관리들이 수용소를 방문해 앞으로 2주 동안 아무도 라싸에 갈 수 없다고 발표했다. 곧 우리는 달라이 라마가 파견한 티베트 대표단이 수도로 가는 길이라는 걸 알았다. 1979년 중국 당국이 달라이 라마의 티베트 귀국을 촉구하자 다람살라 망명정부는 티베트 현지 상황을 살필 수 있도록 진상조사단을 파견하게 해달라고 요구했다. 베이징 측이 이 요구를 받아들여서 제1차 조사단이 올 수 있게 되었다. 정치 강령보다 교육과 경제정책을 더 중요하게 생각하는 덩샤오핑이 복권되었기에 가능한 일이었다. 하지만 우리에게 라싸 방문을 금지시킨 것은 대표단과 접촉하지 못하게 하려는 속셈이분명했다. 우리는 나중에야 대표단이 겐 롭상 왕축을 만나고 싶어서 면담을 요구했다는 걸 알았다.

중국인들은 조국의 동포들이 새로운 체제에서 행복하다는 걸 대표단에게 각인시키려 애썼다. 그러나 대표단이 가는 곳마다 사람들이 에워싸며 환호성을 지르는가 하면 눈물을 흘리며 달라이 라마의 안부를 물었다. 그러자 당국은 삼엄한 감시를 펼치며 대중들과 접촉하지 못하도록 대표단의 일정을 임의로 조정했다. 나는 이 기회에 사람들이 일어나서 자유를 위해 싸우도록 벽보를 더 붙이기로 결정했다. 독립을 요구하고, 눈의 나라 티베트에서 중국이 나가줄 것을 주장하는 벽보를 썼다. 벽보를 겐에게 보여주자 무척 기뻐했다.

"나도 몇 장 쓰겠네."

겐이 내 계획을 지지하며 말했다.

바로 그날 겐은 방에서 혼자 커다란 벽보를 쓰기 시작했다. 하지만 하필 그때 수감자 가운데 가장 악명 높은 밀고자요 아첨꾼인 롱빠에게 발각되고 말았다. 롱빠는 부리나케 간수 사무실로 달려가 보고했고, 내가 그날 아침 겐에게 들르는 걸 봤다고 덧붙였다. 나까지 꼼짝없이 걸려들고 만 것이다. 티베트인 경비 패상이 나를 찾아 직조실에 왔다.

"오늘 아침 무슨 일로 롭상 왕축에게 갔지?"

패상이 물었다.

"책을 돌려주기 위해서요."

내가 대답했다.

패상은 얼굴을 찌푸리더니 나를 겐의 숙소로 의기양양하게 몰고 갔다. 겐은 방 한가운데 서서 손을 머리 위에 올린 채 서 있었다. 채 마무리 짓지 못한 벽보가 마루 위에 펼쳐져 있었고, 여기저기 널려있는 종이 조각에는 구호가 적혀 있었다. 간수들이 그의 소지품을 샅샅이 뒤졌다.

"너도 같이 한 거지?"

간수가 내게 물었다.

"전 일을 하고 있었습니다. 이 일과는 아무 상관없어요."

나는 숨겨둔 벽보를 생각하면서 조마조마한 마음으로 대답했다.

"팔덴은 아무 상관없소."

겐은 오히려 나를 보호해주려 애썼다.

"그럼 오늘 아침엔 왜 만난 거야?"

"내 책을 돌려주려고 왔소."

심장이 걷잡을 수 없이 두근대기 시작했다.

10월 1일, 삼텐이라는 수감자가 내 벽보를 수용소 밖으로 빼돌려 라싸에 붙였다. 삼텐은 나중에 네팔로 탈출하는 데 성공했다.

라싸에 벽보가 붙은 다음 날, 두 대의 경찰 지프차가 수용소에 도착했다. 겐과 나는 본부 사무실로 소환됐다.

"너희 둘 중 하나가 어제 라싸에 갔지?" 하고 젊은 티베트 관리가 물었다.

"우리 구획 책임자가 절대 수용소를 벗어나지 말라고 했는데, 거기 갔을 리가 있겠소?"

겐은 점잖은 목소리로 답했다. 그들은 라싸의 벽보와 우리를 연관시킬 수 없었다. 겐이 현장에서 잡힌 것은 틀림없는 사실이지만, 당국은 그이상의 조치를 취하지 않았다.

겐은 티베트 의료 연구소로 옮겨갔다. 그리고 문화대혁명 기간 동안 대규모로 파괴된 유서 깊은 티베트 의료 서적을 모으고 편집하라는 지시를 받았다. 데뿡에 보내달라는 내 요청은 거절당하고 말았다. 중요한 숙련 노동자라서 곤란하다는 거였다.

나중에야 중국인들이 우리가 티베트 지하조직의 일원이 아닌가 의심해 감시했다는 걸 알았다. 중국인들은 되도록 많은 조직원을 체포하려고 기를 썼다. 내 행동을 빠짐없이 감시하기 위해 세 명의 수감자가 배정됐다. 중국인들은 증거를 모아 크게 한 건 터뜨리길 기대하면서 때를 기다리고 있었다.

6개월 이상 나는 겐과 연락을 취하지 못한 채 네탕에서 일에만 몰두했다. 얼마 후에 나를 감시하던 수감자들은 지루해진 나머지 더 이상 특별한 주의를 기울이지 않았다. 그렇다고 해서 당국이 마냥 손을 놓고 있었다는 뜻은 아니다.

1981년 라싸에서 겐이 체포됐다. 그리고 구짜 감옥에서 새로운 형기를 채우라는 선고를 받았다. 무척 슬픈 소식이었다. 겐은 우리에게 영감을 주는 존재였기 때문이다. 겐은 편지를 보내 작업을 계속하라고 하면서 자유와 독립을 위한 투쟁을 포기해서는 안 된다고 격려했다. 몇 주가 지난 뒤, 나는 라싸에 가서 겐의 체포를 알리고 그의 석방을 요구하는 벽보를 붙였다.

그 무렵 대다수 티베트 사람들은 이제 불안한 시대는 갔다고 오해하고 있었다. 1960년 이래 쥐도 새도 모르게 사라졌던 많은 친구들과 친척들이 집으로 돌아오기 시작하자 이제 더 이상 체포 같은 것은 없으리라고 착각한 것이다. 하지만 나는 비록 지금 인민 안전 사무국이 훤한 대낮에 사람들을 유괴하지는 않을지라도 여전히 은밀하게 체포를 자행하고 있다는 걸 알리고 싶었다.

나는 벽보에 노동 교화 수용소 생활에 대해 자세히 썼고, '아직도 감옥은 건재하다'는 말로 맺었다. 중국 당국은 노동 교화 수용소가 감옥임을 결코 인정하려 하지 않았다. 우리의 기록을 담은 공식 문서는 수용소에서 보낸 시간을 통째로 누락시켰다.

예를 들어 겐 롭상 왕축은 공식상으로는 1970년에 석방된 걸로 돼 있었지만, 그 뒤에도 10년 동안이나 노동 교화 수용소에 감금돼 있었던 터였다. 수감자들은 내 행동을 몹시 불안하게 여기며 자칫 잘못하면 예전의 끔찍했던 시절로 다시 돌아갈 거라고 경고했다.

"옛날에 비하면 상황이 훨씬 낫잖아. 중국인들 통제도 몰라보게 완화됐고 말이야. 자꾸 자극하지 말고 이제 그만두는 게 좋겠어."

수감자들은 스스로 유도한 건망증 속에서 살고 있는 것처럼 보였다. 당연한 말이지만 그 누가 우리가 통과해온 과거의 공포를 되살리고 싶겠는가. 우리는 한 번 흘러간 물에는 두 번 다시 발을 담글 수 없다는 말이, 진심으로 맞는 순리이기를 바라고 또 바랐다. 옛일이 또다시 되풀이될 수 있다는 가능성이야말로 끔찍한 상상이었다. 그런 의미에서 차라리 '과거는 과거일 뿐'이라는 당의 격언을 받아들이는 게 훨씬 더 쉬운 일이었다.

공산당은 우리가 처절하게 통과해 온 굶주림의 기억을 잊어주길 바랐다. 그뿐인가. 얼굴이 비칠 만큼 묽은 죽과 무거운 족쇄, 구타의 고통도 모두 과거의 강물에 씻어주길 원했다. 당의 주장에 따르면 이런 것들은 다시는 반복되지 않을 '과거의 고통'이기 때문이다. 1980년에 새 공산당 주석 후야오방이 공식으로 사과하기 위해 라싸에 찾아왔다. 그가 다녀간 뒤 경비병은 〈티베트 데일리〉 복사본을 나눠줬다. 대자유, 특히 종교의 자유를 부활시켜주겠다는 후야오방의 약속이 거기 실려 있었다.

그러나 아침이면 여전히 나는 감옥 안에 있었다. 아무것도 변한 것은 없었다. 선고받은 공식 형기를 모두 채웠어도 여전히 네탕 노동 교화 수용소는 우리를 감금하고 있었다. 매일 아침마다 짐승 똥을 모으기 위해 바구니를 들고 수용소 밖으로 나가야 했다. 사상 학습 모임도 여전했다. 오직 바뀐 게 있다면 이제는 새 시대에 대한 당의 약속이 끝도 없이 반복된다는 것뿐이었다.

1982년 2월 나는 라싸에 벽보를 또 하나 붙이기로 작정했다. 추운 아침이어서 추빠를 입어 벽보를 따뜻하게 감쌌다. 그 무렵 당은 티베트 전통 옷을 다시 입을 수 있게 허락해줬다. 나는 잰걸음으로 가서 해가 뜨기 전에 라싸에 도착했다. 그리고 티베트 사람들이 가장 신성하게 생각하는 조캉사원을 둘러싸고 있는 바꼴에 갔다. 거기서 수많은 사람들이 이른 아침부터 순례 도는 모습을 보고 깜짝 놀랐다. 지방에서 온 순례자들의 라싸 입성이 마침내 허락된 거였다.

중심 순례길에는 숨죽여 중얼중얼 기도문을 외는 순례자들이 가득했다. 내가 벽보 붙이는 걸 본 목격자들도 수없이 많았다. 사람들의 반응이 어떨지 궁금했다. 나는 주위가 조용한 정부 사무실로 걸어갔다. 군대 사무실을 지키는 경비병이 한 명도 없어서 그 벽에 벽보를 붙이기로 했다.

"티베트 사람들이여, 잠에서 깨어나 억압자에게 맞서 싸우시오!"

나는 우리가 늑대의 목구멍 안에 살고 있으며, 늑대가 삼켜버리는 건 시간문제라고 주장했다.

"지금 공산당이 내거는 개혁과 자유 정책은 단지 눈속임일 뿐이오."

나는 계속해서 마오의 계승자 덩샤오핑이 권력을 잡자마자 티베트인을 억압하고 있다고 썼다.

닭이 막 울기 시작할 무렵 나는 네탕으로 돌아왔다. 당국은 내가 자리를 비운 것을 알아채지 못하고 있었다. 식당에서 피어오르는 연기를 보고 차를 한잔 마시기 위해 곧장 들어갔다. 중국인들은 그 뒤 2년이 지나서야 라싸 벽보 사건의 책임자가 나라는 걸 알게 된다.

1982년 9월에 후야오방은 중화인민공화국의 주석 재선에 성공했다.

후야오방은 자유 정책의 지지자로 유명했다. 나는 〈티베트 데일리〉에서 달라이 라마가 후야오방의 취임을 축하하는 전보를 보냈다는 기사를 읽었다. 매우 고무적인 징조가 아닌가, 하고 나는 속으로 기뻐했다. 후야오방은 티베트에서 중국 군대의 대규모 철수를 약속했는데, 우리 수용소에서도 그 영향이 즉각 나타나기 시작했다. 항상 중국을 연상시켰던 공장 감독관은 본토로 돌아갔고, 그의 티베트인 비서 왕걀이 승진해 그 자리를 물려받았다.

어느 겨울날 아침, 차를 받으러 식당으로 걸어갈 때였다. 벽보 주위에 사람들이 모여 웅성거리고 있는 게 아닌가. 호기심에 끌려 사람들 틈으로 갔다. 공산당 중앙위원회에서 내려온 발표문이 붙어 있었는데, 내용을 읽다 깜짝 놀라고 말았다.

"모든 노동 교화 수용소는 해산한다!"

발표문은 분명 그렇게 말하고 있었다.

수용소 당국은 이제 우릴 여기에 억류할 힘이 없었다. 수감자들은 즉각 석방하라고 요청하기 시작했다. 그 결과 연말에 단 열 명만 빼고는 대다수 수감자들이 집으로 돌아갔다. 물론 나는 그 불운한 열 명 가운데 한 사람이었다. 우리가 수용소에 남은 이유는 예전과 똑같이 단 하나였다. 수용소 내의 주요 작업을 하려면 숙련된 노동자가 필요하다는 거였다. 결국 나는 1983년 봄이 돼서야 수용소를 떠날 수 있었다.

나는 빠남으로 가야 할지 데붕에 돌아가야 할지 갈피를 잡지 못했다. 빠남 거주 허가증을 얻는 편이 훨씬 쉬울 터였다. 그러나 정말 거기로 돌아가고 싶은지 확신이 없었다. 그 전해에 형님의 아들이 찾아왔었다. 뜻밖에 나타난 조카는 맨발에 누더기 차림이었다. 조카가 전해준 소식도 뜻밖이었다.

"할머니랑 고모들이 서로 말도 않고 지내요."

내 누이들과 새어머니 사이가 멀어진 데는 슬픈 역사가 깃들어 있었다. 문화대혁명 기간 동안 누이들은 아버지를 비난했다고 한다. 아마도 자아비판과 인민재판의 억압적인 집회에서 마음에도 없이 한 비난이었을 것이다. 누가 친아버지를 지주며 착취계급이라고 몰아세우고 싶겠는가. 불행하게도 누이들은 중국 군인들이 아버지를 구타해 살해하는 걸 지켜보아야 했던 모양이다. 새어머니는 그 때문에 누이들을 결코 용서하려 하지 않는다고 했다.

내 형제들을 죽인 살인자들은 여전히 자유롭게 활보하고 있고, 몇몇은 심지어 지역 공산당 고위 간부까지 됐다는 걸 너무도 잘 알고 있었다. 가동 사원은 모조리 파괴됐다. 이런 폐허 속으로 되돌아갈 용기가 내게 있기는 있는 걸까?

11
삶과 죽음의 갈림길에서

버스는 나를 언덕 아래편에 내려놓고 사라졌다. 나는 데붕으로 가는 비탈길을 오르기 시작했다. 그러나 30년 전 빠남에서 고된 여행 끝에 만났던 눈부시게 아름다운 사원의 모습은 더 이상 찾아볼 수 없었다. 나는 높다란 산맥의 희박한 공기 속에서 어렴풋이 빛나던 하얀 회벽을 떠올려 보았다. 황금빛으로 반짝반짝 빛나던 지붕도 생각났다. 그러나 이제 그런 위용은 사라지고 없었다. 지금 내 앞에 있는 데붕사원이 한때 6천 명이 넘는 승려들로 번성하던 도시였다는 사실을 믿기 어려웠다. 벽은 지저분하게 때가 타고 여기저기 손상된 자국으로 어지러웠다. 사원은 빛나던 풍모를 잃어버린 채 파괴된 모습만 햇빛 아래 적나라하게 드러내고 있었다.

나는 잠시 돌에 기대어 눈을 감았다. 다시 눈을 떴을 땐 마치 긴 시간 여행을 한 것 같았다. 한 무리의 캄빠가 내 쪽으로 느릿느릿 걸어왔다. 남자들은 추빠를 입고 주홍색 비단 술장식으로 머리를 땋고 있었다. 여자들은 멋진 보석과 굵은 호박으로 장식한 꽃줄 장식을 하고 있었다. 남녀 할 것 없이 모두 푸른색 캔버스 슬리퍼를 신고 있었다. 고무 밑창을 댄 그 슬리퍼만이 세월의 무상함과 중국의 존재를 또렷이 상기시켜 주는 듯했다.

이 행복한 순례자들은 내 옆에 다가와서 몸을 좌우로 흔들며 싱긋 웃었다. 나는 순례자들과 섞여 폐허가 된 사원을 향해 올라갔다. 마침내 문지방에 다다랐을 때, 우리는 한층 심하게 부서져 내린 안마당의 벽을 마주했다. 순례자들은 믿을 수 없다는 듯이 머리를 가로저으며 땅에 털썩 주저앉았다.

나는 머리 위로 손을 높이 쳐들고 세 번 엎드려 절했다. 15년 만에 처음으로 눈치볼 필요 없이 올린 절이었다. 주변의 황폐한 잔해물 때문에 와락 눈물이 났다. 나는 웅장했던 사원의 옛 구조를 머릿속에 그리며 폐허 사이로 천천히 걸어갔다. 데붕에 와서 맨 처음 묵었던 숙소를 찾아봤지만 아무것도 남아 있는 게 없었다.

거기 나처럼 사원의 옛 모습을 회상하며 폐허 속을 이리저리 방황하는 옛 승려들이 있었다. 어느 나이 든 승려가 나를 똑바로 쳐다보며 물었다.

"어느 다짱(학부) 소속이었소?"

"로셀링입니다." 나는 기쁘게 대답했다.

"바로 거기가 로셀링 터요."

노승은 손가락으로 허공에 대고 원을 그려 보였다. 우리는 그 옛날 토론장으로 쓰던 로셀링 촤라 안에 서 있었다. 우리는 거기에 서서 친구들 얘기와 그동안 갇혀 지낸 얘기를 서로 나눴다. 승려들이 물었다.

"여기 돌아온 거요?"

"사원이 날 받아주는 조건으로 노동 교화 수용소에서 허가를 내줬어요."

"저쪽, 데붕 운영위원회로 가봐요."

승려들이 손짓으로 가르쳐주었다. 종교 사무국이 만든 데붕 운영위원회는 남아 있는 사원들을 관리하고 있었다. 종교 사무국의 사무관은 승려들이 투표로 뽑는다지만, 나는 곧 공산당이 후보들을 지명한다는 걸 알았다. 승려들은 추천권도 없이 그저 형식적인 투표만 할 수 있었다.

사원 바로 뒤쪽에 몇몇 색바랜 건물이 아직 남아 있었는데 벽에는 붉은색 한자로 쓴 공산당 구호가 지저분하게 널려 있었다. 나는 석판이 깔린 회랑의 큰문을 지나갔다. 한쪽에서 여자들이 분주하게 빨래를 하고 있었다. 빨간색 스카프를 맨 여자가 붉은색 문을 가리켰다. 바로 운영위원회 사무실이었다. 안으로 들어서자 예전에 승려였다는 진빠 렌촉이 나를 반겨줬다. 그는 유약한 인상에 얼굴빛이 어두운 데다 다소 병약해 보이는 사람이었다. 사실 진빠는 중국인의 꼭두각시가 됐다는 세평과는 반대로 홍위대의 약탈에서 사원을 지켜낼 만큼 힘과 능력을 가진 인물이었다. 진빠는 데붕에 남아있는 건 무엇이든 구해야 한다는 책임을 지고 있었다. 그는 또 운영위원회의 위원장이었다.

"사원으로 오고 싶습니다."

나는 진빠에게 말했다.

"어느 감옥이었소?"

그가 물었다. 아직 감옥에 있었다는 말은 꺼내지도 않았는데 말이다. 진빠는 중국인들이 승려라면 너나없이 체포해 투옥시켰다는 걸 알고 있었다. 나는 여러 감옥에서 보낸 내 삶에 대해 짤막하게 설명했다. 그리고 덧붙였다.

"전 직조공으로 일했어요. 한때 목수 일을 보기도 했지요."

내가 카펫을 짤 수 있다고 말하자 진빠의 표정이 바뀌었다. 카펫 짜기라는 착상이 꽤 마음에 든 눈치였다.

"그럼 여자들한테 카펫 짜기를 가르칠 수 있겠군요."

나는 당황했다. 데붕은 사원이 아니던가? 하지만 곧 데붕은 이제 촌락과 다름없어졌다는 걸 분명히 깨닫게 됐다. 승려들은 모두가 결혼한 상태였다. 사회주의 혁명을 향한 열정을 보여주기 위해 문화대혁명 때 아내를 얻어 혁명의 지진아가 아님을 증명해야 했단다. 진빠도 결혼해 애가 둘 있다고 했다. 그러니 데붕 사원이 아니라 데붕 마을이라고 해도 틀린 말은 아니었다.

운영위원회는 곧바로 나를 받아들이기로 합의했고, 1983년 5월 나는 데붕으로 옮겼다. 진빠는 원하는 방을 고르라고 했다. 나는 라싸 계곡 너머 빼어난 경치가 보이는 방 두 개짜리 숙소를 골랐다. 짐이라고는 손에 꼽을 정도였다. 그저 침구와 낡은 추빠 두 벌뿐이었다. 지난 4년 동안은 강제 수용소의 유니폼을 입고 지냈다. 조리 기구는 하나도 가진 게 없고, 네탕에서 산 커다란 중국 보온병 두 개가 부엌 살림의 전부였다.

티베트 전 지역의 노동수용소가 해체되면서 사원으로 되돌아오는 노승들이 갑자기 많아졌다. 사원 당국은 노승들이 지닌 기술이 절실하게 필요했기에 모두 받아들이려 했다. 내게는 사원의 손상된 벽화를 복구하는 일이 배당됐다.

새로운 사원 생활은 일종의 익살극 같았다. 아무도 승복을 입지 않았다. 우리는 푸른색 노동복을 입고, 단지 한 달에 세 번만 불공을 올릴 수 있었다. 사원은 집단 농장처럼 운영됐다. 모두 노동 점수를 산정해 받고 그에 따라 배급을 받았다. 이런 변화가 정말 이상하긴 했어도, 사원에 돌아왔다는 사실은 여전히 기쁜 일이었다.

어느 날, 나는 젊은 승려들에게 긴 경전을 기억하는 법을 가르치고 있었다. 그때 종교 사무국에서 나온 경찰과 공산당 요원들이 데붕에 도착하는 소리가 났다. 며칠 전 간덴 사원에 문제가 있었단 얘길 들은 적이 있었다. 그래서 관리국이 예방 조치를 하려는 게 아닐까 짐작하고, 더 이상 염두에 두지 않았다.

며칠 동안 푸르고 흰 새 유니폼을 말쑥하게 차려입은 당 기관원과 경찰들이 사원을 순찰했다. 마치 영원히 주둔하기라도 할 것처럼 대규모 병력을 데려왔다. 그 와중에 나도 무관할 수만은 없었다. 경찰 지프차가 오고, 꼬박 하루가 지나갔다.

어느 날 저녁, 누군가 내 방 문을 두드렸다. 나는 침대 위에 앉아 기도문을 읊다가 문 두드리는 소리를 들었다. 젊은 승려가 커튼 너머로 머리를 쑥 들이밀었다.

"주무세요?"

"들어오게."

"경찰이 스님 뒤를 꼬치꼬치 캐묻고 있습니다. 조심하셔야겠어요."

승려는 나지막하게 속삭였다. 그 말만 남기고 그는 일어섰고, 나는 기도문을 계속 읊조렸다.

이튿날 저녁, 방에 앉아 있노라니 지프차가 줄지어 도착하는 소리가 들렸다. 외국인 관광객을 위해 시를 정비하려는 정부 방침 때문에 사원 안에는 라싸에서 쫓겨온 개 수백 마리가 쏘다니고 있었다. 그날 저녁, 지프차 소리에 놀란 개들이 흥분해 짖어대기 시작했다. 누가 개들을 저리도 불안하게 만드는지 궁금했다. 그때 지붕 위에서 사람 발자국 소리가 들렸다. 개는 아니고 틀림없이 사람 발자국 소리였다. 나는 꼼짝 않고 앉아 귀를 기울였다. 몇 분 뒤에 누군가 내 방을 두드렸다.

"열려 있습니다."

내가 외쳤다. 방 안은 몹시 어두웠다.

"불이 어딨지?"

누군가 물었다. 불 있는 곳을 일러주자 불빛이 숙소 앞을 밝혔다. 라이플 소총 총구가 방문 앞에 걸어둔 두꺼운 모직 커튼 너머로 보였다. 나는 무슨 일인지 어리둥절한 채로 침대에서 일어나 앉았다. 그때 커튼이 한쪽으로 젖혀지면서, 젊은 중국인 경찰 두 명이 방 안으로 뛰어들어와 총을 겨눴다. 밖에서 기다리던 열대여섯 명이 우르르 들어왔다. 현관방은 순식간에 사람들로 가득 찼다. 살집이 두둑하고 얼굴이 큰 중국 고위 관리가 통솔자였다. 관리는 주변을 살펴보면서 잠시 가만히 서 있었다. 그 옆에는 데붕 사원 운영위원회 위원장 진빠 렌촉이 있었다. 티베트 통역관을 통해 중국 관리가 갑자기 물었다.

"넌 누구야? 이름이 뭐지?"

"팔덴 갸초입니다."

나는 침착하게 대답했다. 나는 침상 위에 그대로 앉아있는 편이 나을 거라 생각했다. 중국 관리는 호주머니에서 종이 조각을 꺼내더니 중국어로 읽었다. 낭독이 끝나자 티베트 통역관이 통역을 해줬다.

"라싸 대법원 툽텐 쥰도 재판관님 명령으로 당신을 체포하러 왔다."

무슨 죄인지는 말하지 않았다.

"일어서."

공안이 내게 명령했다. 내가 일어서자 사람들은 뒤로 물러서며 빈 공간을 만들었다. 공안이 내 손목에 수갑을 채웠다. 강철로 만든 신품 수갑은 희미한 빛 속에서도 반짝반짝 빛을 발했다. 나는 다시 한 번 피부에 차가운 금속 고리가 닿는 걸 느꼈다.

공안이 방을 뒤지기 시작했다. 나는 널따란 흰색 무명 덮개로 천장을 가려두고 있었다. 마루로 먼지가 떨어지는 걸 막기 위해서였다. 공안이 덮개를 아래로 쭉 찢어내리자 쌓였던 먼지가 풀썩 연기를 피우며 쏟아져 내렸다. 공안은 종교 경전을 한 묶음 발견하고는 방 한가운데로 집어던졌다. 경전 한 권에서 종이 한 장이 삐죽 비어져 나온 걸 보고 내 심장이 덜컹 내려앉았다. 벽보에 사용했던 기름종이였는데 글 앞머리가 선명하게 보이는 게 아닌가. 머릿속이 까맣게 지워졌다. 공안은 기꺼운 표정이 역력했다. 눈을 벌겋게 뜨고 찾던 증거물 1호가 나타난 것이다.

공안 두 명이 내 보온병을 조사했다. 나는 보온병 금속 덮개 틈에 실로 위험한 물건을 숨겨 두었더랬다. 티베트 국기와 달라이 라마가 쓴 여러 글이 바로 그것이었다. 공안은 물을 쏟아버리고 보온병을 흔들기 시작했다. 동료 공안이 보온병의 끝을 쥐고 유리병에서 금속을 돌려 빼냈다. 국기와 종이 조각이 바닥에 털썩 떨어졌다. 공안들은 기세가 등등했다. 중국인 간부가 내 어깨를 툭툭 두드리며 유창한 티베트어로 물었다.

"팔덴 갸초, 네 죄를 이제 알겠나?"

그는 바닥에 떨어진 증거물을 가리켰다.

"이게 바로 네 죄야. 우리가 제대로 잡은 거 맞지? 공산당이 만천하를 지배한다."

나는 1960년, 처음 붙잡혔을 때 그와 똑같은 말을 듣고 노르부쿵체에서 매질당했던 기억이 떠올랐다. 진빠 렌촉이 떠는 모습이 눈에 들어왔다. 당국은 이제 나를 사원에 거주하도록 허락한 그를 추궁할 것이 틀림없었다. 운영위원의 부위원장인 믹마도 겁먹은 얼굴이었다. 하지만 곧 정신을 차리고 나를 비난하기 시작했다.

"양의 탈을 쓴 늑대 같으니라고!"

"물에 빠진 개한테 돌을 던질 필요는 없겠지요."

내가 맞받았다. 중국 관리가 나를 밖으로 끌어내라고 신호를 보냈다. 총부리가 겨눠진 채로 나는 계단 아래로 떠밀려 내려가 지프차 뒷자리에 탔다. 경비병 두 명이 내 옆에 앉았다. 사방에 공안들이 쫙 깔려 있었다. 차는 라싸를 지나친 다음, 이리저리 방향을 틀어가며 올드 세투로 향했다. 올드 세투는 티베트의 마지막 수상 롭상 따시를 비롯해 티베트 고위 인사들이 함께 투옥돼 있던 감옥이었다.

세투는 이제 구치소로 쓰이고 있었다. 공식 선고가 내려질 법정에 갈 날을 기다리는 수감자들이 이곳에 무기한 억류되어 있었다. 간수들이 우릴 기다리고 있었다. 나는 그들 가운데서 다걀을 알아보았다. 다걀은 키가 훤칠한 티베트인 구역 소장이었다. 젊은 중국인 경비 네 명이 90센티미터쯤 되는 전기봉을 들고 가까이 서 있었다. 다걀은 지프차 문을 열고 내 어깨를 잡아 밖으로 끌어냈다. 밖은 어두웠고 시간은 자정을 지나 있었다.

계속 이어지는 문을 지나 작고 추운 방을 통과한 다음, 감옥 숙소로 둘러싸인 뺑 뚫린 마당으로 끌려갔다. 그곳은 6번 구획이었다. 간수는 수갑을 풀어 주더니 숙소에서 가져 온 이불 보따리와 함께 나를 독방에 밀어 넣었다. 등 뒤에서 문이 쾅 닫혔다.

독방에 홀로 서 있는 그 순간 체포됐다는 게 현실로 다가왔고, 앞으로 오랫동안 감옥살이를 하게 되리란 느낌이 들었다. 당이 관계하는 한, 나는 한 번도 교화된 적 없이 늘 사회주의의 진실한 길에서 벗어나 있었기에 그런 예감이 들었던 건지도 모른다. 짚으로 만든 거적이 시멘트 바닥 위에 놓여 있을 뿐, 독방에는 아무것도 없었다. 녹색 페인트칠을 한 바닥은 얼굴이 환히 비칠 만큼 윤이 났다. 감옥을 나온 지 3개월하고 8일 만에 나는 또다시 독방에 갇힌 신세가 돼버렸다.

새 독방은 전에 있던 곳보다 장치가 복잡했다. 새로 바른 페인트 냄새가 물씬 풍겼다. 문 반대쪽으로 작은 창문이 나 있었지만, 두꺼운 철봉과 철사망으로 가로막혀 드나들 수는 없었다. 새 철제문에는 밖에서 감시할 수 있도록 작은 구멍이 나 있고, 문 아래쪽에는 상하로 여닫는 작은 출입구가 있었는데 바깥에 잠금 장치가 달려 있었다.

나는 짚 매트 위에 자리를 펴고 잠을 청했다. 그때 지프차 엔진 소리가 떠들썩하게 나더니 땅 위에 사슬을 질질 끄는 소리가 들렸다. 그날 밤 체포된 사람은 모두 네 명이었다.

처음 듣는 전자 벨 소리가 아침 기상을 알리며 울어댔다. 문을 열어주는 사람은 아무도 없었다. 다만 잠시 뒤에 문 아래 출입구가 열리더니 손하나가 쑥 들어오며 뜨거운 차 한잔을 들이밀었다. 몇 시간이 지난 뒤 빗장 벗기는 소리가 났다. 다같이 온 것이다. 나는 그의 명령에 따라 다른 방으로 갔다. 거기서 사진사가 내 앞모습을 한 번 찍고, 옆모습을 두 번 찍었다. 나는 O, X 자 표시가 검게 그어진 숱한 사진을 떠올렸다. 사형 집행을 기다리는 수감자들의 사진이었다.

다음 날 나는 심문실로 갔다. 싸늘하고 왠지 꺼림칙한 느낌이 드는 방이었는데, 독방처럼 페인트 냄새가 풍기고 바닥과 벽은 시멘트로 거칠게 마감한 곳이었다. 말할 것도 없이 티베트 전통 가옥의 벽과는 다른 것이었다. 전통 가옥의 벽은 노란 진흙 벽돌로 만들어져 방 안에 들어서면 독특한 흙냄새가 코에 밀려든다.

"잘 생각해봐. 모든 걸 자백하라고."

다걀이 내 쪽으로 몸을 숙이더니 말했다. 중국인 공안 두 명과 통역이 길다란 탁자 뒤편에 앉았다. 두 명 중 나이 지긋한 사람은 기품있게 생겼는데, 첫인상으로 보아 나를 무작정 때릴 것 같지는 않았다. 그러나 중국인 공안에게 인간미를 기대하기란 어려웠다. 그들은 권위에 넘치고 억압을 일삼는 데다 통역이 항상 중간에 끼어들어야 하기 때문에 직접적인 교류에는 한계가 있었다. 통역은 수감자와 관리가 감정을 나누는 데 방해가 되는 존재였다. 수감자는 심문관이 아니라 통역과 관계를 맺어야 했다.

내가 나무로 만든 의자에 앉자 관리가 통역을 통해 자백할 것을 권했다. 나는 아무 말도 하지 않았다. 한동안 정적이 흘렀다.

"왜 체포됐다고 생각하나?"

"왜 붙잡혔는지 모르겠습니다."

20년 동안 심문 받아온 관록이 중국인들의 각종 속임수에 넘어가지 않고 현명해지도록 만든 터였다. 실제로 어떤 죄목을 받았는지 알기 전에는 절대로 정보를 흘리지 않으리라, 나는 결심했다.

"여덟 살 때부터 지금까지 살아온 이야기를 죽 해봐."

관리가 명령했다. 20년 전과 똑같은 질문이었다.

"1975년부터 네탕 주안와 창 노동 교화 수용소에 줄곧 있었습니다. 그 전에는 쌍입에 있었구요. 1960년 이후로 수백 번 반복해 얘기했지요. 정말 궁금하다면 내 서류를 읽어보십시오."

틀림없이 얻어터질 거라고 확신했지만 심문관들은 아무런 반응도 보이지 않았다. 얻어맞는 대신 '신중하게 생각해야 한다'는 경고만 들었다. 그러나 내가 왜 먼저 얘길 꺼낸단 말인가. 저들이 얼마나 알고 있는지 재빨리 알아채야 하는 것을. 네탕에서 티베트 실상 보고서를 쓴 걸 알고 있을까? 그걸 삼텐이 수용소에서 빼돌려 달라이 라마에게 전해준 사실도 알까? 우리 모두 그 서류에 서명했는데, 그게 발각돼서 체포된 걸까? 그 보고서와 연루된 건지 아닌지 알아내야만 했다.

심문은 며칠 동안 계속됐다. 나는 여전히 자백을 거부했다. 중국 관리들은 화도 내지 않고, 내가 두려워하는 매질도 하지 않았다. 어느 날 아침, 심문실에 가려고 기다리고 있는데, 면회하러 온 친척들이 있다고 했다.

"롭상과 돌마라는 친척이 있나?"

다갈이 물었다. 나는 고개를 끄덕였다. 다갈은 다른 방으로 나를 데려갔다. 그곳에 형의 자식들인 롭상과 돌마가 기다리고 있었다. 롭상은 1981년에 네탕에 나를 만나러 온 적이 있었다. 척 보기에도 제법 값을 줬을 것 같은 옷을 차려 입은 롭상은 얼굴에 기름기가 흘렀다. 탁자 위 바구니에 보온병과 비스킷, 그리고 딱딱한 티베트 치즈 한 조각이 담겨 있었다. 돌마가 컵에 차를 한잔 따라 내 앞으로 내밀었다.

"삼촌, 우린 지금 라싸에 살아요. 양복점을 하는데 짭짤해요."

롭상네는 기반을 잡고 잘살고 있는 듯했다.

"새어머니도 함께 사는데, 몸이 무척 안 좋으세요."

롭상은 잠시 침묵을 지켰다가 다시 말을 이었다.

"경찰이 우리 집까지 왔다 갔어요. 삼촌이 고백만 하면 풀어줄 거랬어요."

롭상은 은근히 나 때문에 가족들이 고통받고 있음을 알리고 싶어했다. 나는 아무 말도 하지 않았다.

"제발 삼촌, 우릴 위해 고백하세요."

말을 마친 뒤 롭상과 돌마는 울기 시작했다.

"걱정 마라. 새어머니 잘 보살펴 드리고."

내가 말했다. 다걀이 나를 다시 독방으로 데리고 갔다. 잠시 뒤에 나는 또 심문실로 끌려갔다. 머릿속에서 롭상과 돌마 모습이 지워지지 않았다. 젊은 공안이 보온병에서 차를 따라 주고, 비스킷 몇 조각을 줬다. 여덟 살 이후의 삶에 대해 죽 이야기하는 동안 그들은 내 말을 끊지 않고 경청했다. 이야기를 끝내자 공안 중 상관이 몸을 숙이더니 물었다.

"왜 감옥에 있는 것 같나?"

"데붕의 내 방에서 증거가 나와서 잡혀온 거 아닙니까?"

내가 물었다. 나는 관리들이 실제로 알고 있는 걸 가늠하기 전에는 한마디도 더 하고 싶지 않았다.

"그래서 무슨 죄를 지었는지 알겠나?"

경찰 상관이 물었다. 나는 안도를 느꼈다. 그는 벽보에 대해 알고 있다. 그러나 삼텐이 달라이 라마에게 몰래 갖다 준 것도 알고 있을까? 나는 벽보를 붙인 장본인이 바로 나임을 인정했다. 하지만 그로 인해 심문이 질질 늘어질 줄이야.

"누가 종이와 펜, 고무풀 따위를 주었나? 누가?"

공안들은 단독 범행인지 아니면 공범이 있는지 알아내려고 애썼다.

"저 혼자 한 일입니다. 공범은 없습니다."

나는 반복해서 말하고, 또 말했다. 내 대답은 관리들 성에 차지 않았다. 다음 날, 심문관들은 예전에 접촉했던 사람들 이름을 모두 불라고 다그쳤다. 내가 어떻게 친구들을 일러바칠 수 있겠는가? 사람들 이름을 나열하는 대신 나는 공모자 이름을 말하기로 결심했다. 보온병에서 발견된 국기와 글은 롭상 겔레라는 노승이 준 거라고 말했다. 은밀한 경로를 통해 롭상 겔레는 이미 내가 체포되던 그날 죽었다는 사실을 알고 있었다.

"롭상 겔레는 지금 어딨지?"

"네탕에 있습니다."

그들은 롭상 겔레의 이름과 세부 사항을 꼬치꼬치 캐물어 적었다. 비로소 심문관들의 얼굴에 만족한 빛이 나타났다. 나는 그 뒤로도 11일 동안 꼬박꼬박 심문당했다.

내 전략은 맞아떨어졌다. 며칠 뒤, 중국 공안이 롭상 겔레를 잡아 모든 자백을 받아냈다고 큰소리치는 게 아닌가. 물론 나는 속으로 크게 웃었다. 중국인들은 죽어도 체면 깎이는 일은 싫어한다.

하지만 매를 피하다니 놀라운 일이었다. 심문관들이 특이하게 친절한 사람이었던 걸까? 하지만 사실은 달랐다. 나중에야 데붕에서 체포된 다른 이들과 함께 사형이 언도되었다는 걸 알게 됐다. 내 친척들은 나를 위해 라싸 중앙의 조캉 사원에 가서 버터 램프에 불을 붙이고 기도했다. 인도 뉴델리의 티베트인들이 중국 대사관 밖에서 나의 석방을 요구하며 시위를 해서 사형을 면했다는 걸 나중에야 알게 됐다.

심문은 1984년 초에 끝났다. 짙푸른색 제복을 입은 서열 4위 사법관리들이 죄목을 읽어주고, 정확한지 물었다. 나는 고개를 끄덕이고 서류에 지문을 찍었다. 예전 수감자들은 형기를 알리는 종이 한 장을 달랑 받았을 뿐이다. 문화대혁명 동안에는 심문 서류 한 장 없이 감옥에 들어갔다. 그러나 이제는 '새 시대'였다. 중국은 제법 사법제도 흉내를 내고 있었다.

어느 날 아침 나는 지프차에 올라 라싸 법정으로 실려갔다. 지금까지 20년 동안 옥살이를 했지만 재판을 받는 것은 처음이었다. 재판 과정이 어떨지 전혀 알 수 없었다. 판사는 얼굴이 통통한 도르제라는 티베트 사람이었다. 그는 활기차게 관리 모두를 소개했다. 내 변호인으로 풀부라는 노인이 소개됐다. 그런 다음 판사는 내게 할 말이 있는지 물었다. 나는 풀부가 뭔가 제안하지나 않을까 싶어 바라봤지만 그는 판사만 바라보면서 꼼짝 않고 앉아 있었다.

"피고는 할 말이 있는가?"

도르제가 반복해 물었다.

"제 변호사나 다른 사람이 증거를 가져왔는지 모르겠습니다."

판사는 내 말을 무시하는 것 같았다. 그러더니 곧 변론을 시작하라고 명령했다. 젊은 티베트 관리가 일어서더니 내 죄를 소리 내어 읽었다. 그는 벽보 사건에 대해서 내가 자백한 사실을 비롯해 내 방에서 발견한 물건들까지 하나하나 언급했다. 판사가 다시 한 번 말할 기회를 줬다.

"중국인들이 말한 티베트의 진보는 완전히 거짓이었습니다! 중국인들이 틈만 나면 떠들었던 것처럼 티베트 사람들은 결코 농노제에서 해방된 게 아닙니다!"

나는 소리쳤다.

계속해서 나는 네탕 마을 주민들의 처지를 열거하고, 식량 기근이라는 큰 문제에 대해 언급했다.

"그만!"

판사는 내게 멈추라고 명령했다. 그리고는 인정하지 못하겠다는 표정을 지으며 말했다.

"눈먼 사람은 어둠밖에 보지 못한다. 반동주의자 역시 위대한 사회주의 조국에서 어둠밖에 못 보는 것이다."

1984년 4월 29일 나는 8년 형을 추가로 언도받았다. 그때 내 나이 쉰한 살이었다. 성인기 대부분을 내 조국 안에 있는 중국인들의 감옥에서 보낸 것이다.

오리티두 감옥이 새 거처가 됐다. 거기에서 여름과 겨울 제복을 하나씩 받았는데 3년 동안 입어야 한다고 했다. 나는 주로 나이 든 사람들이 모인 구획에 배치됐다. 우리는 채소밭을 돌보거나 부엌일을 돕는 것 같은 다소 쉬운 일을 배정받았다. 집회는 예전만큼 엄격하지 않았고, 더 이상 공산당이나 그 지도자를 찬양하는 척하지 않아도 됐다. 그러나 정기 학습에 참여해서 〈티베트 데일리〉 기사를 읽고 토론하는 일은 변함없이 계속됐다.

그해 9월에 있었던 야릇한 만남을 기억한다. 나는 본부 사무실 한쪽 방으로 소환돼 깔끔한 천을 씌운 탁자 앞에 앉았다. 탁자 위에는 보온병과 값나가 보이는 컵 두 개, 비스킷 한 접시가 놓여 있었다. 그리고 벽에는 중국 현대식 건물의 모습을 빼곡하게 담은 달력이 매끈매끈 빛을 발하며 걸려 있었다. 잠시 뒤 넥타이를 맨 젊은 중국 관리가 멋진 가죽 가방을 들고 들어왔다. 통역이 나와 중국 관리에게 차를 따라주고 비스킷을 권했다.

"여기서 당신을 어떻게 다루고 있지요?"

그가 물었다. 그는 베이징에서 왔다고 했고, 감옥 관리들이 잘 대하고 있는지 혹시 의료 검진을 필요로 하지는 않는지 알고 싶어했다. 감옥 안에서 한 번도 받은 적 없는 융숭한 대접에 나는 적이 당황했다. 이탈리아에 있는 국제사면위원회가 나를 양심수로 뽑았다는 사실을 나중에야 알았다. 국제사면위원회가 중국 정부와 라싸 당국에 편지를 쓴 덕택에 그런 방문이 이뤄진 거였다.

그러나 한결같은 그 버릇이 어디 가겠는가. 얼마 지나지 않아 간수들은 평상시의 잔인함을 다시 드러냈다. 어느 날 나는 요리사 다와에게 무심코 간수들이 넣어주는 차가 차갑다고 불만을 털어놓았다. 내 말이 땅에 떨어져 흙이 묻기도 전에 다와는 잠빠라는 간수를 데리고 왔다. 잠빠는 흰머리가 많아 '할아버지'로 불리는 사람이었다. 잠빠는 대뜸 누가 불평했는지 물었다.

"제가 그랬습니다."

내 대답이 끝나자마자 잠빠는 보온병을 집어들었다.

"어디 차가 여전히 식어빠졌는지 한번 보자."

잠빠는 빈 보온병을 열더니 뜨거운 물을 가득 채웠다. 그리고는 내 오른팔 맨살 위에 물을 쏟아부었다. 살이 데일 만큼 뜨거운 물이었다.

다른 수감자들은 잠빠가 전기봉을 흔들며 나에게 다가올 때부터 멀찌감치 물러서 있었다. 화상은 매우 고통스러웠다. 고문은 그걸로 끝나지 않았다. 이번에는 내 어깨와 가슴에 전기 충격을 주면서 전기봉으로 나를 계속 찔러댔다. 요리사 다와는 권력 행사의 맛을 즐기며 바라보고 있었다. 잠빠는 마치 '다음 차례는 누구냐?'라고 묻듯 다른 수감자들을 노려봤다. 너무나 고통스러워 나는 비명을 질렀다. 다른 교도관들이 달려와 지켜보고 있었다.

"공산당이 수감자를 죽이고 있다!"

나는 있는 힘껏 소리를 질렀다.

상급 관리가 모두에게 물러나라고 손짓한 다음 잠빠와 요리사를 꾸짖었다. 나는 의무국으로 실려갔다. 거기서 젊은 간호사가 내 팔의 화상 부위를 붕대로 처매 주었다.

공산당은 전략을 바꿨다. 전에는 우리를 교화하고 사회주의자로 전향시키기 위해 자아비판과 비난 집회를 열었지만, 이제 정치범은 단순히 말로 해서는 불가능하다는 걸 깨달은 거였다. 우리는 '교화 불가능자'로 낙인 찍혔고, 혹독하게 취급받았다. 그나마 우리를 복종하게 만들려면 외롭게 격리시켜 가능한 한 많은 고통을 주는 방법밖에 없었다.

매질은 오리티두에서 일상적인 일이었다. 간수들은 전쟁터에 온 양 무장하고 있었다. 권총을 소지하고 허리띠에는 칼 두 자루를 꽂았다. 그리고 두 종류의 전기봉을 가지고 다녔다. 하나는 반짝거리는 플라스틱 손잡이가 달린 짧은 몽둥이였고, 하나는 칼처럼 휘두를 수 있는 긴 것이었다. 또 방호복을 걸쳤는데 때로는 걷는 것도 힘들 만큼 거추장스러워 보였다. 간수들은 '교화가 불가능한' 수감자들을 대상으로 신종 무기를 사용하는 데 전혀 주저하지 않았다.

12
라싸에서 항쟁이 일어나다

    1987년 9월 28일 〈티베트 데일리〉에 라싸 시위 기사가 실렸다. 데붕에서 온 승려 스물한 명이 티베트의 독립과 자유를 요구한 시위였다. 신문에 이런 기사가 공식으로 실린 걸 처음 본 터라 나는 깜짝 놀랐다. 그 기사는 뜻밖에도 4면에 실렸다. 원래 그 지면은 국제 기사에 할당되었고, 신문지면은 대개 공산당 찬양 일색이기 마련인데 의외의 뉴스가 실린 거였다. 기자는 그 시위를 '소수 분열주의자'의 소행으로 간단하게 처리했다. 중국인들은 티베트의 자유에 대한 염원을 모국을 분열시키는 것으로 여겼기 때문에, '분열주의자들'은 티베트 민족주의자들을 지칭하는 새로운 용어가 되었다.

    이것은 피를 끓게 만드는 소식이었다. 1959년 라싸에서 봉기가 일어난 뒤 처음으로 열린 심각한 공식 집회였던 것이다. 신문에 스물한 명의 승려들 이름과 나이가 공개됐다. 그들이 얼마나 어린가를 알고 나는 충격을 받았다. 내가 처음으로 체포됐을 무렵 아직 태어나지 않은 이들도 있었다. 그 세대를 일컬어 공산주의자들은 늘상 '공산당의 가슴에서 자란' 아이들이라고 불렀다. 그런데 그 아이들이 티베트의 독립을 요구하는 구호를 외쳤다는 것이다. 나는 감격스러워 눈시울이 뜨거워졌다. 정치범들은 세상 사람들이 신념과 믿음을 함께 지지해준다는 걸 알 때 가장 기운이 난다. 이제 우리의 투쟁이 이 젊은 시위자들의 목소리를 통해 계속되리라는 걸 깨달았다.

감옥 당국이 가만 있을 리 없었다. 즉각 집회를 열어 시위대를 비난하라고 정치범들을 들들 볶아댔다. 우리는 시위대가 젊은이들을 잘못된 길로 이끌고 있다며 비난하는 〈티베트 데일리〉의 기나긴 논설을 읽어야 했다.

그다음 주에 당국이 라싸에서 수십 명씩 체포하고 있다는 소식이 들려왔다. 사람들은 은밀히 전갈을 보내 사라진 이들의 이름을 가르쳐 주면서 혹시 감옥에 구금돼 있는지 물어오곤 했다. 감옥 안의 수감자들과 바깥세상 사람들은 서로 소식을 전할 수 있는 연락망을 가지고 있었다. 그래서 감옥 안에 누가 있는지, 밖에서 일이 어떻게 진행되고 있는지 서로 알 수 있었다.

1987년 항쟁은 사람들이 라싸 거리로 뛰쳐나가게 만든 기폭제였다. 티베트에서 두 번째로 큰 간덴 사원에서는 5천 명이 넘는 승려들이 시위를 벌였다. 간덴 사원은 문화대혁명 기간 동안 홍위병들에게 지독한 수난을 당했는데, 내가 네탕에서 풀려난 직후까지 그치지 않았던 것으로 기억한다. 제대로 서 있는 건물 하나 없이 완전히 초토화된 곳이었다.

비구, 비구니들의 항쟁이 뒤따랐고, 라싸의 젊은이들도 시위를 준비했다. 그 결과 감옥 안의 정치범들(다섯 명만 정치범이고, 대다수는 형사 범죄로 수감된 기결수였다)에 대한 감시가 강화됐다. 우리는 계속해서 바깥 일에 대해 추궁당했다. 티베트 어느 곳에서, 언제, 어떤 항쟁이 일어나든 정치범들은 특별 집회에 소환됐고, 시위에 대해 의견을 말해야 했다.

"난 여기 갇혀 있는 수감자일 뿐이오. 밖에서 일어나는 시위와는 아무 상관없어요."

내 대답은 간단했다.

그해 겨울, 나는 게쉐 롭상 왕축이 일흔다섯의 나이로 죽었다는 소식을 들었다. 그는 성인기 대부분을 공산당의 감옥에서 보낸 사람이었다. 중국인들은 그가 나이 들어 죽었다고 했지만 나는 살해당했다고 주장했다.

당국은 그를 특별히 잔인하게 다뤘다. 일흔다섯이라는 고령에도 불구하고 손발에 수갑과 족쇄를 채워놓았고, 강제 노역으로 내몰았다. 일을 마치고 돌아온 어느 날, 롭상은 게으름을 피우고 꾀병을 부렸다는 이유로 고발당했다. 펠조라는 간수가 그를 철막대에 묶고 의식을 잃을 때까지 때렸다. 나도 펠조 손에 맞은 적이 있었다. 롭상은 장기에 손상을 입은 게 분명했다. 병원으로 실려갔지만 때는 이미 늦었다. 당국은 간호라는 미명 아래 롭상을 친척에게 떠맡기며 석방시켰는데, 그 이튿날 죽고 만 것이다. 내 생애에 만난 훌륭한 한 사람이 그렇게 해서 세상을 떠났다. 분명히 말하지만 당국은 롭상의 죽음에 대해 책임이 있다.

다음 두 해 동안 시위는 더욱더 커졌다. 시위가 계속 이어지더니 나중에는 대규모 항쟁으로 발전했다. 1989년 3월, 나는 감옥의 사과 농원에서 일하고 있었다. 나이 든 수감자는 과수원 일을 배정 받았는데, 과수원은 감옥 수입의 중요한 원천이었다. 사과나무를 심어 놓은 거대한 비닐하우스 온실은 매우 덥고 습했다. 그날도 나무 손질에 몰두하고 있는데,

정문 쪽에서 커다란 노랫소리가 들려왔다.

밖으로 나가봤다. 수감자들이 길게 줄을 서서 감옥으로 들어가고 있었다. 머릿속이 혼란스러웠다. 이제 겨우 정오인데, 왜 이리 일찍 돌아가는 걸까? 더 혼란스러운 것은 그들이 즐거워 보인다는 점이었다. 노랫소리에도 걱정이 묻어나는 것 같지는 않았다. 나는 온실로 되돌아갔다. 갑자기 간수가 들어오더니 숙소로 돌아가라고 명령했다. 돌아가는 길에 언뜻 보니 지붕 위와 감시탑에 경비병들이 무장한 채 긴장하고 있었다. 나는 동료들에게 무슨 일인지 물었다.

"라싸에서 문제가 있었나 봐요."

누군가 대답했다. 이번 시위는 뭔가 다른 것 같았다. 다들 새로운 소식을 기다리며 침대에 누웠다.

이튿날 아침, 평소와 다르게 수많은 경비병이 마당에 있었다. 한쪽 벽에 장총을 세워두고 그 옆에는 탄약대를 쌓아두고 있었다. 라싸에서 정말로 심각한 일이 일어났음을 알 수 있었다.

다시 이튿날 아침 기상 나팔이 울린 뒤, 그날은 작업이 없을 거라는 전갈이 내려왔다. 경비들은 놀이판을 가져다주고, 카드놀이를 하게 했다. 갑자기 감옥이 잔치 분위기로 변해 다들 엉덩이 비집고 앉을 자리만 찾으면 마당에 주저앉아 놀았다. 감옥 당국은 행여나 우리가 시위를 일으킬까봐 두려워하고 있었다.

그날 오후 나는 의무실에서 일하고 있던 젊은 간호사를 불렀다. 항상 내게 친절하게 대해주던 간호사였다. 뜰을 지나갈 때 큰 소리로 그이를 불러 내 어깨를 봐달라고 부탁했다. 간호사가 다가오자 외투를 벗고 어깨를 내밀었다. 그리고는 낮은 목소리로 속삭였다.

"라싸에 무슨 일이 있는지 아세요?"

간호사는 내 어깨를 살펴보는 척하며 말했다.

"사람들이 바깥에서 반란을 일으키고 있어요. 경찰이 도시를 통제하지 못하고 있답니다."

그 시위는 물경 3일 동안 계속되고 있다고 했다. 나는 라싸 쪽에서 불어오는 검은 연기를 보았다. 갑자기 감옥 당국은 우리 구획을 포함해 4개 구획을 이감한다고 발표했다.

"한 시간 이내에 짐을 싸서 나와라."

우리는 허둥지둥 떠날 준비를 했다. 나는 이런 갑작스런 변동에 좀처럼 적응하지 못했다. 무슨 일이 벌어지든 한 마디 통고도 없이 진행되는 게 감옥 생활의 규칙 아닌 규칙이었다.

이제 막 도착한 트럭 여러 대가 부르릉대며 엔진 소리를 내고 있었다. 간수들이 우리를 감옥 밖으로 몰아댔고, 우리는 등에 짐꾸러미를 지고 한 줄로 서서 트럭에 올랐다. 지붕을 씌운 화물칸으로 수감자들은 꾸역꾸역 밀려 들어갔다. 대체 어디로 가는지 알 수가 없었다.

그리고 나서 갑자기 출발하라는 신호가 떨어졌다. 그런데 트럭이 정문 앞에 멈춰 서는가 싶더니 다시 내리라고 명령하는 게 아닌가. 어이없게도 우리는 감방으로 행진해 되돌아갔다. 정말이지 혼란 그 자체였다. 하루 종일 끌려 다닌 터라 온몸이 욱신거렸다. 그래서 곧 침대에 누워서 낡은 담요로 몸을 감싸고 오늘 일을 곰곰이 생각해봤다. 밖에서 무슨 일이 일어난 건지 궁금해서 견딜 수 없었다.

다음 날 간수들은 우리를 따로따로 있게 했다. 작업도 없었다. 믿기 힘든 일이 벌어졌다. 당국이 앞장서서 오락거리를 안겨주는 거였다. 심지어 커다란 비디오 스크린을 가져와 홍콩 영화를 보여주기 시작했다. 수많은 수감자들이 영화를 보기 위해 모여들었지만, 내 마음은 그곳에서 멀리 떠나 있었다.

그날 저녁 트럭이 마당에 도착하는 소리가 들렸다. 나는 창문을 통해 무슨 일인지 자세히 살폈다. 탐조등이 감옥 밖을 비추는 가운데 트럭이 1, 2구획 건물까지 후진하고 있었다. 곧 이어 트럭 아래로 신참 수감자들의 발이 천천히 내려와 막사 안으로 들어가는 게 보였다. 나는 그 발의 주인공이 바로 라싸 시위자들일 거라고 짐작했다.

새로 끌려온 이들은 반항적으로 소리를 질러댔다. 여자들도 다수 있었는데, 그들 역시 저항 구호를 외쳐댔다. 우리는 우려에 찬 눈길로 창문 앞에 모여 그 광경을 지켜봤다. 그때 갑자기 구호 소리가 울부짖는 비명 소리로 바뀌었다. 간수들이 감방으로 들어가는 수감자들을 때리기 시작한 것이었다. 순식간에 감옥은 울부짖는 소리와 유리 깨지는 날카로운 파열음으로 가득 찼다. 지옥이 따로 없었다. 이튿날 아침 변소로 가는 길에 창문이 깨지고 유리조각이 마당 여기저기에 어지럽게 흩어져 있는 걸 보았다. 새로 온 수감자들이 저항한 게 틀림없었다.

우리는 그날 감방에 갇혀 있어야 했다. 간수가 탁자를 마당에 내오는 모습이 창밖으로 보였고, 심문관들이 공책과 펜을 들고 책상에 앉는 것도 보였다. 그리고 눈을 의심하게 만들 만큼 어려 보이는 소년들이 막사에서 나와 책상 앞에 줄을 섰다. 세상에! 티베트 사람들이 흔히 '코를 훔칠 나이'라는 표현을 쓰곤 하는데, 딱 그만한 또래의 아이들이었다. 어린 소녀들도 막사에서 나왔다. 밝은색 끈으로 머리카락을 뒤로 묶은 모습이 마치 인형 같은 아이들이었다. 소녀 하나가 사탕 가게에라도 가는 것처럼 손을 주머니에 찌르고 마당을 어슬렁거렸다. 아이들의 얼굴에서 걱정이라곤 찾아볼 수 없었고, 두려움도 없어 보였다. 감옥이 무엇인지, 고문이 무엇인지 알기에는 너무 어린 아이들을 보고 나는 가슴이 미어졌다. 저 아이들이 왜 학교에 있지 않고 여기에 실려온단 말인가. 왜 이런 일이 벌어져야 할까.

그러나 한편으로는 티베트 사람들이 현실에 안주하지 않고 새로운 저항 정신을 가지고 있다는 사실에 힘이 났다. 이처럼 어린 시위자들이야말로 문화대혁명의 잔혹함과 30년 동안의 사상 주입에도 불구하고 티베트 젊은이들이 중국 공산당에 넘어가지 않았다는 살아있는 증거였다. 티베트 민족주의 정신은 앞으로도 영원히 타오를 것이었다.

나중에 나는 몇몇 어린 수감자들에게 학교에서 중국어를 배웠는지 물어봤다. 한 소년의 대답이 아직도 또렷이 기억난다. 소년은 못 믿겠다는 듯한 표정으로 나를 쳐다보면서 대답했다.

"왜 우리가 압제자 말을 배워야 해요?"

수많은 젊은 비구, 비구니들도 비슷한 심정을 토로하곤 했다.

"마을 학교에 가느니 사원에 가는 게 나아요. 중국인들이 가르치는 건 뭐든 배우고 싶지 않아요."

공산당은 젊은이들의 시위를 공산당에 대한 반대라고 보았다.

"젊은 세대는 옛 시절을 모른다. 과거 티베트인들은 봉건 영주에게 착취당해 비참한 가난 속에서 살았거늘, 당이 해방시켜 준 은공을 깡그리 잊고 있는 것이다."

공산당은 전략을 다시 짰다. 이 젊은 반란자들에게 과거를 학습시키기로 한 것이다. 그러나 일은 계획대로 잘 진행되지 않았다. 공산당의 단순한 논리에 비해 젊은이들은 경험에서 우러나온 진실로 대응했기 때문이다.

"너희들은 이런 황금시대에 살고 있으니 얼마나 다행인가? 당에 고마움을 느껴야 할 것이다."

공산당 기관원들의 말에 젊은이들은 이렇게 되받아쳤다.

"우리 부모님들은 문화대혁명 동안 봉건시대 때보다 더 굶주리고 매질까지 당했어요."

그러나 그런 과거에 대해서도 당은 할 말이 없는 게 아니었다. 그들은 옹색한 대답을 늘어놓았다.

"그건 급진파 4인방 때문에 생긴 일이다."

이 어린 소년소녀들을 보자니 묘한 느낌이 들었다. 처음 투옥됐던 나의 젊은 시절이 떠올랐다. 이 아이들은 바로 나와 우리 세대가 부딪쳤던 문제에 똑같이 부딪치고 있었다. 신참 수감자들은 컵이나 침구뿐만 아니라 접시와 수저도 없었다. 나이 든 수감자들이 여분의 컵과 담요를 챙겨주었다.

젊은 시위자들의 행동은 우리를 감동시켰다. 나는 감옥 내에 새로운 동지애와 저항 의식이 싹트고 있음을 알아차렸다. 심지어 형사 범죄를 저지르고 들어온 재소자들까지 용기를 얻었고, 심문에 어떻게 대처해야 하는지 기꺼이 조언해 주었다. 젊은이들은 채 스물이 안 된 나이였다. 중국이 티베트에 처음 들어왔을 때 태어나지도 않은 아이들인 것이다. 그들은 중국 국기 아래 자랐지만 공산주의를 버리고 '뵈 랑쩬(자유 티베트)'을 외쳤다. 우리는 이 젊은 시위자들을 있는 힘껏 도와주었다. 정치적으로 의식이 깬 젊은이들이 온 뒤부터 어린 재소자들은 감화를 받아 변해

갔다. 펨바라는 어린 수감자는 이들의 용기에 무척 고무된 나머지 나를 찾아왔다.

"저도 티베트 독립 투쟁을 위해 일하고 싶어요."

펨바는 열여섯 살쯤 됐는데 마르고 창백한 소년이었다. 감옥 당국이 나를 함정에 빠뜨리기 위해 펨바를 이용한 적이 있었기에 나는 걱정이 앞섰다. 형사범죄 재소자들은 종종 정치범 감시에 이용당하기 일쑤여서, 정치범들은 그들과 거리를 두고 지내며 조심하던 터였다. 그러나 펨바는 싹싹하고 쾌활해서 도저히 미워할 수 없는 아이였다. 일을 마치고 나면 감방 밖에 앉아 내가 돌아오기를 기다리곤 했다.

"스님, 전 글을 읽지도 쓰지도 못해요. 글 배우는 게 가장 급한 일이에요."

나는 몸소 펨바를 가르치기 시작했다. 그러나 나중을 생각해 여전히 정치 문제에 대한 토론에는 신중을 기했다. 서글픈 일이지만 신중함은 아무리 강조해도 지나치지 않다는 것이 감옥 생활의 지혜였다.

어느 날 경비병이 변소 벽 위에 갈겨쓴 '자유 티베트'라는 단어를 발견했다. 중국인들의 감정을 몹시 상하게 한 이 낙서가 찰칵찰칵 사진기에 찍혔다. 당국은 이것이 중대한 반혁명 범죄라고 선포했다. 당국은 새로 들어온 젊은 정치범들의 대담함에 긴장하게 됐고, 이 사건을 위험한 선례라고 생각했다. 저항의 신호가 조금이라도 비칠라치면 초반에 강력하게 억눌러야 했다. 간수들은 독이 오를 대로 올라 이 구호를 누가 썼는지 알아내기 위해 사람들의 필체를 조사하기 시작했다. 그날 구호가 적힌 변소에 갔던 수감자의 이름을 캐묻고 다녔다.

수감자 한 명이 펨바가 변소 밖으로 나갈 때 손에 석탄가루가 묻어 있는 걸 봤다고 일러바쳤다. 펨바는 즉시 체포되어 족쇄를 차고 독방에 감금됐다. 그 독방은 팔을 쭉 펴면 손바닥이 양쪽 벽에 닿을 만큼 협소하게 만든 특별 공간이었다. 싸늘하게 식은 공간에 뒤집어쓸 담요 한 장 없이 견뎌야 하는 곳이었다. 손바닥만 한 창도 없어서 빛이라곤 찾아볼 수 없었다. 완전히 깜깜한 공간에 갇혀 있는 거였다. 나는 그 어린 소년이 끌려가는 걸 보면서 사형 선고를 받지나 않을까 두려웠다.

티베트 전 지역은 이제 군법이 지배했다. 당국은 사소한 위반 하나에도 가혹한 중벌을 내렸다. 중국이 시위 관련자들에게 혹독한 유죄를 선고한다는 것은 바로 티베트인들의 봉기에 국제 사회가 지지를 보낸다는 신호나 다름없었다. 그래서 역설적으로 탄압이 심하면 심할수록 우리는 큰 용기를 얻었다. 전국에서 시위가 파도치듯 일어났고, 특히 라싸에서 최근 일어난 시위는 실제로 국제적인 관심을 끌게 됐다.

그러나 펨바 같은 용의자에겐 별로 좋은 소식이 아니었다. 형사범죄로 감옥에 들어온 이래 그는 한 번도 정치 문제에 관심을 가진 적이 없었다. 당국은 곧 펨바가 정치범에게 돈을 받거나 영향을 받았을 거라고 결론 내렸다. 당연히 내가 얽혀들 수밖에 없는 상황이었다. 간수들은 펨바가 나에게 몇 차례 다녀갔고, 책을 몇 권 빌려 읽기도 했다는 걸 알아냈다. 의혹의 눈길이 나에게 쏠렸다. 나는 나중에 펨바가 며칠 동안 매질과 고문을 당하면서도 나를 연루시키지 않고 혼자 저지른 일이라고 주장했다는 걸 들었다. 그 이후 나는 펨바를 다시 보지 못했다.

펨바가 체포된 뒤 감옥 상황이 긴박하게 돌아가기 시작했다. 오리티두의 책임 관리가 나를 소환했다. 예상했던 일이었다. 나는 라싸에서 일어난 최근 반란에 대해서나, 시위 직후 감옥에 잡혀온 젊은 정치범들을 보고 공공연하게 기뻐하는 기색을 보인 적이 없었다. 당국이 나를 악영향을 끼치는 배후자로 지목한다는 걸 알고서도 별반 놀라지 않았다. 나는 마당 한쪽에 있는 본부 사무실로 들어갔다.

"넌 지금 당장 이감된다."

관리가 말했다.

"어디로 말입니까?"

"올라갈 거다."

장소를 구체적으로 언급하지 않는 티베트인들의 습관에 맞추기라도 하듯 중국인들은 위나 아래 식으로 두리뭉실하게 얘기하곤 했다.

"오늘 아침에 통보받지 않았나?"

"아니오."

"답치로 옮길 거다."

답치로 돌아가다니! 티베트에서 첫손 꼽히는 감옥, 내가 1964년부터 1975년까지 있었던 그곳으로 다시 가다니. 믿어지지 않았다. 나는 다시 한 번 침구를 둘둘 말고 짐을 한데 묶어 지프차에 올라탔다. 운전자는 티베트 여인이었는데, 예전에 자기 딸에게 읽기를 가르쳐 달라고 부탁하던 사람이었다.

"무슨 일 있었나요?"

아무도 보지 않을 때 여인이 조용히 물었다. 그러나 그때 경비병 한 명과 두꺼운 서류철을 든 티베트 상급 관리 한 명이 차에 올라탔다. 1960년 이후 나에 대한 모든 사항이 기재된 서류일 터였다. 지프차는 감옥을 나와 먼지를 뒤로 날리며 길 아래로 달렸다.

우리는 답치까지 침묵을 지키며 달렸다. 드디어 답치에 다다르자 간수들이 내 짐을 샅샅이 뒤졌다. 나는 7번 감방으로 끌려갔다. 익숙한 방이었다. 장식이라곤 없이 수감자들 짐만 침상 위에 깔끔하게 정리돼 있었다. 개개인마다 따로 배정된 침대는 없고, 바닥에서 조금 올라간 단 위에 알아서 자기 자리를 찾아야 했다. 감방 안에 들어섰을 때, 남자 하나만 단 위에서 쉬고 있었고 다른 이들은 밖에서 일하는 중이었다.

남자는 일어나더니 자신을 예쉬라고 소개했다. 보온병에서 차를 조금 따라 주길래 마시며 잠시 대화를 나눴다. 예쉬도 승려였는데, 라싸 남쪽 로카 지역에서 왔다고 했다. 그는 결핵을 앓고 있었다. 예쉬는 이 감방에 수감자 일곱 명이 있다고 알려줬다.

갑자기 문이 벌컥 열리더니 티베트인 경비가 들이닥쳤다.

"팔덴 갸초, 이리 나와!"

나는 심문실로 끌려갔다. 거기서 나이 많은 간수 한 사람을 만났는데, 나는 금방 그를 알아봤다. 내 친구이자 스승인 롭상 왕축을 죽음으로 내몬 펠조였다. 옛 시절 우린 펠조를 '몽둥이 손'이라 불렀다. 수감자들을 때리는 데 주저함이 없었기 때문이다. 그는 키가 매우 컸는데 담배를 쉬지 않고 피워댔다. 손가락에는 담뱃진이 노랗게 배어 있었고, 눈에는 탁한 눈물이 고여 있었다. 펠조는 탁자 뒤에 앉아 있었고, 내 가방을 뒤지던 중국인 간수 두 명은 문 옆에 서 있었다. 펠조는 내 서류를 읽는 척하다가 내가 들어서자마자 서류뭉치를 탁자 위에 내려놓았다. 그리고는 나를 향해 걸어오더니 소리를 질렀다.

"이 깡패 자식아!"

뒤이어 한차례 욕설이 소나기처럼 이어졌다. 나는 앞으로 무슨 일이 일어날지 알 수 없었다. 이 심문실은 분노존을 모신 법당을 떠올리게 만들었다. 몽둥이가 쭉 줄지어 벽에 걸려 있었고, 번쩍거리는 금속 수갑 한 뭉치가 고리에서 달랑거렸다. 펠조는 길쭉한 몽둥이를 하나 집어 내려서 공중에 휘두르면서 내게 다가왔다.

"세 차례나 감옥을 드나들었는데 여전히 교정이 안 됐군."

그는 서류를 통해 내 사건 이력을 꿰고 있는 게 분명했지만, 전과에 대해 묻기 시작했다.

"나이가 어떻게 되지?"

"예순 살입니다."

"아냐! 넌 쉰아홉이야." 펠조는 나를 자극하려 애썼다.

"난 원숭이해에 태어났습니다. 그러니까 예순 살이지요."

펠조는 다시 몽둥이가 걸려 있는 선반 쪽으로 움직였다. 그러더니 30센티쯤 되는 짧은 전기봉을 하나 골라잡고는 전기 소켓에 밀어 넣어 충전을 시작했다. 이내 불꽃이 튀고 딱딱거리는 소리가 났다.

"여기 왜 있는 줄 알아?"

"라싸에 티베트 독립을 요구하는 벽보를 붙였기 때문입니다."

"그래 여전히 독립을 원하나?"

여전히 내 성질을 돋우려고 애쓰면서 그가 물었다. 펠조는 내 대답을 기다리지 않았다. 소켓에서 전기봉을 꺼내더니 이 새로운 장난감으로 나를 찌르기 시작했다. 전기 충격이 가해질 때마다 온몸이 움찔거렸다. 그는 음담을 내뱉으면서 전기봉을 내 입 속에 밀어 넣었다가 빼내고 또다시 쑤셔 넣었다. 그것만으로는 단조로웠던지 펠조는 선반으로 가서 더 길다란 전기봉을 하나 골라왔다. 사지가 찢어지는 듯 고통스러웠다. 내가 질식하지 않도록 간수가 입 속으로 손가락을 집어넣어 혀를 빼냈던 기억이 희미하게 난다. 그리고 중국인 간수 하나가 보다 못해 넌더리를 내며 밖으로 뛰쳐나가던 것도 어렴풋하게 기억한다.

내 몸에 가해진 전기 충격을 나는 바로 어제 일처럼 뚜렷하게 기억할 수 있다. 누군가 몸을 쥐어짜는 듯 극심한 진동이 일었고, 온몸의 세포가 타버릴 듯 날카로운 통증이 머리에서 발끝까지 휘젓고 다녔다. 마침내 나는 의식을 잃었다. 그리고 다시 깨어났을 때는 토사물과 오줌으로 흥건해진 바닥에 누워 있었다. 입은 흉측하게 부어 올랐고 턱이 말을 듣지 않아 옴짝달싹할 수 없었다. 핏줄이 오그라드는 듯한 고통이 한차례 지난 끝에 나는 입 안의 이물질을 뱉어냈다. 이 세 개가 빠진 거였다. 그로부터 여러 주가 지난 뒤에야 간신히 음식을 씹을 수 있었는데, 머지않아 남아 있던 치아도 모두 빠져버렸다.

나는 감방으로 다시 끌려왔다. 예쉬가 거기 있었다.

"누가 이런 짓을?"

그가 끔찍한 표정을 지으며 물었다.

"펠조야."

웅얼거리며 내가 대답했다. 나는 예쉬의 도움을 받아 침상에 올라갔다.

지난 몇 해 동안은 집회나 인민재판이 없었기에 훨씬 지내기 수월했다. 전체적으로 감옥 관리 방식이 조금 느슨해진 편이었다. 그래서 펠조의 잔혹한 고문이 더욱 충격으로 다가왔다. 문화대혁명기의 악몽 같은 시간으로 다시 돌아간 것 같았다. 어쩌면 당국의 고위급에서 펠조를 사주해 본때를 보인 건지도 모른다. 중국의 통치에 반대하는 시위가 활짝 피어난 걸 내가 너무 열정적으로 기꺼워했기에, 분개한 상부 기관이 시킨 짓일 수도 있었다.

나는 딱딱한 바닥에 쇠사슬 끌리는 소리에 맞춰 작업을 마친 수감자들이 감방으로 돌아오는 소리를 똑똑히 들었다. 그 사람들 가운데서 롭상 텐진이라는 20대 초반의 강인해 보이는 남자가 나에게 곧바로 다가와서는 물었다.

"스님, 그놈들이 심하게 고문하던가요?"

나는 대답 대신 두 손을 올려 얼굴을 가렸다. 눈물이 피투성이 뺨을 타고 흘러내렸다.

롭상은 1988년 3월 5일 라싸에서 시위에 가담했다. 그런데 공교롭게도 그 시위에서 젊은 공안 한 명이 창문에서 떨어져 목숨을 잃는 사고가 일어났다. 중국인들은 롭상을 공안 살해 혐의로 고소했다. 롭상이 공안의 죽음에 책임이 있다는 증거는 아무 데도 없었다. 뒤에서 공안들이 추격하자 시위대는 라싸 중심가의 조캉 사원 근처 건물로 뛰어들었다. 그 결과 양측이 맞붙어 싸우는 과정에서 운 없는 공안 하나가 창문에서 떨어져 숨진 거였다. 롭상은 체포되어 사형을 선고받았으나 2년 뒤로 집행이 연기됐다. 내가 1990년 10월 답치 교도소에 갔을 때는 그 2년의 기간이 거의 끝나가고 있었다. 그러나 롭상은 두려워하는 기색은커녕 열의에 넘쳐 있었다.

답치 교도소에는 정치범들로 구성된 특별 구획이 있었다. 덕분에 나는 정신적 친척과 같은 사람들과 한방을 쓰게 됐다. 그 감방의 정치범 일곱 명은 모두 시위에 가담했거나 독립을 요구하는 벽보를 쓴 사람들이었다. 비록 펠조의 폭행이 나를 마비시켰지만, 나는 감방 동료들에게서 큰 위안을 얻었다. 지독한 통증과 부기 때문에 입을 벌릴 수 없었다. 전직 승려였던 요리사가 버터 녹인 물을 가져와 마시라고 권했다. 티베트 사람들은 버터에 기적적인 효능이 있다고 생각한다. 그 믿음 때문일까. 버터는 곧 몸을 따뜻하게 해줬고, 위를 진정시켜 주었다.

나는 의사에게 진찰받고 싶다고 요구했지만, 일언반구의 응답도 없었다. 답치에서 이만한 고문은 치료할 필요조차 없는 흔하디흔한 일인지도 모른다. 치료는커녕 바로 다음 날 부엌일을 배정받았다. 일 자체야 그리 어려운 것은 아니었다. 우리는 산더미 같은 채소 더미 주변에 둘러앉아서 썩은 이파리와 뿌리를 골라내고, 먹을 만한 부분을 커다란 솥 안에 던져 넣었다. 내 몰골을 본 사람들마다 누가 그런 짓을 했는지 물었고, 나는 별수 없이 펠조라는 이름을 여러 번 웅얼거려야 했다. 사람들은 그 이름을 듣자 고개를 설레설레 가로저었다.

정치범들은 답치 교도소의 다섯 번째 구획에 속해 있었다. 그리고 구획은 감방 여덟 개로 나뉘어졌는데, 나는 7번 감방 소속이었다. 나는 동료 수감자 모두와 잘 지냈다. 감방의 최연장자는 일흔일곱 살의 호라켄이라는 스님이었다. 그리고 열여덟 살쯤 돼 보이는 소남 톱갈이라는 소년이 하나 있었는데, 그림 그리는 재주가 신통해 수감자들의 초상화를 그려 주곤 했다. 다와라는 젊은이는 고향 마을에서 중국의 티베트 통치를 식민정치라고 비난하는 벽보를 붙이다 들어왔다고 했다. 데붕 사원 출신 젊은 승려 롭상 켈상은 1987년 9월 27에 일어난 첫 시위를 이끈 사람 가운데 하나였다. 그밖에도 율루 다와 체링, 롭상 텐진, 그리고 나 이렇게 일곱 명이 감방을 함께 썼다.

같은 꿈을 꾸는 동지이자 그지없이 용감한 그들과 지내며 나는 많은 위안을 얻었다. 우리 구획에는 예전에 겪어보지 못했던 낙천적 기질과 흥분이 생생하게 살아 있었다. 옛날에는 동료들에게 밀고 당하지나 않을까 두려워하며 하루하루를 보냈다. 그러나 새 세대 정치범들은 폭력의 위협에 쉽게 굴복하지 않았다. 심문관의 논리를 조리 있게 파고들어 반문할 준비가 돼 있었던 것이다.

우리 감방 사람들은 저항 활동의 중심 축이었다. 수감자 하나가 작은 라디오를 몰래 들여온 덕분에 롭상 도르제는 매일 저녁 BBC 중국어 방송을 들었다. 이 외에도 영어 청취가 가능했던 나왕 롭상은 국제 뉴스를 듣기 위해 라디오를 귀에 바짝 갖다대곤 했다. 이렇게 해서 우리는 달라이 라마의 외국 순방 소식을 종종 들었다. 그때마다 심장이 걷잡을 수 없이 뛰었다.

우리는 감옥 밖의 정보를 몰래 입수하기 위해 방법을 모색하기 시작했다. 감옥 형편을 알리는 보고서를 쓰고 수감자 명단을 작성했다. 정확히 누가 체포되었는지 모르기 일쑤였으므로 수감자 친척에게 알릴 수 있도록 라싸 사람들에게 정보를 주는 것이 중요했다. 훗날 이 명단은 티베트에서 몰래 유출돼 인권단체에 전달됐다. 티베트에 관광차 들렀던 외국인들은 생판 모르는 이방인이 UN이나 망명정부에 전해 달라며 꼬깃꼬깃한 종이 조각을 쑤셔 넣는 바람에 깜짝 놀라곤 했다고 한다.

온화하고 신중하며 남의 말을 잘 들어주는 사람, 율루 다와 체링을 만난 것도 바로 답치 감옥에서였다. 율루는 이름난 라마의 환생자로 간덴 사원에서 온 분이었다. 그는 1960년부터 1979년까지 감옥에 있었고, 1987년에 다시 체포되었다. 나는 중국 텔레비전 뉴스에서 율루 사건에 관해 들었었다. 그런데 이제 당사자 입으로 그때 겪었던 황당한 일에 관해 듣게 됐다.

어느 날 율루는 저녁 식사를 하기 위해 친구 집에 갔다고 한다. 그곳에서 여러 해 전부터 알던 승려 한 명을 만났는데, 그는 1959년 티베트에서 피난 가 이탈리아에 정착한 사람이었다. 그 승려는 이탈리아인 친구와 함께 티베트로 돌아왔는데, 그날 친구 집에서 마주친 거였다. 율루는 그들과 함께 어울려 저녁을 먹었다. 친구들과 함께 있어 방심했던 걸까. 식사를 하는 동안 율루는 우연히 위험한 발언을 하고 말았다.

"티베트의 산적한 문제들은 오직 독립을 되찾아야만 해결될 수 있어요."

그런데 어찌된 일인지 그 대화 내용이 중국 보안 당국 귀에까지 들어갔다고 한다. 보안 당국은 신속히 율루와 집주인 툽텐 체링을 체포했다. 그리고는 반혁명 선전 활동을 퍼뜨린 혐의로 고발했다. 사소한 대화가 국제적인 음모로 부풀려진 것이다! 보안 당국은 그 저녁식사에 모인 목적을 '외국의 지지를 얻기 위한 것'으로 낙인찍었다.

율루가 유죄 판결을 받자 간덴 사원의 승려들이 라싸에서 석방을 요구하는 시위를 벌였다. 그 항의 집회에서 시작해 라싸에서 사상 초유의 대규모 시위가 이어졌다. 중국인들이 티베트 전역에 계엄령을 선포하게 된 바로 그 시위였다.

우리 구획에 속한 정치범 모두는 모진 역경과 고문을 당한 경험이 있는 사람들이었지만, 사기만은 충천해 있었다. 중국인들은 갈수록 많은 사람들을 체포했고, 곧 답치 감옥에는 수백 명의 정치범이 수감됐다. 정치범 대다수는 젊은 승려들이었다. 중국은 이들을 '달라이 라마의 달리는 개들'이라고 불렀다. 이것은 경멸과 멸시를 주기 위한 호칭이었으나, 달라이 라마는 여전히 자유의 상징이었기에 다들 오히려 자랑스러워했다. 모진 매질도 우리를 굴복시킬 수는 없었다. 우리는 계속해서 감옥 안에서 항거를 준비했다.

"명심하게. 간수들에게 두려워하는 모습을 보이면 안 돼. 우리가 두려워하면 간수들은 더 기세등등해진다네."

나이 든 이들은 젊은 정치범들에게 이렇게 충고하곤 했다. 나 역시 감옥 생활에서 배운 바가 많았다. 나는 틈나는 대로 그동안 터득한 지혜를 일러주곤 했다.

"내가 감옥에서 보낸 세월이 벌써 30년이네. 그 세월 동안 배운 게 있다면 절대로 자비를 구걸하지 말라는 거네. 결코 자비를 얻지도 못할 뿐더러 정신의 품위만 떨어지고 말지. 잊지 말게. 우리는 티베트 사람이야."

1990년 겨울, 당국과 정치범 사이의 적대감이 발전하여 공공연한 충돌에까지 이르렀다. 나는 그해 겨울이 얼마나 추웠는지 기억한다. 그리고 지금도 그때 바깥 작업을 배정받지 않은 것을 천만다행으로 생각한다. 나는 주로 축축하고 꽉 막혀 있는 온실에서 일했다. 묘목과 다 자란 나무들에 방충제를 뿌리노라면 폐쇄된 데다 후덥지근한 온실에 참을 수 없는 악취가 오랫동안 풍겼다.

11월 15일 나는 답치 감옥에서 첫 번째 시위를 계획했다. 락빠 체링이라는 가장 나이 어린 정치범에게 일어났던 사건에 고무받아 활동을 개시한 것이었다. 락빠는 라싸에서 제일 가는 중학교에 다니고 있었는데, '눈사자 협회'라는 티베트 독립 옹호 단체를 구성한 죄로 3년 형을 살고 있었다. 수감자들 모두가 그를 아꼈고, 특히 롭상 텐진은 친동생처럼 대했다. 락빠는 처음 체포됐을 때 구짜 구치소에서 무차별 구타를 당했다고 한다. 그리고 또 답치에 오자마자 페마 릭진이라는 간수에게 심하게 얻어맞았다. 페마 릭진은 펠조와 더불어 잔인함의 전형이 될 만한 이름이었다. 이 구타가 심각한 내상을 입혔다는 건 누구나 알 수 있었다. 락빠는 제대로 걷지도 못한 채, 온몸이 노인처럼 굽어 있었다. 배가 아프다며 끊임없이 괴로워하던 기억이 난다. 우리는 티베트 약을 주며 위로했고, 롭상은 의무실에 들러보라고 여러 번 권했다.

그러나 의사는 락빠를 여러 차례 되돌려 보내며 꾀병을 부리고 있다고 상부에 보고했다. 어느 날 밤 바로 옆 감방에서 들려오는 신음 소리에 모두들 잠이 깼다.

"락빠야! 락빠야!"

사태가 심상치 않음을 알고 사람들이 외치기 시작했다. 점점 더 크게 고함 질렀지만 간수 숙소는 움직이는 기척 없이 조용했다. 다른 감방 사람들도 도움을 요청하는 소리에 합류했다. 전체 수감자들이 마치 합창하듯 일제히 같은 단어를 외치기 시작했다.

"사람이 죽어가요! 사람이 죽어가요!"

수감자 하나가 간수가 온다고 외쳤다. 그러자 합창은 황급히 멈췄다. 구획 책임자가 내뱉는 욕설과 질책 소리가 들렸다.

"아프다는 놈 어딨어?"

"8번 감방입니다."

수감자들이 다시 외쳤다.

그날 밤 락빠는 의무실로 실려갔다. 구획 책임자는 내일 아침에 두고 보자며 수감자들을 위협했다. 아니나 다를까 이튿날 아침, 5구획 수감자는 전원 집합하라는 명령이 떨어졌다. 무장한 간수들에게 둘러싸인 채

우리는 마당으로 나갔다. 간수들이 길다란 전기봉을 둘러멘 채 접근했다. 책임자는 지난밤에 일으킨 소동이 뭘 의미하는지 말해보라고 추궁했다. 그의 말에 신경 쓸 겨를이 없었다. 저만큼 감옥 막사 모퉁이를 돌아 삼륜 구급차가 정문을 빠져나가고 있었기 때문이다. 락빠가 병원으로 실려가고 있는 게 틀림없었다.

그날 저녁 락빠가 라싸의 공안 병원에 있다는 소식이 전해졌다. 하지만 어찌된 일인지 락빠는 곧바로 감옥으로 돌아왔다. 의사가 심각한 손상 부위를 발견하지 못했단다. 밤새 증상은 더 악화되었고, 그는 다시 한 번 삼륜 구급차에 실려 나갔다. 그러나 이번에는 병원으로 옮기는 도중에 죽고 말았다.

나는 그 사실을 아침에야 알게 됐다. 아침 식사가 끝난 뒤 의무실에서 일하는 형사범들이 우리 감방의 롭상 텐진을 찾아와 비보를 전해준 거였다. 롭상은 얼어붙은 듯 꼼짝 않고 서서 굵은 눈물을 흘렸다. 우리는 어찌할 바를 몰라 멍하니 서로를 바라보기만 했다.

락빠가 죽었다는 소식은 정치범들 사이로 빠르게 번져나갔다. 특별히 떠들썩한 계획을 세웠던 것은 아니다. 그리고 지금 와서 생각해도 어떻게 그런 일이 벌어졌는지 정확히 설명할 자신이 없다. 아무튼 중국과 티베트 역사를 통틀어 한 번도 발생하지 않았던 사건이 다름아닌 답치에서 막 일어나려 하고 있었다. 돌이켜보면 감히 어떻게 그런 일을 벌였는지 모르겠다.

롭상 텐진은 침상을 덮는 하얀 시트를 낚아채 반으로 찢었다. 그 반쪽에 그는 아름다운 티베트 글자로 이렇게 썼다.

"우리는 락빠 체링의 죽음을 애도한다."

나머지 반쪽에도 티베트 글자가 채워졌다.

"정치범들의 처우를 개선하라!"

그러고 나서 그는 시트를 깃발처럼 높이 쳐들고 마당 쪽으로 천천히 행진했다.

7번 감방에서 벌어진 시위 소식은 들불처럼 번져나갔다. 그 무렵 우리 감방에는 열 명이 있었는데, 너나없이 시위에 참여했다. 아무도 우리를 가로막지 못했다. 롭상 텐진과 페마가 시트 깃발을 들고 선두에서 걸었다. 그 뒤로 켈상 체링과 가덴 갸탈이 나머지 깃발을 들고 따라갔다. 마당에는 이미 우리 구획 수감자 전원이 4열 종대로 정렬해 있었다. 주먹이 불끈 쥐어졌다. 숱한 수감 세월 동안 한 번도 보지 못한 저항의 물결이었다. 누구랄 것 없이 벅차게 솟아오르는 자신감과 용기 앞에서 전율을 느꼈다.

우리 구획에만 150명이 넘는 수감자들이 있었던 게 틀림없다. 형기가 몇 주 남지 않은 한 사람을 제외하고는 모두 시위에 가담했다. 우리는 마치 철저한 예행 연습을 마친 군인이라도 된 것처럼 질서 정연하게 행진했다. 우리는 본관 건물 쪽으로 나아갔다. 감방에서 90미터도 채 떨어지지 않은 곳이지만 마치 수십 리는 되는 것처럼 느껴졌다. 용기 없이는 한 발자국도 더 나갈 수 없는 길이었다.

아침밥을 먹고 일을 시작하기 전까지 90분 동안은 보통 개인 시간이었다. 간수들도 그 시간은 자유시간으로 인정했다. 덕분에 감쪽같이 시위를 준비할 수 있었고, 마당으로 걸어나갈 때까지도 감시하는 간수가 눈에 띄지 않았다. 본관 건물에도 젊은 중국인 경비병 한 명만이 사무실 밖에서 대기하고 있을 뿐이었다. 우리를 본 경비병은 겁을 집어먹은 듯 얼굴이 벌겋게 상기되었다. 시위대는 경비병의 발치에서 조금 떨어진 곳에 멈춰 섰다.

"락빠 체링이 죽었다는 게 사실입니까?"

롭상 텐진이 중국어로 물었다.

경비병은 그렇다고 대답한 게 틀림없지만, 그다음 중국어는 알아들을 수 없었다. 경비병은 문을 꽝 닫으며 사무실 안으로 뛰어 들어갔다. 한동안 군인들이 출동하는 기색은 없었다. 우리는 탁 트인 마당에 서서 차가운 아침 공기를 마시며 기다렸다. 11월 중순이었지만 추위를 느낄 겨를이 없었다. 흥분이 온몸을 뜨겁게 휘감았다. 갑자기 작은 문이 거칠게 열리더니 경비병들이 돌진해 나와 우리를 둘러싸면서 자리를 잡았다. 일부는 무장을 하고, 일부는 길쭉한 전기봉을 휘두르고 있었다. 멀리 벽 쪽에서 브렌식 경기관총을 작동하고 있는 경비병도 보였다.

나는 1988년 3월 행진 때 공안의 죽음에 연루되었다는 죄목으로 3년 형기를 복역하고 있는 젊은 승려 박도 옆에 서 있었다. 심문 받는 동안 어찌나 심하게 고문당했던지 박도의 신경은 아직도 회복되지 않은 상태였다. 그가 느닷없이 일어서서는 고함을 지르고 경비병들을 향해 거친 행동을 취했다. 너무나 위험한 행동이었다. 간수들에게 도전적인 행동으로 비칠 게 틀림없었다. 나이 든 수감자 몇몇이 그를 움켜잡고는 시위대 가운데 쪽으로 밀어넣었다.

푸른색 모직 코트를 걸친 답치 감옥 소장이 천천히 우리 쪽으로 걸어왔다. 그는 의무실을 운영하는 중국인 의사와 감옥 책임자를 대동하고 있었다. 감옥 책임자는 티베트 사람이었는데 최상층 서열이었다.

"뭐하는 건가?"

원장이 소리쳤다.

롭상 텐진이 중국어로 얘기했다.

"수감자 한 명이 어젯밤에 죽었습니다."

책임자가 말했다.

"이름이 뭐지?"

모든 수감자들이 외쳤다.

"락빠요, 락빠!"

"주모자가 누구냐?"

책임자가 물었다.

"주모자는 없어요."

우리는 한목소리로 외쳤다. 티베트인 책임자는 시트 깃발 쪽으로 조용히 걸어오더니 불만을 말하라고 했다. 롭상 텐진은 락빠에게 일어난 일에 대해 설명했고, 악명 높은 간수인 페마 릭진이 어떤 처벌을 내렸는지 자세히 알렸다. 그런 뒤 롭상은 락빠 사건을 조사해야 하며, 그를 죽음으로 몰고 간 간수와 의료진을 모두 처벌하라고 주장했다. 저쪽에서 다른 시위자가 검시를 해야 하며, 그 현장에 수감자 대표가 참석해야 한다고 주장했다. 시위대 선두에 섰던 수감자들은 불만 사항을 일일이 열거하면서 소리 높여 말했다. 수많은 사람들이 페마 릭진의 잔인한 구타를 증언했다. 그의 이름이 여기저기에서 터져 나왔다.

곧 내 순서가 돌아왔다. 내가 발언을 시작하자 간수가 책임자에게 귓속말을 속닥였다. 간수들에게 나이 든 수감자는 항상 골칫거리여서 모멸감이 들도록 다루곤 했다.

"락빠가 자연사했다는 건 어불성설이요. 락빠는 구타와 의료 태만으

306

로 죽었소!"

내 주장에 책임자는 화난 기색이 역력했고, 의사들도 불편한 표정이었다. 나는 펠조에게 당한 일을 묘사하면서 말을 이어갔다. 펠조에 대한 증언이 여기저기서 소나기처럼 쏟아졌다.

책임자는 영리한 사람이었다. 그는 일촉즉발로 팽팽하게 맞선 긴장을 완화시킬 수 있는 길은 오직 모두에게 발언 기회를 주는 방법뿐이라는 걸 알고 있었다. 그의 예상대로 불만을 토로하고 난 뒤 수감자들은 곧 조용해졌다. 처음으로 자유 발언 시간이 주어졌다는 사실 하나만으로도 들끓던 분노가 가라앉았다.

"락빠 사건을 철저히 조사할 것이다. 조사해서 근무를 태만히 한 사람이 있다면 모두 처벌하겠다. 약속한다."

책임자는 이어서 구타와 고문에 관한 불만 사항도 조사할 거라고 선언했다. 목적을 달성했기에 우리는 기분이 훨씬 나아졌다. 티베트인 간수들이 나이 든 수감자들에게 다가와서 감방으로 다시 돌아가라고 촉구했다.

그때쯤 이미 해가 머리 위에 떠 있었고, 공기는 따뜻하게 데워져 있었다. 수감자들은 다시 감방으로 향했다. 우리 감방이 시위의 주축이었기 때문에 간수들이 그냥 넘어갈 리 없었다. 어떤 식으로든 보복할 게 틀림없었다. 그 생각을 하자 밀려들던 행복감이 사라지기 시작했다.

롭상 텐진은 죄수복에 꽂고 있던 성스러운 달라이 라마 배지를 떼냈다. 사형집행이 2년간 연기됐던 롭상은 이제 그 기한이 끝나가고 있었고, 이런 사건이 벌어졌기에 곧 처형될 게 분명하다고 확신하는 듯했다.

"나는 살아남기를 바라지 않아요."

롭상은 그토록 자랑스럽게 지니고 있던 달라이 라마 배지를 내게 건네주었다. 우리 모두 시선을 떨구었다. 롭상의 족쇄가 짤랑거리는 소리만이 정적을 깨웠다.

며칠 동안, 감옥 측은 마치 아무 일도 없었던 것처럼 굴었다. 아무리 기다려도 검시 소식은커녕 페마 릭진이나 의사를 처벌했다는 소식도 없어 우리는 다시 격분했다. 그러나 한 가지 성과가 있다면 간수나 의료진의 행동에 변화가 있었다는 점이다. 우리를 대할 때 예전보다는 존중하는 태도를 보였다.

시위가 일어났던 날은 형사범들에게 면회가 허용된 날이었다. 그날 방문했던 사람들이 시위 소식을 접하고 세상에 널리 알리기 시작했다. 라싸 시민들의 반응은 놀라웠다. 다음 주에 친척들이 면회하러 오면서 정치범들이 빈약한 감옥 배급에 의존하지 않아도 되도록 어마어마한 음식을 가지고 왔다. 감옥 안의 항쟁 소식을 들은 일반 시민들이 발 벗고 나서 음식을 마련했다고 한다. 그러나 감옥 당국이 이 사실을 알고 가만 둘 리 없었다. 상부에서는 정치범 한 사람에게 허용하는 음식 양을 엄격하게 제한하는 할당제를 부과해버렸다. 그렇긴 해도 우리는 가슴속 깊이 뿌듯한 동포애와 보람을 느꼈다.

사오 일쯤 지났을 때 마당에서 집회가 소집됐다. 관리들이 정치범을 열 명이나 열다섯 명쯤으로 나눠 명단을 불렀다. 나는 롭상 텐진, 율루와 함께 첫 번째 조에 배정됐다. 그리고 1번 감방으로 옮기라는 명령이 떨어졌다. 감방을 바꿨다고 해서 특별한 변화가 생기지는 않았다. 나는 여전히 내 친구들과 함께 있었다. 율루가 감방장으로 지목됐다. 감방장은 으레 정치적 배경이 '깨끗한' 사람이 맡기 마련인데 감옥 측은 전략을 바꿨다. 수감자들 사이에서 영향력 있는 사람을 감방장으로 임명하기로 한 것이다.

머지않아 우리는 새 감방에서 심문실로 소환됐다. 상부에서는 우리가 여간해서는 뜻을 굽히지 않는다는 걸 알고 한 번에 한 명씩 불러 심문하는 방법을 택했다. 오후 휴식 시간에 꾸벅꾸벅 졸고 있을 무렵 간수가 나를 데리러 왔다. 내 담당 심문관은 잠빠 켈상이라는 티베트 사람이었다. 잠빠는 왜 시위를 일으켰고, 누가 이 생각을 해냈는지 추궁했다. 충분히 예측했던 질문이었다.

나는 락빠의 죽음에 대한 이야기를 다시 꺼냈고, 잔혹한 고문의 경험을 반복해 설명했다. 그리고 입을 크게 벌리고 부어 오른 입 안과 변색된 잇몸, 그리고 혀를 보여줬다.

"늙은이지만 입이 두툼하군."

켈상이 내게 말했다.

"난 너 같은 부류를 잘 알아!"

나는 즉각 켈상의 말뜻을 알아들었다. 그는 나를 '교정될 가망이 없는 부류'로 결론 내리고, 오직 한 가지 방법밖에 없다고 결정한 거였다. 바로 잔인한 폭력, 영혼을 삭제하는 듯한 고통을 주겠다는 다짐이었다.

나는 기회 있을 때마다 펠조의 폭력을 거론했다. 공공연하게 펠조 일을 항의했기에 수감자들과 간수, 그리고 관리들까지 그 일을 알게 됐다. 상황이 이렇게 돌아가자 펠조처럼 사악한 간수도 내심 당황했을 터였다. 어느 날 오후 감방 바닥에 엎드려서 몰래 예불을 드리고 있을 때였다. 문이 삐걱거리는 소리가 나서 얼른 뒤돌아보았다. 펠조가 문을 닫고 사라지는 모습이 보였다. 나를 지켜보고 있었던 것이다.

상부는 시위대에게 약속했던 것을 하나도 지키지 않았다. 시위가 일어난 지 한 달 뒤에 당국의 발표가 있었다.

"락빠 체링은 맹장염으로 죽었다. 그러므로 아무도 그 죽음에 책임질 필요는 없다."

페마 릭진이나 펠조는 아무런 징계도 받지 않았다. 그리고 들리는 바에 따르면, 그 둘은 아직도 답치 감옥에서 일하고 있다고 한다.

이제야 나는 간수들이 처벌의 두려움 없이 행동했던 이유를 안다. 간수들 대다수가 교도소의 고위급 관료들과 밀착해 있었다. 펠조의 아내만 해도 답치 교도소 정치 인민위원이자 내부에서 가장 서열 높은 공산당 간부 패상 쉬지의 딸이었다. 펠조의 처남은 푼촉이라는 상위 서열의 관리였고, 교도소 재판부에서 일하고 있었다. 펠조 같은 간수들은 바로 이런 배경을 믿고 마음껏 활개치고 다니는 것이었다. 내 항의는 그저 벽 보고 고함치기에 불과했다.

상부는 지난번 시위의 죄를 물어 정치범들의 형기가 5~6년가량 늘어날 거라고 발표했다. 우리는 화가 머리끝까지 치솟았다. 수감자들 대다수가 다시 한 번 항거를 벌이자고 공공연히 떠들고 다니자 감옥 분위기는 순식간에 냉랭한 긴장감으로 돌변했다. 관리들은 자신들의 임기 내에 다시 한 번 폭동이 일어날까 두려워 즉각 형기 연장 방침을 취소했다.

1991년 봄 답치 감옥을 조사하기 위해 외국인 파견단이 올 거라는 소식이 들렸다. 감옥 환경이 갑자기 좋아진 걸 보면 파견단이 곧 도착한다는 신호였다. 4월이 되자 갑자기 각종 과일과 채소가 가득 들어왔다. 전에 없이 식단에 육류와 기름기 있는 음식이 등장하기 시작했다. 한 주 동안 형사범들은 감옥 환경 미화 작업에 꼬박 매달려야 했다. 건물마다 페인트칠을 새로 했고, 수감자들은 모두 새 죄수복을 받았다.

우리 감방은 이번에도 저항 활동의 중심축이 되었다. 롭상 텐진은 외국인 방문객과 접촉하는 일이 얼마나 중요한 일인지 강조했다. 우리는 감옥 생활의 실상을 알리고, 고문 기구의 쓰임을 낱낱이 설명하는 탄원서를 만들기로 결정했다. 락빠의 죽음에 대해서도 이야기할 작정이었다. 롭상이 초안을 작성하기로 했다.

문제가 하나 있었다. 감방에 같이 지내는 호라켄이라는 노승 모르게 은밀히 진행해야 한다는 점이었다. 그가 밀고자여서가 아니라 쉽게 흥분하는 사람이었기 때문이다. 호라켄이 계획을 알게 된다면 혼자만 간직하지 못할 게 분명했다. 호라켄은 문맹이었다. 그래서 우리는 글을 써서 의사소통을 했다. 탄원서에 반드시 언급해야 할 요점을 모두 기록하며 점검했고, 가장 먼저 알려야 할 사항이 뭔지 의견을 모았다. 우선 감옥 생활의 불편들, 이를테면 배급이나 생활 조건에 대한 불만은 뒤로 미루기로 했다. 락빠 사건이나 정치범들의 처우에 관한 것이 더 시급하고 중요한 문제였기 때문이다.

우선 고문 받은 수감자들 명단을 작성했다. 그리고 구짜 감옥에서 비구니들이 당했던 폭행에 대해서도 낱낱이 적었다. 구짜 감옥의 간수들은 참으로 입에 담기 힘든 방법으로 비구니들을 강간했다고 한다. 간수들이 강간의 도구로 사용한 것은 전기봉이었다. 그 소식을 듣고 나는 인간의 잔인함과 타락에 소름이 돋았고, 그들을 용서하는 일이야말로 가장 큰 수행이 되리라는 생각이 들었다. 탄원서의 마지막에는 미국 대통령에게 호소하는 편지를 넣었다.

그러나 어떻게 이 탄원서를 외국인 파견단 손에 쥐어줄 것인가?

아마도 파견단은 형사범 구역만을 시찰할 확률이 크고, 그다음엔 의무실로 가지 않을까 싶었다. 롭상 텐진이 탄원서를 직접 건네주겠다고 나섰다.

"전 이미 사형 선고를 받은 몸이잖아요? 더 이상 제게 무슨 일을 저지르겠어요? 아무것도 두렵지 않아요."

롭상이 얼마나 지략이 풍부한지 다들 알고 있었기에 만장일치로 그에게 임무를 맡기기로 했다.

어느 날 우리가 점심밥을 먹으러 작업장에서 돌아왔을 때 형사범들이 부리나케 찾아왔다.

"왔어요! 파견단이 왔다고요!"

나는 나중에야 그날의 방문객이 중국 주재 미국대사인 제임스 릴리라는 사실을 알게 됐다. 그날 우리 구획의 당번 간수는 게으른 전직 관리 출신 티베트인이었다. 롭상이 계획을 실행하기에 그만인 상대였다.

"중국인 수감자 두 명이 아픕니다. 의무실에 가게 허락해줘요."

롭상이 부탁하자 간수는 중국인이라는 말에 의심을 품지 않고 허락해주었다. 의무실로 막 가려는 순간, 텐빠 왕닥이라는 수감자가 따라 붙었다.

"저도 진료 받으러 가고 싶습니다."

결국 허락이 났고, 일행은 마당 쪽으로 향했다. 외국인 파견단이 본관에 나타났을 무렵, 롭상 일행은 안뜰을 가로질러 의무실 쪽으로 걸어가고 있었다. 롭상 일행은 재빨리 근처 건물로 몸을 피했다. 방문객들과 동행한 중국인 기자들이 부엌 문 근처에서 멈춰 섰다.

"율루 다와 체링을 만나고 싶습니다."

파견단 일원인 제임스 릴리가 말했다. 율루 사건은 세계 언론에 널리 보도된 바 있었고, 국제사면위원회가 양심수로 채택해 전 세계인들이 주목하고 있었다. 결국 당국은 제임스의 요구를 받아들여 율루를 불러왔다. 둘 사이에 통역이 자리 잡았고, 짧은 이야기가 오고갔다. 이때야말로 롭상이 탄원서를 전할 절호의 기회였다. 부엌 밖으로 걸어나가서 제임스 릴리에게 접근하는 일이 급선무였다. 롭상이 막 몸을 움직이려는 찰나 텐빠 왕닥이 그를 제지하고 나섰다.

"내가 탄원서를 전달하고 싶소."

롭상은 깜짝 놀랐다. 의외의 돌발 변수가 발생한 것이었다.

"날 못 믿는 거요?"

롭상이 주저하는 걸 보고 텐빠가 물었다.

롭상은 마음이 약해졌다. 혹여나 텐빠를 믿지 못하는 것처럼 비춰질까봐 마음이 쓰였던 것이다. 하지만 탄원서 전달은 정치범 전원의 안전이 걸린 중요한 문제였다. 롭상은 갈등 끝에 동지를 신뢰한다는 의사를 표현하는 쪽으로 마음을 정했다.

"조심해요."

롭상은 탄원서를 텐빠에게 건네며 낮게 속삭였다.

그렇게 해서 다소 서투르고 당돌한 사람인 텐빠가 부엌으로 가게 됐다. 그는 부엌으로 내처 뛰어 들어가서는 제임스 릴리에게 돌진했다. 그리고는 탄원서를 대사의 손에 강제로 떠안겼다. 그러나 텐빠의 갑작스런 등장과 돌출 행동에 깜짝 놀란 제임스는 무슨 일인지 미처 알아채기도 전에 자리에서 벌떡 일어나고 말았다. 그 틈을 타 중국인 여자가 제임스 손에서 탄원서를 낚아챘다.

그때 나는 온실에서 온통 탄원서 생각에 몰두하며 건성으로 일하고 있었다. 롭상이 틀림없이 편지를 전했을 거라고 확신했다. 그러나 감방으로 돌아왔을 때 롭상은 몹시 낙담한 모습으로 침대 가장자리에 앉아 있었다.

"실패했어요."

롭상이 기운 없이 말했다. 나는 맥이 빠졌다. 그러나 롭상이 무슨 일이 일어났는지 정확히 설명해주자 다소 걱정이 덜어졌다. 중요한 외국인 방문객이 직접 그 일을 목격했으니 분명 해명을 요구할 터였다. 우리의 노력이 헛된 것만은 아니었다고 믿었다. 그러나 사람들은 탄원서가 이제 중국인들의 손아귀로 넘어갔다는 사실에 땅이 꺼져라 한숨을 쉬었다.

"상부에서 필체를 알아내면 저 혼자 한 일이라고 주장할 겁니다. 그러니 걱정들 마세요."

롭상은 의연하게 우리를 위로했다. 텐빠 왕닥은 괴로워 어쩔 줄 몰라 했다. 다들 텐빠를 위로해 보려 애썼지만 소용없었다. 게다가 호라켄은 자기 몰래 그런 일을 꾸몄다는 걸 알고는 불편한 심기를 드러냈고, 이래저래 감방 분위기는 더욱 험악해졌다. 율루 다와 체링이 제임스 릴리를 만났다는 사실만이 위안이 될 뿐이었다.

"괜찮네. 내가 대사한테 다 말했으니까 탄원서를 전한 거나 마찬가지 아닌가."

율루는 낙담한 우리를 격려해줬다.

그러나 중국 당국은 그 사건 때문에 격분해 있었다. 대담무쌍한 우리의 행동은 중요한 외국 파견단 앞에서 중국의 체면을 깎아내린 것이다. 우리는 극악한 처벌이 뒤따르리라고 예감했다. 그러나 어쩐 일인지 며칠 동안 그 사건은 수면 위로 떠오르지 않았다. 아마도 상부의 지시를 기다리거나, 제임스 릴리 일행이 아직 라싸에 있었던 게 아닐까 싶다.

롭상은 이제 처형될 게 분명하다고 믿고 있었다. 그러나 죽음을 눈앞에 두고서도 롭상은 평온한 모습을 잃지 않았다. 후회하지도 않았다. 우리는 저토록 침착하게 영혼의 평화를 지키고 있는 그를 잃게 되리라는 사실에 견딜 수 없이 마음이 아팠다.

나는 나중에야 제임스 릴리가 중국 당국에 롭상 텐진의 사형집행을 보류하라고 요청했다는 소식을 전해 들었다. 그러나 그 무렵에는 그저 걱정스럽고, 또 걱정스러운 나날이었다.

탄원서 사건 이후 며칠이 지나고, 텐빠 왕닥과 나는 온실 가장자리로 흐르는 좁다란 고랑을 수리하고 있었다.

"자네, 심문 받을 준비는 됐나?"

내가 물었다.

"아무 일도 없을 겁니다."

나는 텐빠의 자신감 넘치는 대답에 놀랐다. 상부에서 결코 그 사건을 잊어버릴 리 없다고 믿었기 때문이다. 아니나 다를까 대화가 끝나자마자 간수가 그를 데리러 왔다.

정오에 하던 일을 멈추고 점심밥을 먹으러 감방으로 갔다. 나는 뜰에 있는 수도꼭지에서 손을 씻고 세수를 한 뒤 감방으로 들어갔다. 수감자들이 문 옆에 서 있었다. 아무도 입을 열지 않았다. 안에 들어가보니 롭상 텐진과 텐빠 왕닥의 침상이 치워지고 없었다. 그들이 누워 자던 자리에는 휑뎅그레한 시멘트 조각만 남아 있었다. 몇몇 수감자들이 뒤이어 도착해서는 두 사람이 독방 구역으로 끌려가는 걸 봤다고 말했다.

우리는 속수무책 당할 수밖에 없었다. 두 사람의 고통을 줄여주기 위해 뭘 할 수 있겠는가? 다들 이 사태 앞에서 무력감을 느끼고 마음 아파했다. 그러나 언제까지 주저앉아 있을 수는 없었다. 조금이라도 도움을 줄 수 있는 일을 찾아봐야 했다. 우리는 롭상과 텐빠에게 배급을 나눠주기 위해 간수를 매수했다. 그리고 율루와 나왕 풀청이라는 수감자를 상부에 보내 두 사람을 풀어 주도록 설득하게 했다. 그러나 당국은 정치범들의 요구를 깨끗하게 묵살했다. 감옥 분위기는 다시 한 번 침울하게 가라앉았다. 탄원서도 결국 중국 당국에 변화를 촉구하기 위해 작성한 것이었다. 그러나 우리의 노력은 수포로 돌아가고 말았다.

젊은 수감자들은 연장자들이 지도력을 발휘해주길 기대했고, 정확히 무엇을 해야 하는지 짚어주길 바랐다. 몇몇 젊은 수감자들은 단식 투쟁에 들어가는 게 어떠냐고 공공연하게 말을 꺼냈다.

"동료들을 저렇게 독방에 내버려둘 겁니까?"

젊은이들은 내게 물었다. 나는 뭐라고 답해야 할지 알 수 없었다.

젊은이들과 헤어져 감방으로 돌아왔을 때, 라마의 환생자로 존경받는 율루를 포함해 연장자 세 명이 오후 휴식을 취하고 있었다.

"젊은이들이 충고를 기다리고 있어요."

내가 말했다. 연장자들만 찬성한다면 젊은이들이 분명히 들고일어날 것이라는 것을 암시하며 단식 투쟁 얘기를 꺼냈다.

"나는 그런 책임을 떠맡을 수 없어요."

율루가 말했다. 아마도 그런 행동을 한다면 결과가 실로 엄청날 거라고 느끼는 듯했다.

롭상 텐진과 텐빠는 3주 가까이 고립된 채 감금돼 있었다. 텐빠는 처음에 단식 투쟁을 벌였다고 한다. 그러나 강력한 의지에도 불구하고 너무 쇠약해져서 결국은 음식을 다시 먹는 데 동의하고 말았다. 나는 롭상이 잘 해낼 거라고 확신했다. 젊은 나이에도 불구하고 그는 굳센 정신력을 지녔고, 중국인들이 교수형에 처하겠다고 위협했건만 한 치의 두려움도 보이지 않은 터였다.

1991년 4월 말의 어느 날 아침, 수감자 하나가 독방 문이 열리는 걸 봤다고 속삭였다. 퍼뜩 든 생각은 두 사람이 풀려나지 않았을까 하는 거였다. 일을 끝낸 뒤, 나는 두 사람을 만나리란 기대에 부풀어 서둘러 돌아왔다. 그러나 두 친구들의 자취는 찾아볼 수 없었다. 다들 비슷한 기대를 했는지 어리둥절한 모습이었다. 두 사람이 머물렀던 침상은 여전히 비어 있었다. 이튿날 아침 다른 수감자 두 명이 호출되었고, 뒤이어 그들의 침상도 없어졌다.

나는 우리 구획 사무실 문밖에 서 있는 젊은이들 무리에 합류했다. 격분하고 긴장한 채 모두들 간수들에게 큰 소리로 묻고 있었다.

"동료들을 어디로 데려간 거요?"

간수들은 꼼짝 않고 서서 우리를 해산시키려 했다. 그러나 아무도 움직이지 않았다.

"너희들이 상관할 바 아냐." 간수들이 소리쳤다.

"동료들이 어디로 갔느냔 말이오?" 수감자들이 다시 물었다.

이런 대화가 몇 분 동안 계속됐다. 점점 더 많은 수감자들이 합류했다. 간수들은 사태가 걷잡을 수 없이 번지는 게 아닌가 겁을 먹고 도움을 요청하러 사무실로 뛰어 들어갔다.

그때쯤엔 이미 정치범 모두가 사무실 바깥에 모여들어 조용히 응답을 기다리고 있었다. 갑자기 마당 쪽으로 난 정문이 덜컹 열리더니 라이플 총으로 무장한 중국인 군인들이 자리를 잡는 게 아닌가. 답치 교도소의 공산당 대변인인 패상이라는 티베트 여자와 키 큰 중국인 관리가 군인들의 호위를 받으며 우리 쪽으로 걸어왔다.

"무슨 일인가?" 패상이 물었다.

"동료들이 어디로 간 겁니까?"

우리는 한목소리로 다시 소리쳤다. 대답 대신 군인 두 명이 총을 빼내들었다. 군인 하나가 총을 머리 위로 쳐들고는 더러운 마당 바닥에 앉으라고 명령했다. 키 큰 중국인 관리가 소리를 질러댔고, 한 명 한 명에게 위협하듯 총을 들이댔다. 별안간 내 앞에 있는 수감자들이 우르르 일어서기 시작했다. 중국인 관리가 무슨 말을 했는지 알아듣지 못했지만 나도 따라서 벌떡 일어섰다. 동지들이 판단한 일이면 나도 같은 마음일 게 분명했다.

그러자 중국인 관리는 경고 한 마디 없이 나왕 리진이라는 젊은 승려의 얼굴을 총으로 후려쳤다. 둔탁한 파열음이 나더니 관리 손에서 총이 날아가 마당 한구석에 떨어졌다.

나는 나중에야 무슨 일이 일어난 것인지 정확히 알 수 있었다. 중국인 관리가 일어서는 사람은 누구든 쏘아버리겠다고 위협한 직후에 모두 일어선 거였다. 우리는 마치 한몸인 것처럼 동시에 일어났다. 마당에서 먼지가 피어올라 소용돌이를 일으키며 돌아다녔다.

잠시 뒤 군인들이 돌진해 왔다. 총검 달린 총을 멘 무리도 있었고, 전기봉을 찬 군인들도 있었다. 젊은 수감자들이 목표인 것 같았다. 시위대 선두에 서 있던 푸부라는 소년이 군인들의 돌진을 피해 방향을 틀어 달렸다. 그러나 군인 하나가 총검으로 푸부의 뒷통수를 찔렀다. 상처에서 피가 솟구쳤고, 푸부는 이내 땅에 쓰러지고 말았다. 나는 눈앞에서 벌어지는 일들에 현기증을 느꼈다. 그러나 얼마 지나지 않아 라이플총의 개머리판이 내 등을 가격하는 걸 느꼈고, 숨이 찬 나머지 쓰러졌다.

내 주변 사람들 모두 중국 군인들을 피해 달아났다. 나이 든 티베트 간수들이 우리와 군인들 사이에 서서 중재하려고 노력했다. 간수 하나가 수감자들을 붙잡고 감방으로 돌아가라고 애원했다.

"제발 용서를 구해요. 안 그러면 모두 죽을 거요."

간수는 생각다 못해 우리를 설득하려 했다.

수감자들 상당수가 가까스로 감방으로 돌아갔다. 그러나 수많은 젊은 이들이 군인에게 맞고 바닥에 누워있는 게 보였다. 우리는 소리치기 시작했다.

"살인이다! 살인이다!"

그러나 군인들은 눈 하나 깜짝하지 않고 감방 안까지 들어와서 젊은 이들을 모두 끌어냈다. 그날 모두 학살당하고 말 거라는 생각이 들자 나는 겁에 질렸다. 관리들이 지프차를 타고 속속 도착했다. 그리고 군인들에게 철수하라는 명령을 내렸다.

감방 쪽으로 걸어가는데 총 개머리판으로 하도 맞아서 등뿐만 아니라 다리도 욱신욱신 쑤셔왔다. 군인들이 우리 막사로 들어와 감방 옆에서 수갑과 족쇄로 가득 찬 배낭을 좌르르 비우고 있었다. 간수들이 감방에서 한 사람씩 끌어내기 시작했다. 젊은이들을 잡아내도록 지시 받은 게 분명했다.

첫 번째로 끌려나간 수감자는 나왕 풀청이었다. 그는 1987년 시위를 계획한 죄로 19년의 형기를 복역하고 있는 중이었다. 머리카락을 부스스 풀어헤친 나왕은 지친 표정이 역력했다. 조금 전 간수들 앞에서 롭상 텐진과 텐빠의 행방을 캐물을 때 가장 목소리가 컸던 사람이었다. 그는 다리와 손에 족쇄를 찬 채 심문실로 끌려갔다. 나왕이 방금 들어간 심문실 문밖에 여의사 두 명이 대기하고 있는 게 보였다. 의사는 구급상자와 주사기가 가지런히 꽂힌 금속함을 들고 있었다. 세상에, 의사를 대기시켜 놓고 고문하다니. 눈앞의 광경을 믿을 수 없었다.

나는 눈을 감고 기도문을 암송하기 시작했다.

"옴 마니 팟 메 훔, 옴 마니 팟 메 훔……."

20분 뒤 나왕이 끌려 나왔다. 그의 모습이 마치 봉제 인형 같아서 가슴이 미어졌다. 온통 부풀어 오른 얼굴과 수많은 상처자국 때문에 원래 모습을 알아보기 힘들었다. 나왕은 곧장 독방으로 끌려갔다. 젊은 수감자들은 하나하나 수갑이 채워져서 심문실로 끌려갔고 혹독하게 구타당한 뒤 독방에 감금됐다. 모두를 수용할 만큼 독방이 충분하지 않았기 때문에 몇몇은 사슬에 묶인 채 그냥 바깥에 방치됐다.

상부에서는 우리의 반역을 다스리는 유일한 방법은 잔인한 폭력밖에 없다고 결론 내렸다. 간수들은 사소한 위반을 처벌할 때도 거침없이 폭력을 쓰기 시작했다. 그러나 수감자들은 굴복하지 않았다.

"중국에 굴복하느니 차라리 죽음을 택하겠어요!"

우리는 공공연히 그렇게 말했다.

그것은 의지력의 싸움이었다. 잔인한 폭력을 사용하는 사람들에겐 희생자가 그 힘을 인정하지 않는 것만큼 모욕적인 게 없다. 인간의 몸은 헤아릴 수 없을 만큼 엄청난 고통을 견디고 또 회복할 수 있다. 육체에 난 상처는 언젠가는 치유된다. 그러나 영혼은 한번 파괴되면 모든 것이 산산조각 나고 만다. 그렇기 때문에 우리는 스스로를 낙담 속에 방치할 수 없었다. 우리는 우리가 지닌 신념과 티베트의 독립과 정의를 위해서 싸운다는 믿음에서 힘을 얻었다.

13
유엔에서 증언한 첫 번째 티베트인 양심수

다음 날 아침 점호 때 우리의 몰골은 비참했다. 몇몇은 온통 붕대를 감고 있었고, 또 몇몇은 팔에 삼각건을 매고 있었다. 몸 상태가 그나마 나은 수감자가 부상당한 동료를 부축해 주었다. 젊은이들 상당수가 손목과 발목에 족쇄를 차고 있었다.

항쟁이 일어난 뒤 보안은 더욱 강화됐다. 감시병이 속속 배치되어 수감자들을 철통같이 감시했다. 심지어 일하는 동안에도 무장한 군인들이 옆에 서 있을 정도였다. 그러나 항쟁이 끝나고 감옥 안은 자못 고양된 열기로 가득 찼다. 심지어 형사범들까지 우리 감방에 소식을 전해 주거나 의약품을 몰래 넣어주면서 은밀하게 지지의 눈짓을 보냈다.

당국은 연중 평가 심사에서 점수를 깎겠노라고 엄포를 놓았다. 그건 곧 형기가 몇 년 늘어날 거라는 뜻이었다. 관리들은 내심 우리가 형기를 감면시켜 달라고 애원할 것을 기대했겠지만, 우리는 당당한 태도를 보이기로 결의했다. 그래서 아무도 가중 처벌에 이의를 제기하지 않았다. 우리는 이제 감옥 따위를 두려워하지 않으며, 저항한 만큼 대가를 치를 준비도 돼 있음을 보여주고 싶었다. 이제 그런 엄포에 굴하지 않겠다는 의지를 나타낸 것이다.

더 이상의 조치는 없었다. 중국인들은 '17개 조항 협정서' 40주년을 기념하기 위해 성대한 축전을 계획하고 있었다. 1950년 중국이 침공한 직후 티베트 정부는 강제로 그 협정서에 서명해야 했다. 그 협정서는 달라이 라마가 권한을 위임하지도 않은 티베트 협상대표를 강요해 맺은 불평등 조약으로, 티베트의 국방, 외교, 자주권을 모두 중국에 넘긴다는 내용으로 이루어진 사실상의 식민통치 조약이었다. 40주년 축하 행사에 참석하기 위해 베이징에서 중요한 인물들이 대거 티베트를 방문할 것이라는 발표가 났다. 감옥 당국은 이처럼 민감한 시기에 수감자들을 자극하여 긁어 부스럼을 만드는 우를 범하지 않으려 했다.

나는 온실에서 사과 과수원을 돌보고 채소밭을 가꾸는 일로 돌아갔다. 쉬운 일이었다. 중국인들은 온실과 채소밭 경작으로 수입의 대부분을 벌어들였다. 당국은 한술 더 떠서 답치 교도소에 추가로 55동의 온실을 지어 규모를 확대하기로 했다. 그리고 할당제를 도입해 온실마다 매년 일정한 양의 과일과 채소를 생산하라고 지시했다.

시위가 일어난 지 몇 주 뒤, 롭상 텐진과 텐빠 그리고 다른 두 수감자가 티베트 남부의 콩포 교도소로 갔다는 소식이 들렸다. 특히 롭상은 우리에게 엄청난 영감과 용기를 준 원천이었다. 우리 구획 사람들은 그를 무척 그리워했다. 다시 몇 달이 지나 롭상이 메시지를 보내왔다. 콩포에 무사히 도착했으니 걱정하지 말라는 내용이었다.

그해 여름 당국은 중국에서 개최하는 스포츠 경기 방송을 시청해도 좋다고 허락했다. 나는 지구촌 차원의 스포츠 경기에 익숙하지 않았다.

젊은이들의 설명을 들은 뒤에야 상황을 이해했다. 중국이 아시안게임 축구 예선 경기를 하고 있단다. 그해 가을 중국에서 아시안게임이 개최될 예정이라나. 젊은이들은 축구를 무척 좋아했다. 그들은 모르는 팀이 없는 데다 선수 한 사람 한 사람을 두고 토론을 벌일 만큼 해박했다. 내가 얼마나 바깥세상과 격리돼 살아왔는지 새삼 뼈저리게 느껴지는 시간이었다.

중국인들이 텔레비전 시청을 허락한 의도는 뻔했다. 중국이 그만큼 발전하고 번영했다는 걸 과시하고 싶은 거였다. 그러나 우리는 그들의 의도대로 고분고분 넘어가지 않았다. 경기 관람 시간을 중국인들에게 다시 한 번 저항하는 기회로 탈바꿈시킨 것이다. 나는 처음에는 심드렁했지만 곧 열광의 도가니에 빠지고 말았다. 모두 강당에 앉아서 중국이 질 때마다 가능한 한 크게 손뼉을 치고 환호했기 때문이다. 상대팀이 중국의 골문을 흔들면 우리는 우레와 같이 박수치며 서로 축하하곤 했다. 심지어 형사범들까지도 우리에게 합류해 중국이 게임에서 질 때마다 환호성을 질렀다.

그날 저녁, 당국은 야유 소리에 놀라 또다시 폭동이 일어날까봐 전전긍긍하는 것 같았다. 군인들이 강당을 빙 둘러쌌다. 간수들이 충원되더니 하나같이 전기봉을 차고 문 옆에 섰다. 아침이면 잔뜩 약이 오르고 부아가 치민 간수들이 우리를 질책했다. 나중에 알고보니 간수들은 정치범들에게 동조해 중국 대표팀에게 야유를 보낸 형사범들을 모질게 대했다고 한다.

"너희들 큰 실수하고 있는 거야. 애국심을 가지고 모국팀을 응원해. 알았어?"

간수들은 이렇게 형사범들을 위협했다. 우리는 다 함께 모이는 자리에서 형사범들의 입장을 난처하게 만들고 싶지 않았기에 한동안 야유를 멈췄다. 같은 수감자들 사이에 불화가 생기는 건 결코 바람직한 일이 아니었기 때문이다.

정치범들 사이의 결속은 언제나 그렇듯 굳건했다. 비밀 조직도 없고, 은밀하게 모여서 항거나 저항을 계획하는 일도 없었다. 그래도 우리는 여전히 하나가 되어 행동할 수 있었다. 티베트의 자유를 위한 투쟁이 첫째였고, 그 밖의 사소한 개인적 관심사는 언제나 뒷전으로 밀려났다. 감옥에서 나는 완벽한 일체감을 느꼈다.

공산당은 정치범들 사이의 단결을 깨기 위해 여러 가지 방법을 생각해냈다. 그들이 점수와 보상체제를 만들어 부추기던 때가 생각난다. 만약 수감자들이 어떤 임무를 수행하거나 처신을 잘하면 후한 점수를 주었다. 나중에 점수를 계산해 가장 점수가 높은 수감자에게는 상을 줬다. 최고의 포상은 형기 감면이었다. 확실히 매력적인 유인책이었지만, 우리는 점수 얻는 법을 무시했다. 점수 제도를 설명해놓은 소책자를 아예 펴보지도 않고 던져버린 것이다. 점수와 관련된 일은 아예 거들떠보지도 않았다. 그래서 정치범들은 아무도 점수를 얻지 못했다.

우리는 계속해서 기회가 생길 때마다 당국에 도전했다. 1991년 11월에 스위스 정부가 보낸 파견단이 답치 교도소를 방문하러 왔다. 제임스 릴리가 오기 전에 그랬던 것처럼, 갑자기 식단이 좋아졌고, 감옥 미화에 매달리며 부산을 떨었다. 덕분에 우리는 곧 방문객이 오리란 걸 짐작할 수 있었다. 파견단이 형사범 구역을 한 바퀴 돌 동안 정치범들은 막사에 갇혀 있었다.

어찌 된 노릇인지 예순여섯 살의 타낙 직메 상뽀라는 승려가 형사범들 사이에 섞여 들어갔다. 그는 정치범으로 복역 중이었고, 눈에 띄게 야윈 얼굴에 흰 턱수염이 무성한 노인이었다. 타낙은 비밀리에 형사범 막사까지 숨어 들어간 것이다. 파견단이 마당을 거닐고 있을 때 타낙은 영어로 구호를 외치기 시작했다.

"자유 티베트! 자유 티베트!"

타낙은 특별히 이 순간을 대비해 영어 구절을 배워두었던 터였다. 감옥 관계자는 당황한 나머지 스위스 파견단 위원에게 머리에 원을 그려 보이며 말했다.

"신경쓰지 마십시오. 미친 사람입니다."

이 사건 때문에 타낙의 형기는 즉각 8년이 더 얹어졌다. 타낙이 처음 체포된 것은 1983년이었다. 그때 반혁명 선전을 퍼뜨리고 국가 지도부를 비난했다는 죄목으로 15년 형을 선고받았다. 1988년 독립을 지지하는 구호를 외친 뒤 다시 5년이 추가됐다. 여기에 또 8년 형기가 추가되었으니 타낙은 이제 2011년 9월 3일 82세나 돼야 석방될 예정이었다. 스위스 파견단 사건이 있은 뒤 타낙은 내게 말했다.

"그래도 후회는 없네. 기회가 온다면 또 일어설 걸세."

답치 감옥의 여성 정치범은 30명이었다. 그들 가운데 27명이 승려였다. 그들은 티베트의 독립을 요구하며 라싸에서 수많은 시위를 계획한 죄로 붙잡혀 왔다. 일반인 여성 하나는 다와 돌마라는 교사인데 '반동주의 노래'를 가르쳤다는 죄목으로 체포됐다. 단지 학생들에게 티베트 국가를 가르쳤다는 이유로 3년 형을 살고 있었다.

여승들은 발가벗긴 채 꼼짝 않고 서서 심문을 당했다. 간수들은 추잡

하고 외설적인 태도로 전기봉을 높이 쳐들며 여승들 앞을 걸어다녔다. 그처럼 수치와 모진 매질을 당하면서도 쾌활함을 잃지 않은 그이들의 태도는 경외감을 불러일으켰다.

여성 정치범들은 여성 형사범들과 함께 3구획에 편성되었다. 돌이켜 생각해보면, 우리 구획에서 일으켰던 일련의 항쟁을 지켜보며 그이들도 내심 결의를 다졌던 듯하다. 1992년 봄 그들이 벼르던 기회가 찾아왔다. 티베트 설날을 일주일 앞두고 당국은 감방을 장식하거나 새 옷을 입어서는 안 된다는 엄명을 내렸다. 티베트에는 새해 첫날 새 옷을 입는 전통이 있다. 그 전통을 지키지 않으면 불길한 일이 닥친다고 믿는다. 지난해만 해도 티베트 식으로 설날을 지내도록 허락하고, 심지어 사흘간의 휴가까지 허용했다. 이번에도 사흘간의 휴일은 주어졌지만 세시풍속을 지키는 일만은 엄격히 금지되었다. 무슨 일이 일어나고 있는지 종잡을 수 없었다.

우리는 그러거나 말거나 예년처럼 설날을 축하하기로 결정했다. 여승들도 친척들이 보낸 선물로 감방을 장식하며 우리와 행동을 같이 했다. 이윽고 새해 첫날이 밝자 그들은 헐렁헐렁한 쑥색 수의를 벗어던지고 새 옷으로 갈아입었다. 우리도 너나없이 새 옷으로 갈아입었다. 그뒤 사흘 동안은 아침 점호도 없고, 작업장까지 행진할 필요도 없었다. 수감자들은 마당 여기저기에 앉아서 장기를 두거나 카드놀이를 했다. 우리는 햇빛을 따라 옮겨다니며 놀이를 마음껏 즐겼다. 나는 잡기를 즐기지 않을뿐더러 노름을 해서는 안 되는 승려의 본분을 지키기 위해 감방에서 책을 읽거나 기도를 암송하면서 시간을 보냈다.

이튿날 마당으로 산책을 나갔던 율루가 심각한 얼굴로 돌아왔다. 그는 나에게 차 한잔을 건네면서 입을 열었다.

"군인들이 2구획 쪽으로 들어가는 걸 봤네."

"또 술이나 마셨나보죠, 뭐."

나는 별 생각없이 대답했다.

2구획은 형사범 구역이었다. 며칠 뒤 여성 감방에서 폭동이 일어났다는 걸 알게 됐다. 여성 구획 책임자는 가혹하기로 악명 높고 독수리처럼 경계를 멈추지 않는 오십대의 티베트 여자였다. 그 여자가 새해 첫날 여성 감방으로 찾아와 여승들에게 엄포를 놓았다고 한다.

"저건 뭐야? 장식한 거 당장 걷어내! 옷도 갈아입고!"

여승들이 거부하자 책임자는 득달같이 간수들을 불렀다. 간수들은 기다렸다는 듯이 들이닥쳐 수감자들을 잔인하게 구타하기 시작했다. 젊은 여승 두 명과 다와 돌마라는 교사가 시위 주동자로 지목돼 독방으로 끌려갔다.

이튿날 여승들은 동료들을 풀어달라고 소리치기 시작했다. 간수들은 다시 감방으로 들어가 걸핏하면 치켜드는 전기봉으로 여성들을 때려서 기절시키기에 이르렀다. 2구획 형사범들이 감방 창문을 통해 이 광경을 목격하고는 일제히 소리치기 시작했다.

"살인이다! 살인이야!"

나는 그 고함소리가 여승들의 목숨을 구했다고 확신한다. 감옥 당국은 나이 든 수감자들에게 시위의 책임을 돌렸다. 그리고 격리 정책을 쓰기 시작했다. 새 막사를 짓더니 젊은이들을 몽땅 그 안으로 옮기게 한 것이다. 나는 아홉 명의 동료들과 오래된 막사에 그대로 남았다. 중국인들은 나이 든 수감자들이 항거마다 배후에서 조종하고 부추긴다고 여기는 듯했다.

우리는 막사 안에 꼼짝없이 붙들려 지냈다. 일상적인 감옥 일과는 모두 중단됐다. 점호도 없었고, 일렬로 줄을 지어 일하러 나갈 필요도 없었다. 하루하루가 지루해지기 시작했다. 견디다 못한 율루는 일을 하게 해달라고 간청했다. 그러나 당국은 들은 척도 하지 않았다. 노동은 최소한의 일상 감각을 느끼게 해주는 방편이었다. 또한 지루한 시간을 견디는 최선의 방법이기도 했다. 하릴없이 보낸 그해 여름날들은 길고도 더웠다. 웅장한 히말라야 산 너머로 해가 떨어지기까지 하루가 일 년처럼 길게 느껴졌다.

나는 형기를 얼마 남겨 놓지 않은 상태였다. 그러나 별 기대를 하지 않고 있었다. 당국이 또 무슨 빌미로 형량을 늘릴지 알 수 없었기 때문이다. 나는 책을 읽고 사미승 시절에 익힌 기도문을 암송하면서 1992년 여름을 보냈다. 나는 간수들의 동정을 살피며 하루 50배에서 많게는 200배까지 몰래 오체투지를 하기 시작했다. 티베트 사람들은 오체투지를 정신과 육체 양면을 수양하는 좋은 방편이라고 믿는다. 나는 풀려나기만 하면 여생을 온전히 종교 수행에 바치고 싶었다. 사원에서 영적인 삶에 정진하기 위한 준비 과정으로서도 오체투지는 반드시 필요한 수행이었다.

여름이 저물어갈수록 심문은 집요하게 계속됐다.

"나가면 뭘 할 셈인가?"

당국은 내 계획을 알고 싶어했다.

"승려가 갈 곳이 사원밖에 더 있겠습니까?"

이번에도 데붕 사원으로 돌아가지는 못하리라 확신했다. 중국 측은 정치적인 시위에 연루된 승려는 누구를 막론하고 사원에서 추방할 것을 강요해온 지 오래였다. 그들은 다시 물었다.

"나가면 또 말썽 피울 건가? 설마 벽보 따위를 붙일 생각은 아니겠지?"

나는 마오쩌둥 어록을 빌어 대답을 대신했다.

"압박이 있으면 당연히 저항도 있겠죠."

간수는 불같이 화를 내더니 자리를 박차고 나갔다.

나는 애초부터 이런 따위의 면담은 믿지 않았다. 당국은 여전히 중국이 티베트의 발전을 몇 단계 끌어올렸다는 확신을 주입시키려 애썼다. 공산당이 교정할 기회를 준 것에 고마워하기를 바라고 있었다. 그러나 나는 티베트 사람들이 겪는 고통에 대해서만 되풀이해 늘어놓았다. 심문실에는 펠조도 있었다. 나는 관리에게 펠조가 저질렀던 가혹 행위에 대해서도 항의했다. 입을 크게 벌려 이가 몽땅 빠져버린 잇몸을 보여줬다. 남아있는 이라고는 세 개가 전부였다. 간수가 말했다.

"두 번도 아니고, 세 번도 아니고, 딱 한 번 그런 거잖아."

지인들은 바깥 상황이 심상치 않은 데다 데붕 사원에서는 정치범 전과가 있는 사람을 받아주지 않는다는 말을 전했다. 그러니 티베트를 떠나라고 충고했다. 만약 이 나라에 남는다면 계속 감시를 받게 될 것이며, 누구든지 내 곁에 있기만 해도 즉각 의심을 받게 될 거라고 말했다.

나는 탈출 계획을 꾸미기 시작했다. 그 뒤에 일어난 일에 대해서는 밝히지 않기로 한다. 나를 도와준 많은 사람들이 지금도 중국 군대와 경찰의 그늘 아래 살고 있기 때문이다. 지금은 자유로운 처지에서 지난 경험을 묘사하고 있지만, 언제 어디서 친구들이 중국 공안의 의심을 받을지 알 수 없는 일이다. 그러므로 풀려나기 한 달 전까지 일만 기록하려 한다. 나는 감옥 밖의 친구들과 접촉해 인도로 탈출하고 싶다고 했다. 자유로운 몸으로 독립 투쟁을 계속하고 싶었고, 종교 수행에 더 많은 시간을 쏟고 싶었으며, 무엇보다도 자비로운 부처의 화신인 달라이 라마를 만나고 싶었다.

중국 정부가 감옥 전역에 배포한 〈중국 치하 티베트 인권 백서〉를 보고 인도로 가고 싶다는 마음이 더 간절하고 다급해졌다. 백서는 어이없게도 티베트에는 정치범이 없으며 고문 받는 수감자도 없다고 주장하고 있었다.

더욱 경악스러운 것은 답치 교도소를 묘사한 대목이었다. 백서는 답치 교도소를 '한 사람의 인격으로 수감자를 존중하는 새로운 유형의 사회주의 감옥이며…… 답치에서 수감자들은 충분히 인간적인 대우를 받는다'고 기술하고 있었다. 이걸 보고 나는 티베트에서 일어나는 일들을 세계에 알릴 수 있도록 증거를 모아야겠다고 마음먹었다. 친구들은 한결같이 나를 격려해주었다.

"자네가 감옥에 있었던 세월이 얼마인가? 자네야말로 티베트의 실상을 알릴 적임자일세."

중국인들은 외국인 파견단에게 왜곡된 사실을 알리고 있었다. 그런 터에 세계인들 앞에서 산 증인이 생생하게 전모를 밝힌다면 중국 당국은 톡톡히 망신을 당할 게 틀림없었다. 친구들은 바로 이 점을 들어 나를 설득했다.

그러나 한편으론 엄두가 나지 않았다. 어떻게 티베트를 빠져나갈 수 있단 말인가? 여행 허가를 받을 방법도 없고, 밤낮으로 감시당할 게 뻔

한데 중국 국경을 어떻게 넘는단 말인가. 누구를 막론하고 나와 한 마디 얘기만 나누어도 경찰은 즉각 그 사람을 취조실로 끌고 갈 것이었다. 탈출은 그만큼 불투명하고 불가능한 임무처럼 생각됐다. 따라서 모든 일을 철저히 비밀리에 준비해야만 했다.

"모든 준비가 끝났어요."

어느 날 감옥 밖 소식통이 내게 말했다.

"중국 공안이 쓰는 전기봉이 있네. 그걸 많이 구입해두게."

나는 공안 표시가 찍힌 봉을 골라야 하며, 작동이 가능한 것이어야 한다고 강조했다. 그리고는 전기봉을 구해줄 만한 중국인 간수 이름을 알려줬다. 그 간수는 돈만 주면 뭐든지 구해주는 사람으로 유명했다. 그 사람이라면 낡은 전기봉을 구할 방법이 있을 거라고 생각했다. 아니나 다를까 그는 전기봉을 구했다.

석방될 날을 몇 주 앞두고 나는 다시 한 번 심문실로 불려갔다. 펠조와 관리 두 명이 담배연기를 빡빡 내뿜으며 나를 기다리고 있었다. 펠조는 의자를 가리키면서 앉으라고 지시했다.

"곧 여길 떠날 텐데 할 말 없나?" 그가 말을 꺼냈다.

"없소."

"너처럼 고집불통은 살다살다 처음 봤다. 죽어라고 교화를 거부한 놈!"

나는 아무 말도 하지 않았다.

"랄루 알지?"

펠조 옆에 앉아있던 티베트인 관리가 물었다. 랄루는 1959년 중국에 대항하여 폭동을 일으켜 체포된 전직 티베트 정부 관리다. 그가 석방된 뒤 중국인들은 중국 정부의 명예직을 수여했다.

"랄루를 심문한 사람이 바로 나야. 랄루도 교정됐는데 네가 안 될 이유가 뭐야?"

잠깐 말을 멈추고 그는 공산당의 자비심에 대한 케케묵은 구절을 읊조렸다. 그리고는 당이 교정된 사람들을 얼마나 관대하게 대우했는지 거듭 강조했다.

"고집 부려서 좋을 일이 뭐가 있나?"

관리는 결론을 맺듯 말했다.

"티베트 해방을 바라다니 헛된 꿈이지. 랄루를 한번 봐. 조국에 봉사하고 있잖아? 중국 의회에서 요직을 맡고 있다고!"

마치 나도 그처럼 번지르르한 경력을 가질 수 있다는 투였다. 나는 처음 체포된 날부터 펠조에게 구타당한 일까지 다시 한 번 내 삶에 대해 얘기했다. 심지어 아직도 롤렉스 시계 영수증을 갖고 있다는 걸 일깨우기까지 했다. 마침내 펠조는 단도직입적으로 물었다.

"어디로 갈 작정인가?"

"사원으로 돌아가고 싶소."

나는 흔들림 없는 표정으로 내 소망을 얘기했다.

사원으로 돌아가고 싶고, 여생을 종교 수행에 바치고 싶다는 확신을 줘야 했다. 데붕 사원으로 보내달라고 강력하게 주장한다면, 당국은 내가 티베트를 떠날 의도가 없다고 판단하고 만족할 것이었다. 나는 좀 더 강력한 어조로 경고하듯 말했다.

"나는 이제 늙었습니다. 남은 생을 종교 수행에 바치고 싶소. 만약 데붕 사원에 보내주지 않으면 조캉 사원 앞에서 시위할 거요. 두고 보시오."

관리는 험한 얼굴로 내 협박을 듣더니 심문이 끝났다고 말했다.

내가 곧 풀려나리란 것은 정치범들 모두 알고 있는 사실이었다. 석방되기 사오 일쯤 전에 중앙 마당에서 소집이 있었다. 전체 수감자들이 줄지어 앉아 있었다. 그 모임에서 내가 무슨 말을 했는지 잘 기억나지는 않는다. 다만 모임이 끝나자 동료 정치범들이 나에게 파도처럼 밀려와서는 내 등을 두드리거나 손을 잡았다. 그리고 기다란 흰색 카닥을 건네주었다. 나는 목이 메었다.

"선생님, 몸조심하십시오."

동료들은 한결같이 그렇게 말했다. 감옥을 벗어난다는 사실에 기쁨이 넘치면서도 한편으로는 진한 아쉬움이 느껴졌다. 이처럼 용기 있고 멋진 사람들을 다시 만날 수 있을까. 동료들과 헤어질 생각을 하니 슬픔이 울컥 목을 치밀고 올라왔다. 내가 떠난 뒤에도 온갖 고초를 다 겪어야 할 사람들이었기에 내 마음은 더욱 착잡했다. 간수들은 멀리서 이 모습을 관찰하고 있다가 우리를 해산시키고 감방으로 행진하라고 명령했다. 어쨌거나 나는 동료들의 속깊은 배웅에 무척 감동했다.

감옥을 떠날 때는 구획원 모두에게 다과 잔치를 여는 게 관례였다. 나는 서른 봉지쯤 되는 작은 가루우유와 가지고 있는 버터를 몽땅 털어 부엌으로 가지고 갔다. 그리고는 요리사에게 부탁했다.

"차라도 한잔 돌리고 떠나야지. 이걸로 차를 만들어주게. 우리 구획만 돌리지 말고 형사범들한테도 돌려줘."

감옥 생활이 정말 끝나가고 있었다.

1992년 8월 25일.

그날을 어떻게 잊을 수 있을까. 그날 아침 나는 일찍 일어나서 천천히 침구를 말아서 깔끔한 꾸러미로 만들었다. 감방 동료가 부엌에서 차를 가지고 온 뒤 다른 사람들을 깨웠다. 나는 죄수복을 벗고 친척들이 보내준 티베트 의상인 추빠를 입었다. 추빠는 몹시 컸다. 동료가 긴 비단 장식 허리띠로 헐렁한 옷을 접어 고정시켜 주었다.

우리는 차를 마시며 잠시 동안 한담을 나눴다. 율루가 일어서더니 챙 넓은 펠트 모자를 내 머리에 씌워 주었다. 그리고는 한 발짝 물러서서 만족스러운 표정으로 말했다.

"10년은 더 젊어 보이네그려."

갑자기 감방 문이 열리더니 관리 두 명과 간수 둘이 안으로 들어왔다. 관리 하나는 우리 구획의 책임자였고, 나머지 한 명은 따시 케장이었다. 따시는 한때 수감자들이 전기봉 사용에 대해 항의하자 걸작 답변을 한 장본인이었다.

"정부가 이 무기를 구입하는 데 돈을 얼마나 썼는지 알아? 장식용으로 산 게 아니란 말이지. 너희들 같은 반동분자들 갈기라고 산 거야. 헛돈 쓰지 않으려면 부지런히 사용해야지, 안 그래?"

그러나 그날 아침 따시는 짐짓 정중한 태도로 조롱하듯이 말했다.

"선생님, 당신을 내보내러 왔소이다!"

구획 책임자가 둘둘 말아놓은 내 침구를 집어들고, 따시는 보온병을 들었다. 감방 동료들이 달려와서 긴 카닥을 목에 걸어주었다. 다시 한 번 눈시울이 뜨거워졌다. 이별 의식은 그걸로 끝이었다. 나는 중앙 마당 쪽으로 끌려갔다. 근처 온실에서 일하고 있던 몇몇 비구니들이 나를 보고 손을 흔들었다. 나도 그들에게 손을 흔들어 주었다. 그처럼 험한 고초를 겪고도 늘 웃는 여승들이었다. 그들을 남겨두고 가야 하는 내 발걸음이 마냥 가볍지만은 않았다.

관리들과 경비를 대동하고 나는 본관으로 들어갔다. 그리고 석방 서류에 서명했다. 책임자가 말했다.

"데붕 사원에 가는 걸 반대하지 않지만 종교 사무국과 사원 당국의 허가는 받아야 할 거요."

그러나 교도소 당국이 승인한 이상 사원의 동의를 얻는 것은 쉬운 문제였다. 그걸 알기에 나는 마음이 가벼웠다.

"고맙소."

카닥을 목에 건 채로 나는 간수 둘의 호위를 받으며 정문 쪽으로 천천히 걸어갔다. 문은 벌써 열려 있었다. 문 너머로 조카 롭상과 친구들이 힐끗 보였다. 수많은 사람들이 감옥 밖에서 나를 기다리고 있었다.

드디어 감옥 정문 앞으로 다가갔다. 불과 서너 발짝 앞에 새로운 세상이 있었다. 바깥으로 한 걸음을 내딛는 순간, 친구들이 우르르 몰려와서 카닥을 걸어 주었다. 내 목에 카닥이 겹겹이 겹쳐졌다. 어린 시절 갸초 샤의 아주머니 집에서 빠남 집으로 떠날 때 목이 부러져라 받았던 카닥 세례가 떠올랐다. 그 시절로부터 얼마나 멀고 낯선 길을 달려왔던가. 카닥은 같은 빛깔이건만 이제 그걸 걸치고 있는 내 목은 쭈글쭈글 주름이 지고, 나는 예순의 노인이 됐다. 30년도 훌쩍 넘는 세월이 지나간 거였다.

누군가가 티베트 버터차를 한 컵 건네주었다. 맛이 기가 막혔다. 간수들에게도 차를 권했지만 그들은 고개를 가로젓고는 교도소 안으로 들어가버렸다. 육중한 문이 닫혔다. 그와 함께 기나긴 내 감옥 생활도 끝이 났다.

조카 롭상은 여러 사람들과 함께 서 있었다. 한때 투옥됐던 다와, 다와의 아내, 그리고 내가 감옥에 있는 동안 친절을 아끼지 않았던 린첸이라는 키 큰 남자도 있었다. 린첸은 감옥에서 여러 해를 보내고 석방된 뒤, 수감자와 그 가족을 돕는 데 헌신하는 고마운 사람이었다. 사람들은 그 자리에서 바닥에 빛깔 고운 깔개를 펼치고 잔치상을 차렸다. 비스킷과 말린 고기, 치즈로 가득 찬 바구니를 준비해온 것이었다. 나에게 앉으라고 권하더니 이것저것 먹이기 시작했다.

"고기 좀 들어보세요. 치즈도 드시구요."

그날 아침 나는 교도소 담이 불과 몇 미터 떨어지지 않은 곳에서 열두 잔의 차를 마셔야 했다. 얼마 지나지 않아 배가 빵빵해졌다. 그런 포만감은 정말이지 오랜만에 느껴보는 것이었다. 그리고 나서 친구들은 차를 몰아 포탈라 궁전 바로 아래 있는 쉘 마을로 데려갔다. 롭상은 가족과 함께 새어머니를 모시고 그곳에서 살고 있었다. 롭상은 티베트 전통 모자를 만들어서 라싸 중심부 시장에 내다 팔았다.

이웃 사람 몇몇이 내가 도착하는 걸 보려고 밖으로 나왔다. 나는 새어머니를 뵙기 위해 곧장 집 안으로 들어갔다. 어머니는 이제 반신마비 상태로 누워 있었다. 방은 춥고 어두웠다. 잠시 뒤 침침한 불빛에 눈이 익숙해지자 어머니가 머리를 들어올리는 게 보였다. 나는 어머니 쪽으로 다가가서 내 이마를 어머니의 이마에 갖다 대었다.

"얼마나 고생이 많았니?"

어머니가 나지막하게 말했다. 눈물이 어머니의 뺨 위로 흘러내렸다.

며칠 동안 방문객들이 줄을 이었다. 찾아오는 이들 대다수가 예전 감옥 동료들이었다. 곧 망명 계획이 진행될 거라는 소식이 왔다. 의심을 살

만한 일을 삼가고, 정말 데붕 사원으로 돌아갈 것처럼 행동해야 했다.

나는 정다운 수행의 고향, 나의 옛 사원으로 가는 버스를 탔다. 이른 아침에 도착한 데붕은 향로에서 피어오르는 연기로 자욱했다. 폐허가 되었던 건물은 이제 수리돼 있었고, 흰색 회벽에 눈부신 햇빛이 쏟아져 내렸다. 사원에 있어야 할 젊은 승려들 상당수가 감옥에 가고 없었다. 그 빈자리를 중국 공안이 차지하고 독수리 같은 눈을 치켜뜨고 있었다. 공안은 데붕 사원으로 통하는 길목에 검문소를 세워놓고, 사원을 떠나는 승려들에게 여행 허가증을 제시하라고 요구했다. 그나마 사원에 남아 있는 승려들도 갇힌 신세나 마찬가지였던 것이다. 나는 지나가는 승려를 붙잡고 서기가 어디 있는지 물었다.

"본당으로 가세요."

승려가 말했다.

이제 막 아침 예불이 끝난 것 같았다. 법당을 나오던 승려 하나가 부서기를 가리켜 보였다. 저쪽에 땅딸막한 남자가 서 있었다. 쿤촉 따시, 그와는 구면이었다. 그는 오래 전, 그러니까 내가 체포되기 전부터 솜씨 좋은 목수였던 기억이 났다. 그러나 나는 일반인 복장을 걸치고 율루가 준 모자를 쓰고 있었다. 쿤촉이 나를 못 알아보는 것도 무리는 아니었다. 서류를 건네주자 쿤촉이 웃음을 지었다. 내가 누군지 기억해낸 것이다. 그는 서류를 보더니 이상 없다고 안심시켜 주었다. 그리고는 서기 예쉬 탕톡에게 데려갔다.

"사원에 언제 오려구요?"

내 서류를 훑어본 다음 예쉬가 물었다.

"지금이라도 당장 오고 싶어요."

"며칠 뒤에 다시 오세요."

예쉬가 말했다. 공안에 내 신분을 확인하기 위해 그러는 것 같았다.

며칠 뒤 데붕 사원에서 방을 배정해 주었다. 창문 너머로 계곡이 보이는 넓고 깨끗한 방이었다. 8월 29일에 열리는 쇼튼 축제가 끝난 뒤 들어가기로 했다. 쇼튼 축제는 여름이 끝났음을 알리는 축제였다. 라싸 사람들이 모두 쏟아져 나와 공원 근처에 천막을 치고 한껏 들놀이를 즐겼다. 수많은 시민들이 사흘 동안 공연되는 티베트 오페라를 보기 위해 달라이 라마의 여름 궁전인 노불링카로 가곤 했다.

대대로 데붕 사원은 겔룩파의 창시자인 쫑카파의 초상을 그린 거대한 탕카의 휘장을 걷어내는 것으로 축제를 기념하곤 했다. 승려들이 나란히 서서 18미터가 넘는 탕카를 어깨에 짊어지고 날랐다. 그러나 그해의 쇼튼 축제는 색달랐다. 축제 기간에 항쟁이 일어났던 것이다. 달라이 라마가 방문하여 머물던 곳에 티베트 국기가 게양되고, 중국은 티베트에서 철수하라는 대자보가 사원 벽마다 나붙었다. 보통 일이 아니었다.

축제가 끝난 뒤 짐을 들고 다시 사원으로 갔더니 공안들이 빼곡하게 들어차 있었다. 승려란 승려는 모두 심문당했다.

"쇼튼 축제 때 문제가 좀 있었어요. 며칠 뒤에 다시 오세요."

예쉬가 내게 설명했다.

한편 탈출 생각만 하면 불안해졌다. 정말로 탈출할 수 있을까? 친구들이 준비를 철저하게 마칠 때까지 믿고 참을성 있게 기다리는 수밖에 없었다. 그 친구들은 나 말고도 여러 명의 정치범을 네팔이나 인도로 망명시켜 준 수완가들이었다. 그 생각을 하면 다소 안심이 됐다. 나는 가족에게도 비밀을 지켰다. 가족들이 내 탈출 계획에 연루되지 않도록 조심하는 것은 무척 중요한 일이었다. 내가 없어진 사실이 들통나면 맨 처음 심문 받는 사람은 바로 가족일 것이기 때문이다.

어느 날 밤, 누군가 문을 두드렸다. 조카가 누가 날 만나러 왔다고 전해줬다. 바깥을 힐끗 보니 모자 쓴 젊은이가 자전거 운전대를 잡고 있는 모습이 달빛에 희미하게 보였다.

"팔덴 갸초 스님이세요?" 젊은이가 속삭였다.

"그렇네만."

"스님께 전해 드리랍니다."

젊은이가 가방을 건네며 말했다. 가방에는 중국인들이 쓰는 고문기구가 들어 있을 터였다.

그 젊은이는 다음 날 아침 다시 왔다. 사람들이 기다리고 있다고 했다. 나는 가족들에게 드디어 사원으로 가게 됐다고 말했다. 어머니는 기분이 좋아 보였다. 나는 손을 꼭 잡아드린 뒤 내 이마를 지그시 어머니 이마에 가져갔다. 마음속으로 마지막 인사를 올렸다.

'어머니. 안녕히 계세요. 부디 건강하세요.'

젊은이는 나를 라싸 시내의 안전한 집으로 데려갔다. 그곳에서 나는 탈출을 추진하는 친구들을 만났다.

"네팔 국경까지 데려다 줄 운전사를 찾았어요. 정말 좋은 사람이에요. 안심하셔도 됩니다."

내 불안을 읽은 듯 친구들은 나를 안심시켜 주려 애썼다. 네팔 국경이라는 말을 듣는 바로 그 순간 내 머릿속은 흥분으로 가득 찼다.

이제 떠난다. 드디어 떠난다.

다음 날 아침 나는 일찍 일어났다.

"불을 켜지 말게."

나는 일행에게 주의를 줬다.

한 소년이 깔끔하게 개어놓은 옷 한 벌을 가지고 왔다. 난생 처음으로 면양복을 입게 된 순간이었다. 내게는 너무 큰 양복이었다. 바짓단이 어찌나 길던지 허리께에서 말아올려야 했다. 친구가 끝에 고리가 달린 밧줄 같은 것을 가져왔다. 그리고는 내 목둘레에 그 밧줄을 걸었다. 넥타이라는 물건을 처음으로 매게 된 거였다. 마오쩌둥이 죽은 뒤 넥타이가 유행했고, 당의 주요 간부들은 넥타이로 현대 감각을 과시하고 싶어했다.

"진짜 사업가 같네요!"

친구가 양복 입은 내 모습을 보고 말했다.

30분 뒤 나는 자전거 뒷자리에 앉아 있었다. 등 뒤로 라싸가 점점 멀어져갔다. 조캉 사원 둘레로 아침 꼬라를 도는 노인들의 모습이 보였다. 높은 산 위로 햇살이 부채살처럼 퍼졌다. 바꼴 광장을 가득 채운 향로에서 연기가 피어났다. 우리는 이 거대한 도시의 복판을 가로지르며 나아갔다.

시내를 벗어나 바마 리라는 변두리에 닿았을 때 잠시 휴식을 취하기로 했다. 친구는 그곳에서 트럭을 기다려보라고 말했다. 내가 가진 것이라고는 옷가지와 전기봉, 곤봉, 칼 그리고 수갑을 담은 가방 하나가 전부였다. 여행 가방치고는 이상하기 짝이 없는 가방이었다.

잠시 뒤 친구는 떠나고, 나는 혼자 길가에 남아 떨고 있었다. 쌀쌀한 아침 바람이 얇은 옷자락을 헤집고 들어왔다. 트럭 몇 대가 지나갔다. 일곱 시 무렵, 회색 포장천을 두른 녹색 트럭 한 대가 내 옆에 멈춰 섰다. 운전기사가 물었다.

"감옥에서 나오신 분 맞습니까?"

나는 고개를 끄덕였다.

그날은 1992년 9월 7일이었다. 이제 남은 일은 네팔로 가기 전 마지막 마을인 담에서 상인과 연락을 취하는 것이었다. 잠에서 방금 깬 듯한 젊은 트럭 기사가 말했다.

"네팔 상인한테 물건을 배달하는 중입니다. 짐칸에 중국 신발이랑 보온병 상자가 실려 있죠."

그 무렵 가족들은 내가 데붕 사원으로 갔을 거라고 믿고 있었다. 한편 사원에서는 내가 아직도 쉘 마을에 있을 거라고 짐작할 터였다. 그러나 나는 여기, 라싸를 벗어나서 네팔로 달리는 트럭 안에 앉아 있었다. 내가 여기서도 저기서도 사라졌다는 사실이 알려지려면 며칠은 더 걸릴 것이었다. 몇 시간 뒤 우리는 빠남을 지나쳤다. 나는 언덕바지에 서 있는 가동 사원의 어렴풋한 모습을 바라보았다. 기나긴 세월의 회한이 주마등처럼 스쳐 지나갔다. 처음으로 머리를 깎고 승려 생활을 시작했던 곳, 투옥 생활 틈틈이 그리움으로 떠올랐던 가동 사원. 그곳에서 내 남동생이 승려 생활을 하고 있었다. 나는 1962년 노부쿵체에서 힐끗 본 이후 한 번도 아우를 만나지 못했다.

네팔로 건너가기 전 티베트 마을로는 마지막이 될 냘람까지 가는 데 꼬박 이틀이 걸렸다. 냘람에서 네팔 국경까지는 불과 30킬로미터 거리였다. 운전사는 불안하고 초조한 내 마음을 짐작하는 듯했다. 초소 앞에 다다르자 그는 나를 안심시키기라도 하듯 내 팔을 살짝 잡아주었다. 그는 트럭을 세우고 밖으로 나가더니 어느 사무실 안으로 들어갔다. 몇 분 뒤 그는 중국 관리와 함께 모습을 드러냈다. 두 사람이 웃는 걸 보고 조금은 안심이 됐다. 관리가 초병에게 통과시키라는 지시를 내렸다. 우리는 천천히 날람 쪽으로 나아갔다.

우리는 아침도 먹고 휴식도 취할 겸 잠시 차를 세웠다. 쉬는 동안 운전사는 라싸 사람들이 부탁한 우편물을 돌리러 다녔다. 오후 느즈막히 다시 출발해 구불구불 가파른 길을 따라 나아갔다. 무성한 숲이 주변을 둘러싸고 있었다. 내가 살던 티베트와 달리 고개를 돌리는 곳마다 울창한 푸르름이 눈길을 사로잡았다. 운전사는 어느 모퉁이에 차를 세우고 말했다.

"국경에는 밤중에 도착하는 게 좋습니다."

멀리 담의 불빛이 보였다. 우리는 땅거미가 질 무렵까지 기다렸다가 마을을 향해 출발했다. 담은 새로 조성된 정착지였다. 네팔로 가는 마지막 검문소이자 세관과 출입국 관리사무소가 자리한 마을이었다. 담에 다다르자 운전사가 입을 열었다.

"저는 나가서 스님이랑 만나기로 한 사람을 찾아보겠습니다. 그동안 스님은 잠든 척하고 계세요."

얼마나 지났을까. 잠시 뒤 머리를 길게 땋아 늘이고 터키옥 귀걸이를 한 건장한 남자와 함께 운전사가 돌아왔다. 이런 데서 전통 복장을 갖춘 사람을 만나다니. 어쩐지 상서로운 징조로 여겨졌다. 나는 남자를 따라 그의 집으로 갔다. 그는 따뜻한 차와 국수를 내왔다.

"이제부터 제가 스님을 국경 너머로 모시고 갈 가이드를 찾아보겠습니다."

담에서 국경까지는 자동차로 불과 한 시간 남짓 거리였다. 거기서 '우정의 다리'만 건너면 네팔 땅이었다. 다리는 나를 티베트에서 네팔로 건네줄 마지막 관문인 셈이었다. 하지만 다리를 건너는 일은 너무 위험하다는 소리를 들었다. 하는 수 없이 밤을 틈타 국경까지 걷기로 했다.

그나마 곧바로 떠날 수 있는 처지도 아니었다. 나는 온종일 창고 안에 숨어 있다가 저녁이 되면 겨우 밖으로 나오곤 했다. 지루한 기다림은 열흘 동안 계속되었다. 나를 국경 너머로 안내할 사람을 찾기까지 꽤 오랜 시간이 걸렸다. 그러던 어느 날 그는 나이 든 네팔 남자를 데리고 돌아왔다.

"이분을 따라가십시오, 스님. 한 가지 문제가 있습니다. 이분이 티베트어를 전혀 쓸 줄 모르거든요."

네팔말을 모르기는 나도 마찬가지였다. 불안한 일이기는 하지만 어쩔 수 없었다. 나는 노인의 뒤에 바짝 붙어 따라갔다. 우리는 이내 담을 빠져나와 울창한 숲속으로 들어갔다. 좁은 길을 따라 얼마나 갔을까. 나는 잠깐 멈춰 서서 한밤에 반짝이는 담의 불빛을 내려다보았다. 느닷없이 비가 퍼붓기 시작했다. 노인은 비닐로 몸을 가렸다. 다행히도 나는 친구가 미리 준비해 준 비옷이 있었다.

노인은 걸음이 무척 빨랐다. 이따금 내가 잘 따라가고 있는지 확인하느라 뒤를 돌아보았다. 얼마 지나지 않아 나는 물에 빠진 생쥐 꼴이 됐다. 신발에도 물이 가득 들어찼다. 우리는 아무 말도 하지 않았다. 이윽고 새벽녘, 우리는 밧줄로 엮은 다리를 건넜다. 그제야 노인이 짧게 말했다.

"네팔이오."

우리는 쉼없이 걸었다. 아침 무렵에 작은 마을에 도착했다. 마을에는 먼저 담을 빠져나온 예의 건장한 남자가 나를 기다리고 있었다. 그는 나를 위해 국경 지방에서 몰래 산 소지품 가방을 들고 있었다. 그날 밤은 그곳에서 보냈다. 이튿날 일찍 나는 젊은 세르파가 운전하는 오토바이를 타고 카트만두로 향했다.

하루 내내 오토바이를 탄 끝에 저녁 무렵 네팔의 수도에 도착했다. 젊은 세르파는 티베트 망명자들이 들르는 네팔 리셉션센터 바깥에 오토바이를 세웠다. 리셉션센터는 몇 년 전 달라이 라마가 설립한 곳이었다. 이 모든 시간이 마치 꿈속의 일인양 지나갔다.

아직도 안심이 되지 않았다. 네팔 경찰이 티베트 망명자들을 중국 측에 넘겨준다는 소문이 자자했다. 만약 잡힌다면 나도 추방될 게 분명했다. 이런 두려움에 떨고 있는 사람이 나뿐만이 아니었다. 리셉션센터에는 티베트 각지에서 히말라야를 넘어 탈출한 망명자들이 가득했다. 열에 아홉은 동상에 걸려 있었는데, 상태가 심한 사람들은 손발을 절단하는 수술을 받기까지 했다.

나는 유엔난민고등판무관(UNHCR) 사무실로 안내되었다. 그곳에서 형식적인 망명 등록 신청을 마쳤다. 얼마간의 돈과 인도로 여행할 수 있는 허가증이 발급됐다. 될수록 빨리 떠나라는 경고를 받은 터라 서둘러서 인도 델리행 버스에 올랐다.

며칠 뒤 마침내 다람살라에 도착했다. 다람살라는 영국이 인도를 지배하던 시기에 세운 정부관리 휴양지였다. 그러나 티베트 수감자들에게 다람살라는 이름만으로도 엄청난 영감을 안겨주는 원천이었다. 바로 그곳에 달라이 라마의 거처가 있기 때문이다.

비가 내리고 있었다. 하늘을 덮은 먹구름을 보자니 티베트를 감싼 우울과 슬픔이 한꺼번에 떠올랐다. 다람살라의 축축한 안개도 내 마음을 무겁게 했다. 달라이 라마의 다람살라 거처와 티베트에 있는 웅장한 포탈라 궁전, 그리고 노불링카를 차마 비교할 수 없었기 때문이다.

나는 그 성스러운 분을 1951년 간체에서 처음으로 만나 뵈었다. 그날 달라이 라마는 성대하고 화려한 의식 행렬에 둘러싸여 있었다. 그런데 지금 내 눈앞에는 오직 수행원 한 사람이 서 있을 뿐이었다. 그가 나를 소박한 방으로 안내했다. 나는 마치 평범한 승려를 만나러 가는 것 같아 착잡했다. 그렇게 오랜 세월이 흐른 뒤 달라이 라마를 친견하자니 감개가 무량했다. 나는 즉시 엎드려 절을 올리고 카닥을 바쳤다. 달라이 라마의 음성이 나를 감싸 안았다.

"겐 릭진 텐빠의 제자군요."

나는 차마 고개를 들 엄두가 나지 않았다.

"정말로 고초가 심했겠소."

나는 조용히 바닥에 앉았다. 달라이 라마는 투옥 생활에 대해 인자하게 물었다. 나는 그분이 망명자들에게서 내 얘기를 들어 알고 있다는 걸 깨달았다. 그분은 나와 함께 투옥 생활을 했던 동료들의 이름을 하나하나 언급했다. 나는 우리를 향한 그분의 진정한 애정을 확인할 수 있었다. 친견은 두 시간이 넘도록 계속됐다. 나는 가슴에서 우러나오는 진심을 말씀드렸다.

"어떤 고난 속에 있을 때라도 성하님을 떠올리며 견딜 수 있었습니다. 저뿐만 아니라 동포들 모두가 한마음입니다."

그 방을 나서는 내 뺨 위로 눈물이 흘러내렸다. 이 순간을 얼마나 기다려 왔던가.

나는 새 승복 한 벌을 받았다. 1961년 이래로 처음 입어 보는 승복이었다. 나는 승복을 입고 달라이 라마의 궁전 맞은편에 있는 사원으로 갔다. 그리고 모든 사람들이 고통에서 놓여나기를 오래 오래 기도했다.

내 탈출 소식이 신문에 실린 뒤에야 나는 내가 국제사면위원회가 채택한 양심수였다는 사실을 알았다. 1983년에 다시 체포된 뒤, 이탈리아에 있는 한 단체가 중국 당국에 거듭 편지를 보냈다는 사실도. 1995년에 나는 초청을 받아 이탈리아로 건너갔다. 그곳에서 나를 위해 9년간 편지를 쓴 사람들을 만났다. 언어와 문화, 그리고 지리적 거리가 있음에도 불구하고 내게 보여준 그들의 자비와 관대함에 나는 깊은 감동을 받았다.

같은 해에 나는 유엔인권위원회에 증거를 제출하기 위해 제네바로 갔다. 으리으리한 회의장에서 나는 통역을 맡아 줄 두 티베트인 젊은이를 만났다. 내 주위로 사람들이 쉴새없이 잡담을 나누며 스쳐갔다. 저 사람들에게 무슨 말을 해야 할까. 저 사람들은 내 말을 어떻게 받아들일까. 나는 깊은 숨을 내쉬고 증언문을 읽기 시작했다.

"제 이름은 팔덴 갸초입니다. 저는 열 살 때 승려가 되었지요……."

증언문을 다 읽은 다음에야 나는 중국 파견단이 내 앞에 앉아서 듣고 있었다는 사실을 알아챘다. 그들이, 다름 아닌 그들이 듣고 있었다!

나는 비로소 자유를 실감했다. 그 순간 나와 함께 고난을 겪었던 동료들의 얼굴이 하나하나 눈앞을 스치고 지나갔다. 우리는 모두 이런 순간을 얼마나 꿈꿔왔던가! 우리를 괴롭히는 자들의 얼굴 앞에서 당당하게 할 말을 할 수 있는 그날을.

나는 유엔에 나가 증언한 첫 번째 티베트인 양심수였다. 때문에 나는 단지 나 자신의 고난을 증언하는 것이 아니라, 아직도 감옥에 있는 티베트인들과 한 번이라도 감옥에 갇혔던 티베트 사람들 모두를 대표해서 말하고 있다는 사실을 잊지 않았다. 유엔 대표단이 들은 건 다만 내 목소리 하나였는지 모른다. 그러나 내 목소리 뒤에는 끝내 살아남아 증언하지 못한 수천 수만 수감자들의 고통이 함께하고 있었다.

중국 대표단은 내 증언에 묵묵부답이었다. 그러나 얼마 뒤 런던에서 주영 중국대사가 신문에 기고한 편지를 보았다. 마우전의 편지는 다음과 같았다.

"팔덴 갸초는 끊임없이 반정부 활동을 해온 범죄자다. 그는 정부 전복을 기도했으며, 탈옥과 절도 행각까지 저지른 바 있다. 감옥의 간수들이 고문했다는 팔덴 갸초의 주장은 사실 무근이다. 중국 감옥에서 고문은 금지돼 있다."

압제자는 스스로 압제자라는 사실을 결코 인정하지 않을 것이다. 그러나 나는 다만 내가 보고 들은 것, 그리고 내 기구한 인생 여정을 말했을 뿐이다.

고통은 이제 티베트의 산과 골짜기 구석구석에 뚜렷이 새겨져 있다. 눈의 나라 내 조국의 마을과 사원에는 티베트 사람들에게 자행된 잔인한 역사가 빠짐없이 스며 있다. 그 고통은 티베트가 해방되는 그날까지 계속될 것이다.

영혼의 품격이란

1.

내게는 십 년째 간직하고 있는 작은 돌이 하나 있다. 위아래 겉면은 미숫가루가 군데군데 묻은 것 같은 옅은 노란빛이고, 옆의 단면은 하얗다. 원래는 돌이 하나 더 있었다. 검은색에 표면이 좀 더 거칠었다. 돌 두 개가 어느 날 집에 놀러온 어린 조카의 눈에 띄고 말았다. 조카는 만지고 노는 것만으로는 성에 차지 않았던지 돌을 달라고 떼를 썼다.

"이건 티베트에서 가져온 귀한 돌이야. 하나는 카일라스 산에서, 하나는 동부 티베트에서 주웠어. 이 돌을 가지고 오기까지 엄청 고생했단다."

나는 티베트의 작고 투박한 두 개의 돌이 어떻게 해서 서울 집까지 오게 됐는지 설명해줬다. 그러니, 제발 봐주렴. 나는 뒷말을 삼키고 돌을 들고 어쩔 줄 몰라 했다. 내 설명은 어린 조카의 호기심에 불을 붙인 꼴이 되고 말았다.

"우와! 티베트에서 온 거야? 나 이거 가질래. 나 줘!"

어떤 사연이 깃들었건 돌멩이보다 눈앞에서 펄쩍펄쩍 뛰는 조카가 소중한 건 사실. 쌍둥이 가운데 하나를 입양 보내야 하는 어미의 심정으로 검은색 돌을 건네고 말았다. 몇 년 후, 초등학교 고학년이 된 조카에게 그때의 돌을 잘 간직하고 있는지 물어봤다. 조카는 무심하게 대답했다.

"몰라. 엄마가 버린 것 같은데."

돌에 얽힌 사연을 모르는 엄마가 어느 날 집 안 정리를 하다 웬 돌이 굴러다니는가 싶어 무심코 치웠던가 보다. 세상에는 어쩔 수 없는 일이 종종 일어난다. 겨우 돌멩이 하나가 사라졌을 뿐이다. 다행히 내게는 아직 하나가 더 남아 있다.

사라진 돌을 생각한다. 세상의 진실도 이와 같지 않을까. 사람들은 세상의 어느 곳에서 비상식적이고 불합리한 일, 끔찍하고 가슴 아픈 일이 일어났다는 소문이 소문으로만 유통될 때는 정확한 정보에 목말라한다. 진실을 손에 넣고 싶어 한다. 그러나 막상 그 사실이 부정할 수 없는 증거로, 확고한 증언으로 만천하에 공개된 다음에는 흔한 돌멩이 같은 신세가 되고 만다. 팔덴 갸초 스님의 자서전이 세상에 나온 지 20년이 다 돼 가는 지금도 티베트의 상황에 변함이 없지만, 세상에서 잊혀가듯이 말이다.

2.

티베트 라싸를 여행하면서 팔덴 스님이 공부하던 데뿡 사원에 갔던 날이 떠오른다. 중국이 티베트를 점령한 뒤 티베트 인구의 3분의 1이 줄었고, 6천여 개의 사원이 파괴되었다. 그로부터 수십 년이 지났는데도 사원 곳곳은 파괴의 흔적을 고스란히 안고 있었다. 부서진 벽, 방치된 채 풀이 무성하게 자란 숙소와 마당에는 천진한 고원의 햇빛이 분필가루처럼 내려앉고 있었다. 폐허에서 핀 들꽃에는 흰 나비들이 눈물처럼 어룽댔다. 사원 뒤편의 산과 이어진 곳을 봤다. 중국 군대가 대포와 총을 쏘며 진격해 올 때 팔덴 스님과 동료들이 도망치던 곳이다. 그렇게 떠난 뒤그들은 두 번 다시 예전과 같은 사원으로 돌아오지 못했다. 많은 이들이 강제로 환속당하거나 굶주림과 폭력에 희생됐고, 살아남은 이들은 사상학습으로 영혼까지 처참하게 붕괴되고 말았다.

라싸의 3대 사원 가운데 하나인 간덴 사원은 더 처참하게 파괴되어 있었다. 사원 뒤쪽의 무성한 풀과 무너진 벽들이 한때 수천 명의 승려로 번창했던 옛 티베트를 떠올리게 할 뿐이었다. 어쩌면 완벽하게 복구되지않은 것이 역사를 되새기는 데 더 좋은 것인지도 모르겠다.

수십 년 전, 그리고 오늘날까지도 인간이 또 다른 인간에게 저지르는잔인함은 계속 이어지고 있다. 인간의 몸을 받아 태어나는 일의 고귀함을 잘 알고 있는 승려들과 젊은이들이 분신자살을 거듭해도 중국 당국은 물론이고 국제 사회는 요지부동이다. 이런 세월이 얼마나 더 이어져야 티베트에 자유의 날이 올까.

우리가 티베트의 현실에 관심을 가져야 하는 이유는 단지 정의와 상식의 문제여서만은 아니다. 중국은 우리와 이웃해 있는 나라이고, 중국이 티베트를 오래 전부터 자신들의 땅이었다고 주장하는 근거가 역사왜곡에 있기 때문이다. 이런 왜곡에 참여한 역사학자와 중국 당국은 오래 전부터 티베트가 독립 국가였고, 고유한 언어와 문화, 정체성을 지니고 있었다는 점에 눈을 감았다. 티베트 점령과 똑같은 방식으로 중국은지금 고구려의 역사를 자신들의 입맛에 맞게 왜곡하고 있다. 우리가 티베트에서 일어나는 일을 강 건너 불 보듯 할 수만은 없는 이유이다.

지난 2008년 봄, 베이징 올림픽이 열리기 전 티베트인들은 세상의 이목이 중국으로 쏠리는 시기에 절박한 마음으로 다시 한 번 세계에 호소했다. 그때도 티베트에서, 인도 델리에서 생때 같은 목숨들이 '자유 티베트'를 외치며 죽어갔다.

그해 봄, 서울에서 뜻있는 시민들이 모였다. 우리는 위태로운 티베트의 상황을 알리고, 중국 당국에 항의하기 위해 촛불 시위와 평화 행진을 시도했다. 올림픽 성화 봉송이 있던 날, 우리는 티베트에서 무슨 일이 일어나고 있는지 직접 경험해보는 일을 겪어야 했다. 한 무리의 중국 유학생들이 오성기를 흔들며 시민들을 위협하기 시작했다. 나중에는 시민들을 골목 끝까지 뒤쫓아 와서 폭행했다. 그날 다급하게 덕수궁 뒷길로 도망친 일행 중에 나도 포함돼 있었다. 우리는 서대문 근처까지 가서야 겨우 거친 숨결을 가다듬고 후들거리는 다리를 멈춰 세웠다.

내 나라 땅, 그것도 수도 서울 한복판에서 중국인들의 폭행을 피해 도망쳐야 했던 일은 두고두고 상처가 됐다. 거리에 전경이 배치돼 있었지만 그들의 주의는 온통 성화 봉송에만 쏠려 있었다. 무차별적인 발길질과 폭력을 휘두를 때 주위에 둘러서서 오성기를 흔들며 환호하던 중국 젊은이들의 광기 어린 목소리가 아직도 귓가에 생생하다. 공부하러, 혹은 일하러 남의 땅에 온 이들이 이럴진대 자신들이 점령한 티베트에서는 오죽했을까. 나는 팔덴 스님의 자서전 내용이 과장이나 거짓이 아님을 더 분명하게 확신했다. 지금도 그날의 다급했던 발길을 생각하면 등골이 오싹해지곤 한다.

지금 중국의 젊은 세대는 철저하게 왜곡된 역사 교육을 받고 자라나 티베트 문제에 대해 언급하는 것을 내정 간섭으로 여긴다. 그렇게 길러진 편향된 애국심이 '자유 티베트'를 외치는 한국 시민들을 향해 집단 폭력의 광기로 분출된 것이었다.

우리는 티베트의 현대사와 뗄 수 없는 관계를 맺고 있다. 1950년 가을, 중국은 동서 양쪽으로 군대를 출정시켰다. 동쪽은 전쟁 중인 한반도였고, 서쪽은 티베트였다. 한반도에는 미국에 대항해 조선을 돕는다는 항미원조의 명분을, 티베트에는 역사상 중국의 일부였던 땅을 되찾고 봉건제에서 인민을 해방시켜야 한다는 이유를 내세웠다.

세계인들의 관심은 이념 전쟁의 성격을 띠었던 한반도에만 집중됐다. 한반도에는 수많은 나라가 군대를 파견해 함께 싸웠다. 그러나 중국의 침략에 항의해 티베트에 군대를 보낸 나라는 단 하나도 없었다. 그 틈에 중국은 전쟁 준비라고는 모르고 살았던 평화의 땅 티베트를 손쉽게 손에 넣을 수 있었다. 만약 그때 한반도에 전쟁이 일어나지 않았다면 어땠을까. 우리는 티베트에 미안한 마음을 가져야 한다. 세상의 주목을 독차지해 티베트를 고립시키고 만 것에….

팔덴 스님은 이 책에서 중국의 침략 이후 티베트에서 일어났던 비극을 담담한 어조로 증언한다. 역사적인 가치를 떠나서도 이 책은 자서전으로서 빛을 발한다. 눈앞에서 동포들이 죽어가는 모습을 지켜보는 괴로움, 인간이 인간에게 얼마나 잔인해질 수 있는지를 목격하는 고통, 그리고 '자유 티베트'라는 단 한 마디 구호에 수감 기간이 몇 년씩 늘어나는 상황에서도 저항을 포기하지 않았던 용기는 보편적인 울림을 담고 있다.

절망의 낮과 밤 동안에도 수행자의 면모를 잃지 않는 팔덴 스님의 이야기를 따라 가다보면 인간이 지닌 영혼의 품격에 절로 숙연해진다. 팔덴 스님은 어느 날 전기봉을·입에 넣는 고문을 받은 끝에 이가 몽땅 빠지고 얼굴이 빵처럼 부풀어 오르게 된다. 감방으로 돌아온 뒤 손으로 얼굴을 가리며 울던 스님은 비구니 스님들이 당한 고초를 전해 듣는다. 비구니 스님들은 고문, 구타뿐만 아니라 성적 학대까지 당해야 했던 것이다. 그는 말한다.

"나는 인간의 잔인함과 타락에 온몸에 소름이 돋았고, 그들을 용서하는 일이야말로 가장 큰 수행이 되리라는 생각이 들었다."

30여 년간의 감금생활을 마친 팔덴 스님은 자신이 겪은 일을 증언하기 위해 전기봉과 수갑을 구해 히말라야를 넘어 탈출했다. 요즘도 운 좋게 티베트를 탈출해 망명할 기회를 얻은 양심수들은 팔덴 스님의 경험이 결코 과거의 얘기가 아니라 현재도 진행되고 있다고 말한다. 이 책에 나오는 끔찍한 상황이 결코 30년 전에 완료된 일이 아니라 지금도 똑같이 되풀이되고 있다는 사실에 나도 팔덴 갸초 스님처럼 손바닥으로 얼굴을 감싸게 된다. 인간의 어두운 속성, 무지에서 비롯되는 잔인함의 끝은 어디일까.

지금도 인도 다람살라에는 이 책에 나오는 악명 높은 '답치 감옥'에서 고문과 성폭행을 당한 뒤 히말라야를 넘어 탈출한 비구니 스님들이 살고 있다. 그들은 차마 승가에 계속 머물 수 없어 환속했고, 지금도 밤마다 악몽에 시달리며 지내고 있다고 한다. 또 티베트 본토에서는 중국의 통치에 항의하다 목숨을 잃는 이들이 줄을 잇고 있다.

3.

이 책은 지난 2003년 우리나라에 처음으로 소개된 뒤 얼마 되지 않아 절판되는 운명을 겪고 말았다. 십 년 전 출간됐던《가둘 수 없는 영혼》의

역자 후기에서 나는 이 책이 출판되는 의미에 대해 다음과 같이 썼다.

　　지금까지 국내에 소개된 티베트 관련 외국 서적들이 주로 달라이 라마를 비롯해 티베트 스승들의 영성과 훌륭한 가르침, 또는 신비한 면모에 치우쳐 있는 반면 티베트의 현실과 아픔을 전하는 책은 드물었다. 이로써 국내에 티베트 관련해 출간된 책들이 균형을 찾게 됐다고 감히 말해도 좋을 듯하다.

　　이 책이 담고 있는 진실의 함량이 워낙 엄청나고 울림이 크기에 그 동안 절판된 책을 꾸준히 찾는 분들이 있지 않았나 싶다. 출판 환경이 갈수록 어려워지고 있어서 과연 이 책을 다시 펴내려는 출판사가 있을지 막막한 채로 시간이 흘러갔다. 그러던 차에 기꺼이 재출간을 결정하고 지원해준 분들을 만났다. 르네상스 출판사 관계자 분들께 티베트 사람들을 대신해 감사의 마음을 전한다.

　　팔덴 갸초 스님과 동료 수감자들은 감옥생활을 하는 동안, 외국에서 자신들을 향해 지지를 보내주고 티베트의 인권 유린에 대해 항의해준 것에 큰 힘을 얻었다고 한다. 한국에도 티베트의 자유와 평화를 기원하는 수많은 친구들이 있다는 걸 안다면 오늘날 고초를 당하고 있는 티베트 사람들에게 조금이나마 위로가 되지 않을까. 그랬으면 좋겠다.

2014년 1월
정희재

가둘 수 없는 영혼

초판 1쇄 인쇄 2014년 1월 2일
초판 1쇄 발행 2014년 1월 10일

펴낸이 박종암
지은이 팔덴 갸초
옮긴이 정희재
펴낸곳 도서출판 르네상스
출판등록 제313-2010-270호
주소 121-842 서울시 마포구 서교동 460-14번지 2층
전화 02-334-2751
팩스 02-338-2672
전자우편 rene411@naver.com

ISBN 978-89-90828-67-5 03220

이 도서의 국립중앙도서관 출판시도서목록(CIP)은 e-CIP 홈페이지(www.nl.go.kr/ecip)와
국가자료공동목록시스템(www.nl.go.kr/kolisnet)에서 이용하실 수 있습니다.(CIP제어번호: CIP2013027640)